Khenchen Könchog Gyaltsen Rinpoche

Ursachen von Glück und Leid

Ein buddhistisches Handbuch zur Entwicklung von Weisheit und Mitgefühl

Drikung Kagyü Dharma Text Verlag, Aachen

Titel der englischsprachigen Originalausgabe:

»Transformation of Suffering«
Vajra Publication

Bibliografische Information Der Deutschen Bibliothek
Die Deutsche Bibliothek verzeichnet diese Publikation in der Deutschen Nationalbibliografie; detaillierte bibliografische Daten sind im Internet über http://dnb.ddb.de abrufbar.

Herausgeber: Drikung Kagyü Verlag, Aachen
Vertrieb: Otter Verlag, München & Drikung Kagyü Verlag, Aachen

1. Auflage 2004

Übersetzung: Thomas Geist
Bearbeitung: Ven. Tendzin Chödrön, Heinz-Werner Goertz
Satz: Heinz-Werner Goertz, Christian Licht
Umschlaggestaltung: Heinz-Werner Goertz
Foto auf der Titelseite: Martin Schmid
Druck: Klenkes, Aachen

ISBN 3-933529-10-7

Inhaltsverzeichnis

Anhang

Vorwort

Khenchen Könchog Gyaltsen Rinpoche ist ein hervorragender *Dharma*-Lehrer mit großen Qualitäten. In den vielen Jahren, die unsere Familie nun mit ihm bekannt ist und unsere Gemeinschaft Unterweisung von ihm erhalten hat, hat er stets die für westliche Schülerinnen und Schüler genauesten und klarsten Erklärungen des Dharma gegeben. Wie wunderbar, dass er nun ein Buch für die Dharma-Gemeinschaften schreibt, die nicht über einen ständig anwesenden *Lama* oder Lehrer verfügen, damit auch sie ihr Verständnis der grundlegenden Aussagen des Dharma vertiefen können. Wir haben großes Glück, dass ein in den ursprünglichsten Lehren trainierter, überaus wacher Geist für uns eine Linse schafft, durch die wir das Licht des Dharma bündeln können.

Das Geschenk des menschlichen Körpers – wunderbar und schwer zu erlangen – und die Erkenntnis seiner Sterblichkeit sind häufig die auslösenden Gedanken, die einen Menschen zum Dharma bringen. Mit dem Geschenk des menschlichen Körpers haben wir die Möglichkeit, die Weisheit aller *Buddhas* zu verwirklichen und die seit anfangloser Zeit bestehende Natur unseres Geistes unverstellt und rein zu erkennen. Der Same dieser Weisheit, die *Guru Padmasambhava* in seinen wunderbaren Lehren besonders passend zum Ausdruck gebracht hat, existiert in den Herzen aller Menschen.

Unter den amerikanischen Indianervölkern hat es viele Prophezeiungen gegeben, dass unsere Verwandten aus dem Osten einst zurückkehren und eine Medizin mit uns teilen werden, die zu einer klaren Sicht führt. Guru Padmasambhava selbst hat prophezeit, dass der Dharma in diesen Zeiten im Land der roten Menschen und in der ganzen Welt erblühen würde. Diese Prophezeiungen finden in den ursprünglichen Lehren, die die Natur des Geistes enthüllen, ihre Erfüllung.

Nachdem er die wunderbaren Lehren und geheimnisvollen Ermächtigungen erhalten hat, ist der Praktizierende aufgerufen, die geistigen Rahmenbedingungen in sich zu schaffen, um diese wunderbaren Lehren in jeden Aspekt seines Lebens zu integrieren.

Im Westen kann man tief im Meer von *Samsara* versinken. Viele Dinge lenken uns vom Verständnis der Natur unseres Geistes ab. Die heutige Zeit bietet viele Vorteile – gute Gesundheit, allgemeinen Wohlstand – aber auch einen Überschuss an Ablenkungen, die aus der Sehnsucht nach Freunden, Heimat, guter Stellung und so weiter hervorgebracht werden, die aber kurzfristig die Wahrnehmung des Leidens verhindern. Damit erschweren diese Ablenkungen die innere Erkenntnis, dass all diese Dinge uns nicht von der Sterblichkeit und von der Wiederholung immer gleicher Fehler befreien.

Das Leiden durch Kriege auf unserem Erdball, die Zerstörung der Regenwälder, die Verschmutzung der Meere zeigen, dass Unwissenheit bezüglich unseres Handelns und seiner Folgen für die Umwelt einer tiefen Korrektur des Ungleichgewichts in unserem Denken, Reden und Handeln bedarf. Und der Dharma bietet Methoden, aus unseren Aktivitäten die Samen zu beseitigen, die immer wieder Leiden entstehen lassen. Die Zufluchtnahme zu Buddha, Dharma und *Sangha* ist ein höchst verheißungsvoller Schritt für jeden Praktizierenden. Die Zufluchtsgelübde und alle damit verbunden Lehren fegen die Asche fort, die unseren ursprünglichen Weisheitszustand bedeckt haben mag. Die Handlung der Zufluchtnahme sowie das Studium und die Praxis des Dharma lösen Knoten der Verwirrung, damit wir klarer sehen, was Form, was Bewusstsein, was weder Form noch Bewusstsein ist und wie alle Form aus der Leerheit entsteht.

Wenn wir Zuflucht nehmen, erklären wir damit auch unsere feste Absicht, keine Handlungen mehr zu begehen, die Leiden zur Folge haben. Wenn wir die tiefe Verpflichtung eingehen, Leiden zu lindern und unsere Verbundenheit mit allen fühlenden Wesen immer tiefer erkennen, werden einige Dinge überaus klar:

- die Wichtigkeit, keinen Schaden zu verursachen
- die Wahrheit zu sprechen
- sich sexuell verantwortlich zu verhalten
- nicht zu nehmen, was nicht gegeben wurde
- nicht in verblendeten geistigen Zuständen zu schwelgen.

Khenchen ist berühmt für seine tiefgründige und humorvolle Erklärung dieser *Fünf Gelübde* und ihrer Anwendung im Alltag.

Bodhicitta, die Essenz der Dharma-Aktivität, zerbricht die Kette unserer Gewohnheitsmuster durch die Erkenntnis, dass jedes Lebewesen aus diesem oder anderen Leben direkt mit uns verwandt ist. In dieser Zeit großer kultureller und weltweiter Veränderung, erkenntlich durch den Verlust des frischen, klaren Wassers und die Abholzung der heiligen Hügel, muss unser Mitgefühl alle Lebewesen einschließen, die irgendeinen Beitrag zu unserem Leben leisten wie zum Beispiel die Bäume. Durch die Entwicklung von Bodhicitta und das Verständnis ethischen Verhaltens hat jeder Mensch die Möglichkeit, leidhafte Gewohnheitsmuster im eigenen Herzen und in der Gemeinschaft zu verwandeln und geschickte Mittel anzuwenden, um ein Geflecht rechter Beziehungen zu weben.

Khenchen Könchog Gyaltsen Rinpoche teilt die Lehren einer ungebrochenen Übertragungslinie in der Sprache der heutigen Zeit und entsprechend dem Bedürfnis der Laienpraktizierenden auf der ganzen Welt mit. Dafür sind wir ihm dankbar. Wie eine klare Quelle den tiefsten Durst stillt, so stillt der Dharma die Sehnsucht nach Freiheit, die entsteht, sobald wir die Natur unserer Sterblichkeit erkennen. Die vorliegenden Dharma-Lehren stellen sowohl die Praktizierenden zufrieden, die ständigen Zugang zu einem lebendigen Lehrer haben, als auch diejenigen, deren Lehrer weit entfernt lebt.

Ehrw. Dhyani Ywahoo[1]
Sunray Meditation Society
Bristol, Vermont
März 1997

---

[1] Dhyani Ywahoo ist Mitglied der traditionellen Etowah-Gruppe der Nation Östlicher Tsalagi (Cherokee). Sie wurde von ihren Großeltern geschult und gehört der 27. Generation an, die die überlieferte Weisheit des Geschlechts der Ywahoo pflegt. In ihrem Buch „Am Feuer der Weisheit – die mündlichen Überlieferungen der Cherokee Indianer" teilt sie die kostbaren, mündlichen Überlieferungen ihres Volkes mit. Dhyani Ywahoo hat eine enge Verbindung zur Drikung Kagyü Tradition des tibetischen Buddhismus und gibt Übertragungen und Unterweisungen zur Praxis von Vajrayogini. Sie zeigt die Verbindung der Weisheit der Tibeter mit der Weisheit der Indianer.

EINLEITUNG

Ich verehre den *Vajra*-Geist von unzerstörbarer Natur, die Basis aller strahlenden Qualitäten, einschließlich des großen Mitgefühls und der Weisheit.

Obwohl alle fühlenden Wesen frei sein wollen vom Leid, ist die Dunkelheit ihres Unwissens so dicht, dass das Licht des Gewahrseins nicht hindurchdringen kann. Mögen die Großen Siegreichen ihre Unwissenheit vertreiben!

Der Ozean aus dem Blut der Begierden aller fühlenden Wesen ist so immens, dass sie ihn ohne Hilfe nicht überqueren können. Mögen die Großen Mitfühlenden sie mit großer Kraft segnen, damit sie ans andere Ufer gelangen!

Das Elementarfeuer des Hasses ist so mächtig, dass es die Seide des Friedens und der Harmonie verbrennt. Möge der Regen der Weisheit aller Siegreichen die lodernden Flammen löschen!

Die Gipfel von Stolz und Arroganz sind so hoch, dass die Wesen sie nicht bezwingen können. Möge der Gleichmut der Siegreichen ihnen den Segen verleihen, den anderen als sich selbst zu sehen!

Das scharfe Messer der Eifersucht schneidet den Baum des Heilsamen ab. Mögen die vollkommen Erwachten ihren Segen spenden, damit die Wesen lernen, sich für andere zu freuen!

Gewährt euren Segen, um all diese störenden Emotionen zu reinigen!

Gewährt euren Segen, damit die Wesen das Weisheitsgewahrsein erlangen und ihre innewohnende Natur erkennen.

Gewährt euren Segen, damit Friede, Freude und Glück den Geist aller Wesen im Universum erfüllen mögen.

Ich wurde schon in sehr jungen Jahren in das Studium und die Übungen des Buddhismus eingeführt. Ich habe sie sehr ernst genommen, und sie haben mir großen Trost und viel Unterstützung gespendet, besonders wenn ich Krisen zu bewältigen hatte. Sie sind überaus nützlich, nicht nur, um Erleuchtung zu erlangen, sondern auch in unserem täglichen Leben. In den Jahren, die ich nun im Westen lehre, habe ich diese Philosophie und einige meiner eigenen Erfahrungen mit anderen geteilt. Diejenigen, die interessiert waren, haben ebenfalls großen Trost erfahren.

Ich fühle mich sehr vom Glück begünstigt, weil ich über diese kostbaren und reinen Lehren verfüge. Wenn ich an verschiedene Orte reise, dann versuche ich, meine Arbeit als Dienst sowohl an den Menschen, die mir begegnen, als auch an den Dharma-Lehren zu tun. Viele Menschen fragen mich um Rat; sie wollen von mir wissen, wie sie mit den Konflikten und Leiden ihres Lebens umgehen sollen. Sie fragen mich auch nach einführenden Büchern. Um diesen Wünschen der Anfänger, aber auch der fortgeschrittenen Praktizierenden zu entsprechen, und um ein weiteres Verständnis der Lehren zu fördern, habe ich dieses Buch zusammengestellt. Ich hoffe aufrichtig, dass viele Menschen von ihm profitieren werden.

Ich habe mit diesem Buch die Absicht verbunden, Unterweisungen über die wahre Natur von Samsara und *Nirvana* für die Praktizierenden auf den verschiedenen Stufen zu geben. Aus diesem Grund sind die Kapitel über Leiden und Bodhicitta besonders ausführlich. Wenn man sich mit Leiden beschäftigt, ist es sehr wichtig, objektiv zu bleiben und sich nicht deprimieren zu lassen. Wenn man dann weiterliest, so hoffe ich, wird man ein klares Verständnis gewinnen, dass Samsara zwar ein Zustand des Leidens ist, den man aber durch die Methode der Bodhicitta-Praxis als Mittel zur Reinigung benutzen kann. Menschen verfügen über die Fähigkeit, Heilsames zu entwickeln und Unwissenheit aufzulösen. Genau wegen dieses innewohnenden Erleuchtungspotentials können sie sich selbst vom Leiden und allen seinen Ursachen befreien. Daher sollten wir uns immer über unser gutes Geschick freuen, das es uns erlaubt, immer mehr über das Leiden und die Möglichkeit, sich von ihm zu befreien, lernen zu können.

In der Beschäftigung mit dem Leiden, besonders beim Abschnitt über die Höllenbereiche mögen einige denken, dass diese Orte auf objektive Weise real existieren, dass vom Standpunkt derjenigen, die diese Zustände projizieren, derartige Orte tatsächlich physisch existieren. Das ist nicht notwendigerweise der Fall. Die Beschreibung der Höllenbereiche ist eine geschickte Illustration, die uns gleichnishaft die Konsequenzen beschreibt, die jemand erfahren kann, wenn er heftige unheilsame Gedanken schafft. Die Konsequenzen eines derartigen Handelns werden deshalb in so drastischen Bildern von intensivem Leiden und von Lebewesen, die diese Qualen erfahren, dargestellt, weil sie uns motivieren sollen, nicht in einen derartigen Zustand geraten zu wollen und darum kraftvolle Weisheit und Mitgefühl zu entwickeln. In diesem Zusammenhang ist es ebenfalls wichtig, im Sinn zu behalten, dass das Leiden, sobald seine Ursache geschaffen ist, jeden Augenblick eintreten kann – nicht erst im nächsten Leben. Die wichtigsten Heilmittel gegen das Leiden sind Weisheit und Mitgefühl, aus diesem Grund vermittelt das Buch auch Details über die Praxis von Bodhicitta.

Ich möchte alle Leser ermahnen, nicht zu erwarten, dass die in diesem Buch beschriebenen Meditationsmethoden in der Lage sind, ihre geistigen Konflikte zu lösen. Sie müssen Ihre Konflikte und Ihr Leiden selbst lösen, und dabei können diese Methoden helfen. Ein intellektuelles Verständnis reicht dafür aber nicht aus; Sie müssen sie sich zu Herzen nehmen und in die Tat umsetzen. Früher oder später werden Sie dann das Ergebnis sehen. Daran kann es nicht den geringsten Zweifel geben.

Der Schirm

དལ་འབྱོར་མི་ལུས་

„Die Ausstattungen und Freiheiten des Menschseins“

Kapitel 1: Die Kostbarkeit des menschlichen Lebens

Die heutige Zeit zeichnet sich besonders durch rasanten technologischen Fortschritt aus. Die Naturwissenschaften entwickeln sich derartig schnell, dass das menschliche Fassungsvermögen kaum mehr mithalten kann. Jeder Mensch, unabhängig von seiner gesellschaftlichen Stellung, versucht unaufhörlich mit der Entwicklung eines gewaltigen Angebots immer neuer Produkte Schritt zu halten. Tatsächlich sind wir von der Technologie derart fasziniert, dass wir davon ziemlich abhängig geworden sind. Wie dem auch sei, es ist wichtig zu begreifen, dass der Computer, das Internet, die ultraschnellen Kommunikationswege und alle anderen Wunder der Technologie sowohl Vor- als auch Nachteile bringen.

Wegen des materiellen Fortschritts ist der Alltag in vielen Ländern vielfach bequemer geworden und ein Leben in Luxus und Extravaganz durchaus verbreitet. Unsere Welt ist mittlerweile derartig vernetzt, dass kein Land mehr von seinen Nachbarn isoliert bleiben kann und viele positive Dinge sehr schnell erreichbar geworden sind. Wenn in einem Teil der Welt ein Problem, etwa eine Hungersnot oder ein Krieg, eintritt, verfügt der Rest der Welt über die Möglichkeit, die Angelegenheit zu beobachten und wenn nötig hilfreich einzuschreiten. Wir werden uns des Netzes feinster wechselseitiger Verbundenheit des ganzen Planeten immer deutlicher bewusst und erkennen – wie niemals zuvor – die entsprechende Notwendigkeit, mit empfindsamer Verantwortlichkeit zu handeln. Obwohl der technologische Fortschritt uns potentiell gewaltige Möglichkeiten an die Hand gibt, viele Probleme im Hinblick auf unsere Umwelt, unsere Gesellschaft und unsere Gesundheit zu lösen, hat er uns doch nicht den erhofften Frieden und die erwartete Sicherheit gebracht; immer noch sieht sich die Menschheit mit unendlichen Schwierigkeiten konfrontiert.

Viele der Schwierigkeiten gehen sogar gerade aus unserer Beschäftigung mit der Technologie selbst hervor: Das Leben ist viel hektischer geworden als früher und bringt uns immer noch mehr Stress. Es scheint als wären wir zu Sklaven geworden – stets auf der hektischen Jagd nach den neuesten, ständig sich verändernden technologischen Entwicklungen, von denen wir glauben, dass sie uns einen Halt geben oder uns an die Spitze bringen könnten. Statt dass uns diese Dinge dann aber Bequemlichkeit, Freude und mehr freie Zeit bringen würden, führen sie häufig zu Frustration und Enttäuschung. Indem wir von materiellen Dingen erwarten, dass sie uns glücklich machen können, sind wir zu sehr von ihnen abhängig geworden. Obwohl materielle Entwicklung und Bildung nötig sind, um Armut und eine beschränkte Sichtweise zu überwinden, bieten sie doch nicht die Gesamtlösung für das Problem des Leidens an sich. Wie viele Menschen haben geglaubt, Zufriedenheit und Erfüllung zu finden, wenn sie nur erst ein bestimmtes Einkommen oder einen entsprechenden Abschluss erlangt haben würden? Wie viele waren überzeugt, in der Welt wirklich etwas verändern zu können, wenn sie nur erst eine bestimmte Stellung erreicht hätten? Aber gleichgültig wie viel wir auch im Geschäftsleben, in der Politik oder durch Ruhm und Ehre erreichen, niemals ist es genug. Wir streben nach immer mehr und scheinen niemals dauerhafte Zufriedenheit zu finden. Aber materieller oder äußerer Fortschritt kann uns niemals vollständig zufrieden stellen, wenn wir nicht über geistigen Frieden verfügen.

Viele Religionen sind entstanden, um das Erlangen geistigen Friedens zu lehren, ein universales Bedürfnis, das in allen Lebewesen vorhanden ist. Es liegt in der menschlichen Natur, dass wir, mit einer Krise konfrontiert, sämtliche konventionellen Mittel einsetzen, über die wir verfügen, um das Problem zu lösen. Aber es ist ebenfalls Teil der menschlichen Natur, dass wir uns, wenn all diese äußeren Dinge versagen, spirituellen Praktiken wie dem Gebet oder der *Meditation* zuwenden, um Hilfe zu erfahren, wenn wir uns unseren Grenzen stellen müssen. Gerade in diesen sogenannten schweren Zeiten lernen wir häufig, dass Glück und Zufriedenheit nicht ausschließlich von äußeren Faktoren abhängig sind, sondern eher von dem Grad an Liebe, Mitgefühl und Weisheit in unserer Erfahrung. Jede der großen Weltreligionen zielt auf die Entwicklung eben dieser Qualitäten ab, die unser Herz öffnen und uns zeigen, wie wir in Harmonie und Freundschaft leben können. In allen gilt es auch als eine besonders wirksame Methode zur Beseitigung von Verwirrung, sich hilfesuchend an erleuchtete Wesen zu wenden, die über außerordentliche Weisheit und überragendes Mitgefühl verfügen. Von diesen gemeinsamen Grundlagen ausgehend haben sich in den verschiedenen Teilen der Welt unterschiedliche religiöse Traditionen mit jeweils eigenständigen Praktiken, Methoden und Glaubensvorstellungen entwickelt. Sie alle bieten Methoden zur Linderung von Leiden, Schmerz und Verwirrung und verdienen daher unsere Hochachtung.

Wie in anderen Religionen, so gibt es auch im Buddhismus verschiedene Zweige: hauptsächlich kann man von den südlichen, fernöstlichen, östlichen und nördlichen Traditionen sprechen. Obwohl die grundlegenden Lehren, Studien und Praktiken dieselben sind, haben sich unterschiedliche Betonungen in Bezug auf die Methoden und die philosophischen Ansichten entwickelt. Im vorliegenden Buch geht es um die Tradition, die wir als „*tibetischen Buddhismus*“ bezeichnen.

Dabei handelt es sich eigentlich um den indischen Buddhismus. Der Buddha selbst hat die vollständige Lehre – sowohl *Sutra* als auch *Tantra* – vor mehr als 2540 Jahren in Indien gelehrt. Ab dem siebten Jahrhundert wurden diese Lehren von erleuchteten und fähigen Gelehrten vollständig und korrekt aus dem Sanskrit ins Tibetische übersetzt. Wegen seiner jahrhundertelangen Isolation konnten Praxis und Studium des Buddhismus in Tibet bewahrt bleiben, während sie in Indien beinahe vollständig verloren gegangen sind.

Die Lehren des Buddha beschäftigen sich ausschließlich mit dem Potential des menschlichen Individuums in Verbindung mit den Bedürfnissen der Gesellschaft. Der Buddhismus lehnt materiellen

Fortschritt nicht ab, rät aber zu Mäßigung, dem „mittleren Weg". Um jedoch ein derartiges harmonisches Gleichgewicht herstellen zu können, ist es wesentlich, zuerst einmal den eigenen Geist zu verstehen und ihn dann zu einer positiven Kraft für uns selbst und für die Gesellschaft zu entwickeln. Wie lässt sich das erreichen? Der menschliche Geist ist geheimnisvoll, denn weil er weder Farbe noch Form oder Gestalt besitzt, können wir ihn nicht sehen oder anfassen. Gleichgültig wie hoch entwickelt eine Technologie oder wie ausgeklügelt eine Maschine auch sein mag, kann sie den Geist nicht direkt sichtbar machen. Trotzdem hängt unser gesamtes subjektives Erleben, Glück wie Leid, ganz und gar vom Zustand unseres Geistes ab.

Warum aber denken wir so wenig über den Geist nach, obwohl er doch schließlich die Quelle unserer Lebensqualität ist? Das liegt daran, dass er so überaus schwer zu fassen ist. Der Geist lässt sich nicht ohne weiteres festlegen, da er über unser Denken, unsere intellektuellen Fähigkeiten, unsere Wahrnehmungen, ja über unsere Persönlichkeit insgesamt hinausgeht. Die Bedeutung des tibetischen Wortes für „Geist" beinhaltet auch unsere innerste Essenz, den Funken Gottes oder die *Buddha-Natur*, die in jedem von uns verborgen liegt. Durch das System des tibetischen Buddhismus lässt sich die gesamte Natur des Geistes enthüllen. Es ermöglicht eine direkte, persönliche Wahrnehmung der wechselseitig voneinander abhängigen oder relativen Qualität aller Phänomene und führt zu der Erkenntnis, dass jedes fühlende Wesen mit allen anderen Lebewesen verbunden ist.

Der Buddhismus ist kein bloßes Glaubenssystem, auch keine Methode mit lediglich intellektuellen Übungen, ja nicht einmal etwas, das nur für Buddhisten gilt. Er ist eine auf genauester Beweisführung beruhende Analyse des Lebens. Dabei wird größter Wert auf die Untersuchung und Beobachtung des Geistes gelegt, wodurch man direkt in den Kern des eigenen Seins gelangt. Durch seine eigene rational gestützte Erforschung der Natur des Geistes begriff der Buddha die Ursachen und Bedingungen der Existenz und konnte so transzendente Weisheit und universelles Mitgefühl entwickeln. Es war die Erkenntnis der Natur des Geistes, die ihn zur Erleuchtung führte; und alles, was er danach lehrte, war von dieser Erkenntnis durchdrungen. Aus diesem

Grund müssen auch wir unsere Vernunft einsetzen, um die Lehren des Buddha zuerst einmal zu begreifen und dann den detaillierten Anweisungen zu folgen, die zum Pfad der Erleuchtung führen. Und weil die Natur des Geistes allgemeingültig ist, ist auch das Training für jeden Menschen anwendbar.

Der Buddha lehrte, dass wir uns alle Glück wünschen und Leid zu vermeiden suchen, gleichgültig welcher Religion wir auch angehören, welche Sprache wir sprechen oder welche Bräuche wir pflegen. In dieser Hinsicht sind alle Menschen gleich. Aber können wir glücklich werden, indem wir es uns lediglich wünschen? Manchmal sind wir Menschen hilfloser als kleine Kinder. Aus schierer Unwissenheit vernichten wir unseren eigenen Frieden und unser Glück, als wären sie unsere schlimmsten Feinde. Sehnsüchtig wünschen wir, dem Leid zu entkommen, verfolgen es jedoch ahnungslos, als wäre es unser bester Freund.

Die buddhistische Logik erklärt dieses paradoxe Verhalten mit *Karma*, dem Gesetz von Ursache und Wirkung. Karma bedeutet, dass alles, was wir tun, ein entsprechendes Ergebnis hervorbringt. Wenn wir unheilsam handeln (selbst wenn es aus Unwissenheit geschieht), werden wir unvermeidlich mit den unangenehmen Folgen dieses Handelns konfrontiert werden. Wenn wir uns heilsam verhalten, werden wir uns irgendwann an den glücklichen Ergebnissen dieses Verhaltens erfreuen können, die uns niemand vorenthalten kann. Dieses ethische Gesetz von Ursache und Wirkung spiegelt sich in vielen Sprichwörtern und auch in dem Bibelwort wieder: „Was du gesät hast, wirst du ernten". Wie immer wir es auch zum Ausdruck bringen, dieses Prinzip stellt die Basis für Selbsterforschung und daraus folgende Einsicht dar und hält uns dazu an, Verantwortung für uns selbst und unsere Umstände zu übernehmen.

Nun mag man argumentieren, dass Karma keine universale Wahrheit sei, sondern ein rein subjektiver oder kultureller Glaube, dem jegliche objektive Realität fehle. Es ist richtig, dass ein universales Prinzip in rationaler Akzeptanz gründen muss und nicht in blindem Glauben angenommen werden sollte; ebenso wenig sollte es abgelehnt werden, weil es uns nicht vertraut ist. Wie dem auch sei, egal ob wir glauben, dass Gift schädlich ist oder nicht, hat es die Kraft, uns zu töten. Medizin kann uns heilen, auch wenn wir nicht an ihre Wirksamkeit glauben. Auf die gleiche Weise existiert auch das Gesetz von Karma unabhängig von unserem Glauben oder unserer Skepsis.

Die meisten Menschen sind daran gewöhnt, ihr Leben eher unter einer kurzzeitigen Perspektive zu sehen, Karma hingegen ermutigt uns zu einer langfristigeren Betrachtung. Der starke Wunsch, unser eigenes Glück zum Hauptziel unseres Lebens zu machen, lässt uns stets aus engstirnigem Eigeninteresse handeln. Wir haben die Vorstellung, dass wir die ersehnte Erfüllung finden werden, wenn wir uns hauptsächlich um unser eigenes Wohl bemühen. Paradoxerweise ist es jedoch so, dass uns nur die Sorge um das Wohl der anderen und nicht unsere egoistische Selbstsucht dauerhaften Frieden bescheren kann. Nur in dem Maße, in dem wir für andere wirken, erfahren wir selbst Glück, Harmonie und Erfolg. Selbstsüchtiges Handeln hingegen kann uns letztlich nur Leiden und Enttäuschung einbringen. Selbst wenn wir uns ein Leben lang abmühen, Glück für uns selbst anzuhäufen, wird es doch nicht einen einzigen Tag geben, an dem wir sagen können, wir wären völlig frei von allem Leiden.

Wenn wir uns selbst fragen: „Gibt es einen Weg, Samsara – dem endlosen Kreislauf des Leidens – zu entkommen?“, dann lautet die Antwort: „Ja“. Unsere Befreiung vom unkontrollierten Kreislauf von Geburt und Tod hängt von den dafür erforderlichen Ursachen und Bedingungen ab. Eine der Bedingungen für die Befreiung von Samsara ist das sogenannte „kostbare Menschenleben“. Vom karmischen Gesichtspunkt betrachtet gilt das menschliche Leben deshalb als so kostbar, weil es das Potential beinhaltet, außerordentlichen Nutzen aus ihm zu ziehen und schließlich sogar Erleuchtung zu erlangen.

Das menschliche Leben bietet ungeahnte Möglichkeiten, so zum Beispiel Samsara wirklich zu verstehen, nicht nur im Sinne unseres eigenen Daseinsbereichs, sondern auch im Zusammenhang mit den Daseinsbereichen aller anderen Lebewesen. Diese Erkenntnis gebiert ein sanftes Selbstvertrauen und eine Selbstachtung, die nicht der Arroganz eines verblendeten Geistes entspringen, sondern Ergebnis von Wissen sind. Weisheit und Mitgefühl –

gepaart mit der Kraft menschlicher Intelligenz – können jedes Problem lösen, gleichgültig wie schlimm das betreffende Leiden auch sein mag; denn wir sind uns stets der Tatsache bewusst, dass es vergänglich ist. Mit den richtigen Anweisungen und Methoden können wir Erleuchtung erlangen. Es ist nur eine Frage der Zeit.

All das ist möglich, weil wir Menschen sind. Wie intelligent ein Tier auch sein mag, wenn man ihm sagt: „Dies ist heilsam und dies ist unheilsam", oder „das ist Samsara, also musst du nach Erleuchtung streben", oder „sprich das *Mantra* OM MANI PADME HUNG", wird es keine Ahnung haben, was man meint. Ein Mensch hingegen kann lernen, die Ursache des Leidens zu verstehen, sich ihm zu stellen und es schließlich ein für allemal zu beenden. Das ist der Grund, warum ein menschliches Leben kostbar genannt wird.

Unglücklicherweise verfügen jedoch nicht alle Menschen über diese Möglichkeiten. Nach der buddhistischen Sichtweise gibt es grundlegend drei Arten von Menschen: Zuerst die, die in eine reiche Umgebung geboren werden und in sicherer Bequemlichkeit leben und sterben. Die zweite Gruppe sind die Menschen, die in Armut geboren werden und unter Mühen leben und sterben. Menschen aus diesen beiden Gruppen, die kein Interesse am Dharma oder an Erleuchtung haben, sind lediglich gewöhnliche menschliche Wesen. Obwohl sie intelligent und talentiert sein mögen, gilt ihr Leben nicht als sogenanntes „kostbares Menschenleben", solange sie nicht über die Möglichkeit oder das Interesse verfügen, den Dharma zu üben (sich spirituell weiter zu entwickeln). Die Menschen der dritten Kategorie haben ein Gefühl der Entsagung von Samsara und Hingabe gegenüber dem Dharma und können daher Erleuchtung erreichen. Ob reich oder arm, talentiert oder nicht, nur Menschen dieser letzten Gruppe besitzen das sogenannte „kostbare" Menschenleben.

Die Möglichkeit, spirituell praktizieren zu können entsteht, wenn man unter Bedingungen geboren wird, in denen man erstens die Zeit zur Praxis findet und zweitens frei von den acht ungünstigen Umständen ist, die eine spirituelle Praxis verhindern würden. Diese acht ungünstigen Umstände sind:

1. eine Geburt in den Höllenbereichen, wo die Wesen andauernde Qualen durch Hitze und Kälte erleiden,
2. eine Geburt im Bereich der Hungergeister, wo alle unter Hunger und Durst leiden,
3. eine Geburt im Daseinsbereich der Tiere, wo das Leiden aus Dumpfheit und Mangel an Freiheit[1] besteht,
4. eine Geburt im Bereich der langlebigen Götter, die unter einem falschen Gefühl von Sicherheit und dem Mangel jeglicher Motivation für eine spirituelle Praxis leiden,
5. eine Geburt in einem barbarischen Land, wo Tieropfer dargebracht werden und es keine Möglichkeit gibt, die Dharma-Lehren zu hören,
6. wenn man in einem *Kalpa* der Finsternis geboren wird, in dem keine Buddhas erschienen sind, um zu lehren,
7. wenn einem die zum Verständnis des Dharma nötigen Sinne und geistigen Fähigkeiten fehlen,
8. wenn man einen verblendeten Geist mit falschen Ansichten hat und daher die Lehren von Karma, Ursache und Wirkung, Heilsamem und Unheilsamem leugnet.

Ist irgendeine dieser Bedingungen gegeben, mangelt es einem an Freiheit und der Möglichkeit zu studieren und zu praktizieren.

Zu Lebzeiten des Buddha gab es einen Mönch namens Lekpe Karma, der viele Jahre mit dem Buddha verbrachte und seine Lehren in- und auswendig kannte. Lekpe Karma hatte zwar ein menschliches Leben, aber da er stur an falschen Sichtweisen festhielt, wurde er nach seinem Tod als Hungergeist wiedergeboren und hatte – für diese Lebenszeit – die Gelegenheit verloren, den vollkommenen Dharma zu üben und zu verwirklichen.

Die Möglichkeit zu praktizieren ist nur dann gegeben, wenn zehn Qualitäten vorhanden sind, von denen fünf einen selbst und fünf weitere die äußeren Umstände betreffen. Nach *Nagarjuna* sind die fünf Qualitäten, die einen selbst betreffen, die folgenden:

---

[1] wegen des Gebundenseins an Instinkte

1. Wenn man die Dharma-Lehren auf vollständige Weise studieren und praktizieren will, muss man als Mensch geboren werden. Die im von Vergnügen übersättigten Götterbereich Geborenen sind kein geeignetes „Gefäß“ für das Aufnehmen der Lehren. Auch Tiere, gleichgültig wie schön oder wertvoll, können den Dharma nicht üben.
2. Man muss an einem „zentralen Ort“ geboren sein. Das bezieht sich zuerst auf *Bodhgaya* in Indien, wo der Buddha die Erleuchtung erlangt hat und dann auf einen Ort, wo der Dharma blüht und an dem insbesondere Mönche und Nonnen die vollständigen Lehren studieren. Jeder am Dharma Interessierte sollte versuchen, den Ort, an dem er oder sie lebt, zu einem „zentralen Ort“ zu machen.
3. Man muss über intakte Sinne verfügen, ansonsten kann man entweder die kostbaren Meditationsbildnisse nicht sehen oder die Dharma-Lehren nicht hören oder seine Gefühle nicht direkt ausdrücken. Es ist nicht einfach, Erleuchtung zu erlangen, daher braucht man alle seine Sinne, um die Lehren in ihrer ganzen Vollständigkeit aufnehmen zu können.
4. Man darf die *fünf besonders schwerwiegenden unheilsamen Handlungen* nicht begehen. Wenn man in ein unheilsames, dem Dharma fernes Leben verstrickt und mit Aktivitäten beschäftigt ist, die dem Dharma zuwiderlaufen, oder eine der fünf besonders schwerwiegenden unheilsamen Handlungen begeht, gibt es keine Möglichkeit, in einem Leben *Buddhaschaft* zu erlangen, selbst wenn man den Dharma formell praktizieren sollte.
5. Man muss Vertrauen haben. Wenn man Zuflucht zu machtvollen örtlichen Gottheiten oder *Nagas* nimmt, kann man keine Befreiung von Samsara erlangen. Ohne rechtes Vertrauen in die *Drei Juwelen* fehlt einem die Grundlage für das Studium und die Praxis. Darum ist Vertrauen in die Drei Juwelen - Buddha, Dharma und Sangha – für den eigenen Fortschritt so wichtig.

Die folgenden fünf Qualitäten beziehen sich auf die äußeren Umstände:

6. Ein Buddha muss erschienen sein. Wenn kein Buddha erschienen wäre, wüssten wir nicht einmal genug, um auch nur seinen Namen auszusprechen. Das unsere ist wirklich ein glückliches Zeitalter, mit einer ganz besonderen Qualität, denn Buddhas erscheinen nur in wenigen Kalpas, in anderen kennt man nicht einmal ihren Namen, vom Konzept der Erleuchtung ganz zu schweigen.
   Zu Anbeginn dieses Planeten trieben tausend Lotusblumen auf dem Ozean – ein Zeichen, dass in diesem Weltzeitalter eintausend Buddhas erscheinen werden. Deshalb nennt man dieses Zeitalter auch das Kalpa des Lichts – des Lichts der Dharma-Lehren. Alle Buddhas erlangen ihre Buddhaschaft in Bodhgaya und drehen das Rad der Lehre. Wenn dieses Kalpa zuende ist, wird es 60 Weltzeitalter lang keine Buddhas mehr geben. Man nennt diese deshalb die Kalpas der Finsternis oder die unglücklichen Kalpas. Wir können uns überglücklich schätzen, dass in unserem Weltzeitalter *Buddha Shakyamuni*, der vierte von tausend Buddhas, erschienen ist.
7. Nachdem der Buddha erschienen ist, hat er gelehrt. Diese Lehren spiegeln seine Erleuchtung in Bodhgaya wider, als er sprach: „Ich habe tiefen, ungekünstelten Frieden gefunden. Ich habe klares Licht gefunden. Selbst wenn ich es lehren wollte, wäre es für andere schwer zu verstehen, daher will ich schweigend im Wald verweilen.“ Nach einigen Wochen jedoch baten ihn die Götter *Brahma*, *Indra* und andere, das Rad des Dharma zu drehen. Schließlich willigte der Buddha ein und begab sich in den Tierpark von Sarnath, Varanasi, wo er als erstes die *Vier Edlen Wahrheiten* lehrte. Später folgten das zweite und dritte Drehen des Rades sowie alle Lehren des *Vajrayana*.
8. Nachdem der Buddha erschienen ist und gelehrt hat, stehen die Lehren immer noch in Blüte. Wäre der Dharma nicht mehr lebendig, wäre das, was der Buddha gelehrt hat, nicht mehr verfügbar und ein nächster Buddha noch nicht erschienen, dann würde sich dieses Kalpa durch nichts von den Kalpas der Dunkelheit unterscheiden. Aber der Dharma lebt. Wir verfügen noch über die gesamten Lehren und können sie daher studieren und

praktizieren. Und obwohl wir in einer Zeit der allgemeinen Degeneration leben, sind doch die Lehren noch nicht verschwunden. Wenn wir sie jedoch nicht studieren und umsetzen, werden sie uns auch nicht helfen können, gleichgültig wie lange sie noch überdauern mögen. Bildlich gesprochen: Wenn wir blind sind, können wir die Sonne nicht sehen, selbst wenn sie hell scheint. Solange wir kein Interesse haben, kann uns der Dharma nicht helfen, selbst wenn er noch so lebendig ist.

9. Also müssen auch die Anhänger dem reinen Pfad des Dharma folgen. Selbst wenn der Dharma blüht, wir ihn aber nur zu unserem eigenen Wohl benutzen, um die Hindernisse in diesem unserem Leben zu überwinden, haben wir den reinen Pfad des Dharma noch nicht betreten. Wahre Dharma-Praxis bedeutet, unermüdlich alle Wesen aus Samsara zu befreien, ohne ein einziges zurückzulassen.

10. Die letzte Qualität ist die Unterstützung durch die Güte der anderen, den spirituellen Meister eingeschlossen. Selbst wenn man den reinen Pfad betritt, wenn man keinen Lehrer, keine Lehrerin findet, kann man seine Erfahrung nicht vertiefen. Der Buddha hat so viele Lehren gegeben – weit wie der Ozean; selbst wenn wir sie alle studieren könnten, wäre ihre Übung und Umsetzung ohne ein spezielles System nicht möglich. Wir müssen uns auf einen authentischen spirituellen Meister stützen, damit der ursprüngliche Sinn des Dharma nicht verloren geht. Wir nutzen alle unsere *Gelübde – Pratimoksha-Gelübde*, *Bodhisattva-Gelübde* und *Vajrayana-Gelübde* –, um alle Verdunkelungen unseres Geistes zu reinigen und alle inneren Verwirklichungen zu fördern, damit wir allen fühlenden Wesen von Nutzen sein können. Wenn auch nur eine dieser achtzehn Freiheiten und Qualitäten fehlen sollte, verlieren wir unsere Möglichkeit den Dharma zu üben.

Gleichgültig wie gelehrt wir auch sein mögen, wenn wir die Vergänglichkeit dieses Lebens, die wechselseitige Abhängigkeit aller Phänomene nicht begreifen, gibt es keine Hoffnung für uns,

Samsara zu entfliehen. Alle Anweisungen, die wir brauchen, kommen vom spirituellen Meister. Unsere Übung hängt also ganz und gar von der Güte des spirituellen Meisters und der Unterstützung durch andere ab.

Viele Dinge können einer erfolgreichen Praxis im Wege stehen: Wenn wir zu sehr an Freunden und Verwandten hängen, wenn wir unsere Feinde hassen, wenn wir von leidvollen Emotionen überwältigt sind, wenn wir unter den Einfluss talentierter aber unaufrichtiger Lehrer geraten oder wenn wir uns der Faulheit hingeben, haben wir keinerlei Möglichkeit, die Lehren zu verwirklichen. Wenn wir negatives Karma und dichte Verblendungen geschaffen haben, müssen wir die Folgen tragen und sollten nicht dem Dharma die Schuld geben.

Einige Menschen sind zwar am Dharma interessiert, finden aber inmitten ihres geschäftigen Alltags nicht die Zeit, Erfahrungen in der Praxis zu sammeln. Andere studieren und praktizieren viel, aber ihr Geist ist nur auf dieses Leben gerichtet, in dem sie sich Achtung, Ansehen und Ruhm erwerben wollen. Diese Menschen sind sehr stark mit den sogenannten *acht weltlichen Belangen* beschäftigt, und ihre Praxis ist nicht wirklich auf das Erlangen der Erleuchtung gerichtet. Wieder andere sind am Dharma interessiert, aber was ihre eigene Persönlichkeit angeht, können sie sich nicht ändern und werden in den niederen Bereichen wiedergeboren.

Manchen gelingt es nicht, Vertrauen und Hingabe in den Dharma und ihren Lehrer, ihre Lehrerin zu entwickeln, und auch das verschließt das Tor zur Befreiung. Andere studieren und praktizieren sehr hohes Tantra, ignorieren aber die grundlegenden Übungen; sie kümmern sich nicht um Karma, und so werden auch sie in den niederen Bereichen wiedergeboren. Manche studieren den Dharma, um selbst Lehrer oder Lehrerinnen zu werden und nicht, um sich von Samsara zu befreien. Und weil sie arrogant bleiben, erneuern sie ihre *Samayas* nicht und verpassen so jede Verwirklichung. Sie übersehen das Leuchtfeuer der Befreiung.

Wir müssen also auf unsere Motivation und unsere Persönlichkeit achten und stets im Auge behalten, was unserer Meditationspraxis schadet und was ihr nützt. Wir haben alle Qualitäten eines kostbaren Menschenlebens – darüber sollten wir uns freuen!

Für die Dharma-Praxis sind viele Ursachen und Bedingungen nötig, genauso wie wir, um Tee zu machen, einen Topf, Wasser, Feuer und den Tee selbst benötigen. Haben wir all das zusammen, können wir Tee kochen, fehlt etwas davon, haben wir keinen Tee zu trinken. Gleichermaßen hat jemand, der über die zehn Ausstattungen und acht Freiheiten von ungünstigen Umständen verfügt, ein kostbares Menschenleben und damit die Möglichkeit, in einem Leben Erleuchtung zu erlangen. Fehlt auch nur eine einzige dieser Voraussetzungen, gibt es keine Hoffnung, den kostbaren Dharma erfolgreich praktizieren zu können und Fortschritte auf dem Pfad zu machen. Wir sollten also nicht denken, es sei einfach, den spirituellen Pfad zu beschreiten und er stünde uns immer offen, statt dessen sollten wir die Sache ernst nehmen und alle für unseren Fortschritt nötigen Elemente zusammenfügen.

Da ein kostbares Menschenleben von allen zuvor genannten Faktoren abhängig ist, ist es sehr schwer zu erlangen. Um diese Tatsache zu illustrieren, gab der Buddha das folgende Gleichnis: Angenommen das ganze Universum wäre ein riesiger Ozean. Auf der Oberfläche dieses Ozeans treibt ein Joch, das, umhergeworfen von Wind, Wellen und Strömungen, niemals an einem Ort bleibt. Tief in diesem Ozean lebt auch eine Schildkröte, die keine Augen hat, mit denen sie das Joch erblicken könnte, ebenso wie das Joch keine Sinne hat, die Schildkröte wahrzunehmen. Die Schildkröte taucht alle hundert Jahre nur einmal auf. Die Chance, dass die Schildkröte, die tausend Jahre lebt, beim Auftauchen mit ihrem Kopf in das Joch treffen würde, wäre äußerst gering. Noch viel schwieriger aber ist es, ein kostbares Menschenleben zu erlangen.

Auch das Nachdenken über eine andere Geschichte kann uns helfen diese Tatsache zu verstehen: Eines Tages kratzte der Buddha mit seinem Daumennagel etwas Staub vom Boden und fragte *Ananda*: „Wo ist mehr Staub, auf meinem Nagel oder auf der ganzen Welt?“ Ananda antwortete: „Oh Herr, natürlich lässt sich die Menge Staub auf deinem Nagel nicht mit dem ganzen Staub der Erde vergleichen.“ Der Buddha erwiderte: „So sind die fühlenden Wesen in den drei niederen Bereichen mit dem Staub der Erde zu vergleichen, während die Zahl der Menschen der Menge des Staubs auf meinem Nagel entspricht." Wie viele unter allen Menschen sind überhaupt daran interessiert den Dharma zu studieren und zu praktizieren? Nur sehr wenige. Und wie viele von diesen finden auch die Zeit zur Praxis? Sehr, sehr wenige. Das können wir mit unseren eigenen Augen sehen.

Dieses unser Menschenleben kommt nicht zufällig zustande; es ist das Ergebnis vieler heilsamer Handlungen und der Ansammlung von Verdienst über viele Leben hinweg. Es ist aber nicht genug, lediglich ein menschliches Leben zu besitzen, denn manchmal können gerade Menschen viel mehr unheilsames Karma schaffen als es zum Beispiel Tiere könnten. Ein Mensch könnte die ganze Welt zerstören, wozu ein Tier niemals imstande wäre. Darum konnte *Milarepa* zu einem Jäger sagen: „Ein kostbares Menschleben zu gewinnen ist überaus schwierig, aber ein Kerl wie du zu werden ist so schwer wohl nicht."

In diesem Leben haben wir die Wahl. Wenn wir es auf bestmögliche Weise nutzen, können wir in einem Leben Erleuchtung erlangen. Wenn wir es auf schlechtest mögliche Weise nutzen, enden wir in den Höllenbereichen. Wir sollten also darüber nachdenken und unser Leben als ganz besondere Gelegenheit nutzen, den kostbaren Dharma in unserem Herzen zu verwirklichen und allen fühlenden Wesen Frieden und Glück zu bringen. Und das sollten wir so schnell wie möglich tun, denn wer kann uns garantieren, dass wir die Sonne morgen noch einmal aufgehen sehen? Wenn wir zu lange warten, werden wir es irgendwann bereuen, aber dann wird es zu spät sein. Es gibt nichts Schlimmeres als diese Chance nicht zu nutzen, wenn wir über die Freiheiten und Ausstattungen verfügen; denn wenn wir erst als Tier wiedergeboren sind, wird es überaus schwierig sein, wieder ein menschliches Leben zu gewinnen. Gampopa *sagte: „Denk darüber nach, wie schwer es ist, ein menschliches Leben zu gewinnen. Hast du es aber, erlangt, geht es sehr schnell wieder verloren. Meditiere jeden Augenblick darüber und praktiziere den Dharma."*

Denken Sie nach: „Ist dies ein Traum oder ist es Wirklichkeit?" Denken Sie: „Dieses Mal muss ich mir Mühe geben, den kostbaren Dharma zu üben, was immer es auch kosten mag. Und wenn irgendetwas fehlt, werde ich meine Fehler korrigieren und versuchen, den Pfad des Dharma zu beschreiten. Wenn ich diese Gelegenheit nicht nutze, wann werde ich je wieder eine weitere erhalten?"

Das Siegesbanner

འདུས་བྱས་མི་རྟག་པ་

„Die Vergänglichkeit zusammengesetzter Phänomene“

Kapitel 2: Vergänglichkeit

Obwohl unser kostbares Menschenleben so großartige Möglichkeiten bietet, ist es nicht von Dauer. Aber nicht nur das: Sämtliche Phänomene – alles, was zusammengesetzt ist – sind dem Wandel unterworfen. Sogar die Erde, die doch so stabil, sicher und solide wirkt, verändert sich. Sie entsteht im Raum und verschwindet schließlich wieder im All. Auch die Berge, die Felsen und die gewaltigen Ozeane sind dem Wandel unterworfen.

Der Wandel wird schon in den vier Jahreszeiten deutlich. Im Winter ist alles trocken, gefroren und schneebedeckt; wenn es Frühling wird, erwärmt sich der Boden, wird feucht und es kommen Triebe hervor. Im Sommer blühen die Blumen, und im Herbst fallen die Blätter und die Früchte werden reif. Das ganze Jahr über verändern sich die Dinge. Nichts bleibt je unverändert. Auch wir verändern uns auf gleiche Weise, und eines Tages ereilt uns der Tod.

Um Vergänglichkeit zu verstehen, kann man auch über Tag und Nacht meditieren. Bei Tag ist alles klar: Wir können Berge, Bäume, Strassen, Häuser, Menschen und so weiter klar erkennen. Wir gehen voller Sicherheit nach draußen. Wenn es aber Nacht wird, können wir all das nicht mehr erkennen und alles ändert sich vollkommen. Wenn wir nun ausgehen müssen, fürchten wir uns. Tag und Nacht, zwei vollständig unterschiedliche Bereiche, sind also auch dem Wandel unterworfen. Auch wenn wir die Geschichte betrachten, sehen wir, dass so viele verschiedene Menschen gekommen und gegangen sind, so viele Staaten mit Macht über andere Länder sind zerfallen, von manchen findet sich nicht einmal mehr eine Spur.

Dass der Tod kommt, ist sicher, aber wann das sein wird, können wir nicht wissen. Es könnte schon morgen sein. Wir planen so, als hätten wir viele Jahre zu leben und könnten an unserem Glück und Wohlergehen arbeiten, wenn aber der Herr des Todes erscheint, dann ist es gleichgültig wie stark wir sind, wie viele mächtige Freunde wir haben, wie reich, talentiert, schlau, beredt oder schön wir sind, wir können nicht entkommen. Daher sollten wir uns bemühen, den Dharma zu üben. Der Herr des Todes ist uns nicht freundlich gesinnt.

Nagarjuna beschrieb das Leben als eine Seifenblase bei starkem Wind. Es ist fast ein Wunder, dass wir ein- und ausatmen können, dass wir morgens wieder aufstehen können. Wir vergegenwärtigen uns die Vergänglichkeit, um uns auf positive Weise auf den Tod vorzubereiten, statt sein erbarmungswürdiges Opfer zu werden. Wenn wir mit Leid konfrontiert sind, können wir erkennen, dass es nur vorübergehend ist. Wenn wir Glück erfahren, erkennen wir auch das als vorübergehenden Eindruck.

Wir müssen dieses kostbare Menschenleben nutzen, um uns selbst und alle fühlenden Wesen vom Leiden zu befreien. In diesem Kalpa sind großartige Buddhas und *Bodhisattvas*, große Meister und *Arhats* erschienen, aber selbst sie haben sich aufgelöst und sind verschwunden. *Buddha Shakyamuni* lehrte 54 Jahre lang, aber danach starb auch er. Nach Buddha sind viele große Lehrer erschienen und haben zahllosen Wesen Nutzen gebracht. Aber auch sie sind gestorben.

Die Lehren des Buddha haben sich von Indien ausgehend nach Tibet, China, in die Mongolei, nach Sri Lanka, Burma, Indonesien, Japan, Korea, Vietnam, Pakistan und in viele andere Länder verbreitet. So viele große Lehrer haben durch Studium und Praxis des Dharma Erleuchtung erlangt, aber auch sie sind alle gestorben. Sie hatten Tausende großer Schülerinnen und Schüler, die ebenfalls im Lauf der Zeit spurlos verschwunden sind. Milarepa, der große Lehrer, ist trotz seiner Macht über die vier Elemente – Feuer, Wind, Erde und Wasser – ebenfalls gestorben. Die großen, mächtigen Dharma-Könige sind jetzt alle verschwunden.

Wir, die wir so zerbrechlich sind, so leicht krank werden, werden einst auch dem Tod ins Auge blicken. Lasst uns unser kostbares Menschenleben also nutzen, um uns selbst und alle fühlenden Wesen vom Leiden zu befreien, solange wir es noch können. Lasst uns meditieren und Reinigungspraktiken üben, um unseren Geist zu klären. Nehmen Sie sich ein paar Minuten und atmen Sie tief und sanft; entlassen Sie mit dem Ausatmen all Ihre Spannungen, und dann entspannen Sie sich und meditieren.

Folgendes sollten wir im Sinn behalten:

Wenn wir Erfolg haben, sollten wir nicht an ihm haften. Wir bringen unseren Erfolg als Ursache für die Befreiung aller Wesen dar.

Wenn wir versagen, nehmen wir unser Versagen an und denken an all die anderen, die ebenfalls versagt haben, und bringen unser Leiden dar, um das der anderen zu bereinigen.

So wie wir uns jeden Morgen waschen und körperlich auf den Tag vorbereiten, sollten wir das Wasser des Dharma benutzen und den Schmutz unserer negativen Gedanken aus unserem Geist waschen. Wir prüfen unser Aussehen im Spiegel des Dharma und legen dann die Kleider von Liebe und Mitgefühl an.

Das Gewahrsein der Vergänglichkeit hilft uns, von Anhaftung, Greifen und Hass frei zu werden. Jeder verändert sich laufend: Der heutige Freund ist der Feind von morgen; der Feind von morgen ist übermorgen vielleicht schon unser Freund. Sind wir uns dessen bewusst, werden wir weniger stolz und eifersüchtig. Dieses Verständnis vertreibt Unwissenheit und Verwirrung. Der Geist wird klar.

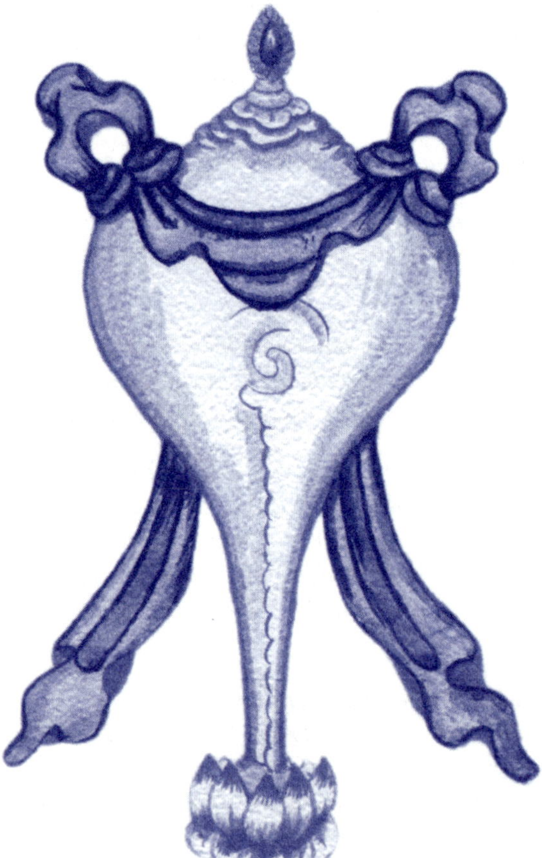

Das Muschelhorn

སྡུག་བསྔལ་བདེན་པ་

„Die Wahrheit vom Leiden“

KAPITEL 3: LEIDEN

Alle Lebewesen, wo sie auch sein mögen, sehnen sich vor allem danach glücklich zu sein und frei von Leiden. Da wir aber kein tiefes Verständnis vom Wesen dieser beiden Zustände haben, scheint unser verzweifeltes Greifen nach Glück uns immer mehr Leiden der verschiedensten Arten einzubringen. Selbst wenn wir die Objekte unseres Begehrens erhalten, verblasst unser Glück wieder. Unwillig, die Vergänglichkeit und illusorische Natur des Glücks zu erkennen, werfen wir uns nur umso heftiger in den Kampf, mehr zu bekommen. Auf diese Weise irren wir durch zahllose Leben, genauso wie wir durch unser gegenwärtiges Leben wandern, und häufen in unserem endlosen Kampf um Glück immer mehr Leiden an.

Diese Situation wird in einer Geschichte aus der Zeit des Buddha sehr drastisch beschrieben. Eines Tages war einer der großen Schüler des Buddha, Katayana, auf Almosengang für seine Mittagsmahlzeit, als er eine Frau traf. Sie hielt ihren geliebten Sohn im Arm und verzehrte mit großem Genuss einen Fisch. Einen Hund, der zu ihren Füssen ungeduldig auf die Gräten wartete, verjagte sie mit einem Steinwurf. Katayana, ein Arhat mit der Gabe der Hellsichtigkeit, erkannte, dass der Fisch die Wiedergeburt des Vaters der Frau war, der Hund hingegen die Wiedergeburt ihrer Mutter; er sah ebenfalls, dass der Sohn, den die Hausfrau jetzt so liebevoll in den Armen wiegte, in einem früheren Leben ihr Feind gewesen war. Der Arhat sprach zu sich selbst: „Sie isst ihren Vater, bewirft ihre Mutter mit Steinen, und ihr früherer Feind ist jetzt ihr geliebter Sohn. Wie absonderlich ist doch Samsara!“

Der Buddha lehrte, dass das Wesen von Samsara Leiden ist, und dass wir nichts Weiteres wissen müssen, wenn wir das Leiden wirklich kennen. Um uns vom Leiden zu befreien, müssen wir es zuerst untersuchen. Andernfalls würden wir unabsichtlich immer nur noch mehr Leid schaffen, ähnlich wie die Frau in der Geschichte. Indem wir den Dharma aufrichtig studieren und praktizieren, ihm unser Leben widmen, durchschauen wir eines Tages die Verwirrungen von Samsara, geben unsere Anhaftung vollständig auf und beenden damit die Ursache des Leidens.

Außerdem sollten wir begreifen, dass wir vom Leid viel lernen können, obwohl keiner von uns es sich wünscht. Leid kann unsere Arroganz und unseren Stolz vermindern, es kann unser Mitgefühl mit anderen stärken, es kann uns daran erinnern, dass Schmerzen nicht ohne Ursache auftreten, und es kann als Opfer für andere dargebracht werden. Dieser positive Nutzen des Leidens entsteht, wenn wir, inmitten unseres eigenen Leidens, an alle anderen Lebewesen denken können, die vielleicht auf ähnliche Weise leiden wie wir. Augenblicklich sprechen wir folgendes Gebet: „Möge mein geringes Leid ausreichen, um das Leiden aller fühlenden Wesen zu reinigen." Auf diese Weise können wir das Leid als Meditationspraxis nutzen, statt ihm zum Opfer zu fallen. Diese Haltung sollten wir uns zu einer neuen Gewohnheit machen, damit wir das Leiden, wenn es kommt, positiv annehmen und zum Segen für alle Wesen nutzen können.

Viele spirituelle Meister verdanken ihr Erwachen gerade ihren Erfahrungen mit dem Leid. Sie freuten sich, dem Dharma begegnet zu sein, der sie lehrte – so wie er auch uns lehren kann – die vielen schmerzlichen und negativen Erfahrungen des Lebens in etwas Positives zu verwandeln. Gleichzeitig ist es wichtig, diese Lehren, den Dharma, nicht bloß zum Zwecke eines komfortablen Lebens zu gebrauchen. Eine derartig kurzsichtige Motivation wird uns nicht aus dem Kreislauf der Existenzen befreien können. Wenn wir jedoch akzeptieren, dass unser eigenes Karma unsere Lebensumstände geschaffen hat, ist Leiden nicht mehr ausschließlich negativ. Es kann uns dazu bringen, nach Erleuchtung zu suchen und die Ursachen des Leidens zu erkennen, die wir andernfalls vielleicht niemals verstehen würden.

Ohne dieses Verständnis der Natur des Leidens sind alle höheren Praktiken, die wir vielleicht üben, nur dem Namen nach höher und weiter nichts. Aus diesem Grunde hielt der Erhabene Jigten Sumgön, *der Gründer der* Drikung Kagyü *Linie, die grundlegenden Praktiken für viel wichtiger und tiefgründiger als die höheren. Darum fangen auch wir mit einer grundlegenden Untersuchung der Natur des Leidens und seiner Manifestationen an. Stellen wir uns für den Anfang zuerst einmal vor, dass all unser Leiden, das wir gedankenlos schaffen, ein Nachleben erzeugt, das wir, als seine Erzeuger, dann schließlich erfahren müssen. Dass wir überhaupt nicht wissen, was wir da erschaffen, spielt keine Rolle, trotzdem müssen wir die Verantwortung für unsere Schöpfung auf uns nehmen. Wir können leicht einsehen, dass Unwissenheit – die Quelle von Samsara – kein erstrebenswerter Zustand ist, in dem zu verweilen sich lohnt; Unwissenheit verschleiert die Einsicht, dass unsere negativen Handlungen uns in die Erfahrung einer großen Bandbreite negativer Zustände – oder Höllenbereiche – führen.*

Nach der Kosmologie des tibetischen Buddhismus gibt es in Samsara sechs Daseinsbereiche: die Welten der Höllen, der Hungergeister, der Tiere, der Menschen, der Halbgötter und der Götter. Wo auch immer wir geboren werden, wo immer wir im Dasein umherwandern, von den niedrigsten Bereichen bis zu den höchsten und wieder zurück, stets sind wir dem Leiden unterworfen, dem Ergebnis unseres eigenen Schaffens, unserem Karma.

Die Höllenbereiche

Es gibt acht heiße und acht kalte Höllen sowie zusätzliche höllische Bereiche: die zeitweiligen und die angrenzenden Höllen. In der ersten der acht heißen Höllen, der sogenannten „wiederbelebenden Hölle", sind die Wesen so eng zusammengepfercht, dass in ihren Herzen Hass aufwallt und sie sich mit tödlichen Waffen gegenseitig niedermachen. Dann erhebt sich eine kühlende Brise, die sie wiederbelebt. Tag für Tag durchlaufen die Wesen dieser

Hölle den Zyklus des Sterbens und der anschließenden Wiederbelebung hunderttausendmal. Hilflos leidend verbringen sie viele Millionen Jahre an diesem Ort.

Die zweite der heißen Höllen nennt sich die „Hölle des schwarzen Fadens". Dort halten die Wächter *Yamas*, des Herren des Todes, an einer gewaltigen Ebene aus geschmolzenem Metall Wache. Die Höllenwächter ziehen glühendes Metall durch die Körper der dort gefangenen Wesen. Die Einstiche erscheinen auf den ganzen Körpern der gequälten Wesen, besonders aber auf ihren Zungen, die, aufgrund der vielen vergangenen Lügen, zur Größe von Feldern geschwollen sind; dann hacken die Höllenwächter die Körper der Gepeinigten entlang der Einstiche in Stücke. Dies wiederholt sich tausendmal am Tag über Millionen von Jahren. Die dortigen Wesen erleiden ununterbrochene Qualen.

In der dritten Hölle, der „zermalmenden Hölle", werden die Wesen in eine Grube getrieben und in Stücke gehauen. Sobald die Höllenwächter sich zurückziehen, erwachen sie wieder zum Leben, aber sofort kehren die Wächter zurück und zerstoßen sie wie Sesamsamen. In dieser Hölle gibt es zwei gegenüberliegende Berge, die wie Rammböcke geformt sind. Jeden Tag stoßen diese Berge hunderttausendmal zusammen und zerquetschen Knochen und Fleisch der Wesen zu Brei. Da die in dieser Hölle gefangenen Wesen wegen ihres negativen Karma aber nicht sterben, leiden sie unvorstellbar.

Die vierte Hölle ist die „Hölle des Heulens". Dort werden die Wesen in ein Haus aus geschmolzenem Metall geboren, das weder Fenster noch Türen hat. Die glühende Hitze ist so intensiv, dass die Wesen vor Qual heulen. Diese Tortur dauert viele Milliarden Jahre.

Die fünfte Hölle ist die „Hölle des noch lauteren Heulens". Dort befindet sich in dem glühende Metallhaus ein weiteres Haus, in dem viele Folterknechte Yamas die Wesen zusätzlich quälen. Wenn ihnen gelegentlich die Flucht aus dem inneren Haus gelingt, finden sie sich nur im äußeren glühenden Haus gefangen und heulen darum noch lauter.

Die sechste Hölle ist die „heiße Hölle“. In ihr werden die Wesen in Kesseln, groß wie das Universum, in flüssigem Metall gekocht wie Reis. Wenn die Wesen zu entkommen versuchen, werden sie von den Knechten Yamas zurückgestoßen, um Billionen von Jahren zu leiden.

Die siebte Hölle ist die „äußerst heiße Hölle“. Dort werden die Wesen in einem Haus aus geschmolzenem Metall geboren, wo die Knechte Yamas ihnen zusätzlich von den Füssen angefangen bis zum Kopf glühende Spieße durch den ganzen Körper schieben. Auf diese Weise leiden sie zahllose Äonen.

Die achte Hölle ist die „Hölle der andauernden Qual“. Dort werden die Wesen in einem Kessel voll des heißesten geschmolzenen Metalls gekocht, heißer noch als in allen anderen Höllen. Wenn sie zu entkommen versuchen, werden sie von den Höllenwächtern geschlagen und in den Kessel zurückgeworfen. Das zieht sich über zahllose Äonen hin.

In den vier Hauptrichtungen der acht heißen Haupthöllen liegen vier angrenzende Höllen. Die erste ist das „Feld der glühenden Asche“, auf dem die Gequälten barfuss arbeiten müssen. Bei jedem Schritt auf den glühenden Kohlen verbrennt ihr Fleisch. Sobald sie den Fuß heben, heilt er augenblicklich, nur um aufs Neue zu verbrennen, wenn er beim nächsten Schritt wieder in die Kohlen einsinkt. Viele Jahre müssen sie so umhergehen. Die zweite der angrenzenden Höllen ist „der Sumpf der verwesenden Leichen“, ein Morast aus menschlichem und tierischem verwesenden Fleisch, der einen Gestank ausströmt, dass einem der Kopf schmerzt. Während die Wesen diesen Sumpf durchwaten, werden ihre Beine von Insekten bis auf die Knochen zerstochen. Die dritte angrenzende Hölle ist der „Wald mit messerscharfen Klingen“, die die Füße und Körper der dortigen Wesen zerschneiden. Die letzte ist der „Fluss glühender Asche“. Die dort wiedergeborenen Wesen werden bei lebendigem Leibe gekocht und versuchen immer wieder zu entkommen, aber die Strömung ist zu reißend und die Ufer werden von Höllenwächtern bewacht.

Die kalten Höllen sind voller Schnee und Eis. Die erste ist die „Hölle der Frostbeulen“. In ihr verursachen eiskalte Winde Frostbeulen. Die zweite Hölle, noch ein Stück kälter, lässt die

Beulen aufplatzen und eitern. Die dritte, vierte und fünfte der kalten Höllen sind nach den Schreien der dort gequälten Kreaturen benannt: „Kalt, kalt", „Oweh" und „Zähneklappern". In der sechsten kalten Hölle wird der Körper blau und platzt auf wie eine blaue Lilie. In der siebten platzt der Körper ähnlich einem großen roten Lotus auf. In der achten kalten Hölle platzt er vor Kälte in noch mehr Stücke auf, gleich einem noch größeren und röteren Lotus. Die Zeit in diesen kalten Höllen ist unermesslich lang.

Die letzten Höllenbereiche sind die zeitweiligen Höllen, was bedeutet, dass es sich um Höllen von vielfacher Gestalt und ohne festen Ort handelt. So können Wesen unter Umständen in oder zwischen Felsen gefangen sein und müssen dort ohne Essen und Trinken leiden. Andere leiden in Eis, in heißem Sand, in einem Feuer oder in einem Baum; wieder andere finden sich in einen Besen oder eine Tür eingeschlossen oder sogar in Kleidungsstücke. Die folgende Geschichte von Gedun Tso beschreibt ihr Leiden.

Einst lebte ein reicher Haushälter, dem seine Frau einen Sohn gebar. Sie waren überglücklich und gaben ihm in einer großen Zeremonie den Namen Gedun Tso. Als Gedun Tso herangewachsen war, begegnete er Shariputra, einem der intelligentesten Schüler des Buddha. Diese Begegnung inspirierte ihn so, dass er ein voll ordinierter Mönch wurde. Kurze Zeit später kamen fünfhundert Kaufleute zum Buddha und baten ihn: „Wir möchten den Ozean überqueren, um nach Juwelen zu suchen, bitte gibt uns doch den Ehrwürdigen Gedun Tso als geistigen Beistand mit." Der Buddha war einverstanden, und so begab sich Gedun Tso mit den fünfhundert Kaufleuten auf die lange Seereise.

Nach einiger Zeit brachten die *Nagas* das Schiff durch einen gewaltigen Sturm in ihre Gewalt und ängstigten die Kaufleute so sehr, dass sie die Götter um Hilfe anflehten. Statt einer Antwort von den Göttern hörten sie jedoch die Nagas aus den Wogen rufen: „Gebt uns Gedun Tso." Und obwohl die Kaufleute ihn noch daran hindern wollten, sprang Gedun Tso selbst in die Fluten. Die Nagas entließen das Schiff aus ihrer Gewalt, und Gedun Tso erteilte ihnen im Meer Belehrungen. Die Nagas waren so bewegt, dass sie ihn seinen Gefährten zurückgaben, die überglücklich waren, ihn wieder in Sicherheit zu wissen. Schließlich fanden sie das Land der Juwelen, gingen an Land und sammelten viele kostbare Edelsteine. Erschöpft von der langen Reise und der anstrengenden Sammeltätigkeit fielen schließlich alle in einen tiefen Schlaf. Nur Gedun Tso blieb wach, setzte sich ans Ufer und blickte auf den Ozean hinaus. Als der Morgen dämmerte, fiel auch er schließlich in tiefen Schlaf, und als er erwachte, stellte er fest, dass die Kaufleute bereits abgesegelt waren.

Allein und verlassen wanderte er ziellos umher. Schließlich kam er zu einem kostbaren Tempel, umgeben von Bäumen und Teichen; in der Luft klangen die Schreie von Pfauen und Papageien. Gedun Tso dachte: „Das muss wohl ein Palast der Götter sein." Langsam begab er sich hinein und gewahrte viele Mönche mit freundlichen Gesichtern und schönen Roben. Er ging auf sie zu und bat um Speise und Trank. Sie setzten ihm ein üppiges Mahl vor und sagten: „Da du so müde vom Reisen bist, iss gut und reichlich. Später wird all dies sich als eine Illusion erweisen, also iss geschwind, solange sie dauert." Gedun Tso aß gut und setzte sich anschließend in einer Ecke nieder. Als es Mittag wurde, erklang eine Glocke und alle Mönche stellten sich mit ihren Bettelschalen in einer Reihe auf. Als sie sich eben niedersetzten, verschwand der ganze Tempel. Die Bettelschalen wurden zu eisernen Hämmern und die Mönche zu gewöhnlichen Männern, die zornerfüllt aufeinander losgingen und sich schreiend und wehklagend die Schädel einschlugen.

Sobald die Mittagsstunde vorüber war, erschien wieder der Tempel und mit ihm die Mönche. Der Ehrwürdige Gedun Tso fragte sie nun: „Welches Karma hat euch in diese Zwangslage gebracht?" Sie erwiderten: „Wir waren Mönche des Buddha *Kashyapa*, des historischen dritten Buddhas dieses Zeitalters. Weil wir uns immer um das Mittagsmahl zankten, hat uns unser Karma in diese zeitweilige Hölle geführt, wo wir jeden Tag auf dieselbe Weise leiden. Und nach diesem Leben werden wir sogar in einer der größeren Höllen wiedergeboren. Wenn du nach Hause kommst, unterrichte bitte alle Mönche des Buddha Shakyamuni von diesem Vorfall." Nachdem er versprochen hatte, ihrer Bitte nachzukommen, verließ Gedun Tso den Tempel.

Später kam er auf seiner Wanderung wieder an einen Tempel mit vielen Mönchen. Auch sie hießen ihn Willkommen und gaben ihm Speise und Trank. Nach seinem Mahl ließ Gedun Tso sich wieder in einer Ecke nieder und als es Mittag wurde, erklang erneut eine Glocke, und die Mönche betraten den Raum mit ihren Bettelschalen, ließen sich nieder und als die Novizen sie eben zu bedienen begannen, verschwand der Tempel. Alle Speisen wurden zu glühendem, flüssigen Metall. Die Mönche, die zu gewöhnlichen Männern geworden waren, begannen sich gegenseitig hasserfüllt mit den glühendheißen Metallstücken zu bewerfen. Dabei brachten sie sich schlimme Brandwunden bei und litten furchtbar. Sobald die Mittagsstunde vorüber war, wurden sie wieder zu Mönchen und auch der Tempel wurde wieder sichtbar. Gedun Tso fragte: „Welches Karma hat euch dieses Leiden eingebracht?“ Die Mönche erwiderten: „Wir waren Mönche des Buddha Kashyapa und haben alle Opfergaben seiner Anhänger verschwendet. Aus diesem Grunde wurden wir in dieser zeitweiligen Hölle wiedergeboren und werden im nächsten Leben in eine der großen Höllen geraten.“

Der Ehrwürdige Gedun Tso setzte seine Reise fort und kam nach einer Weile wieder an einen Tempel mit sehr vielen Mönchen. Der Tempel war sehr reich und die Mönche versorgten ihn mit auserlesenen Speisen. Nachdem er gegessen hatte, ließ Gedun Tso sich in einer Ecke nieder. Kaum wurde es Mittag, stand der ganze Tempel plötzlich in Flammen, die Mönche brannten in dem Feuer und litten unsäglich, bis die Mittagszeit vorüber war und der Tempel und die Mönche wieder ihre gewöhnliche Form annahmen. Wieder fragte Gedun Tso: „Welches Karma hat euch an diesen Punkt gebracht?“ Die Antwort der Mönche lautete: „Wir waren Mönche des Buddha Kashyapa und hielten unsere Mönchsgelübde nicht ein. Die gelübdetreuen Mönche warfen uns aus dem Tempel. Darüber waren wir so aufgebracht und hasserfüllt, dass wir den Tempel bis auf die Grundmauern niederbrannten. Die treuen Mönche kamen in den Flammen um, und wir wurden in dieser zeitweiligen Hölle wiedergeboren und müssen später in eine der großen Höllen.“

Gedun Tso brach wieder auf, und auf seiner weiteren Reise sah er die verschiedensten Wesen: einige glichen einem Pfeiler, andere einer Mauer, einem Baum, einer Blume, einer Frucht oder einem Seil. Einige glichen einem Besen, einer Schale, einem Mörser oder einem Grabstock. Einige Wesen waren in der Mitte beinahe durchgeschnitten und krümmten sich wie die beiden Enden eines Regenwurms. Als er einmal durch ein Tal wanderte, kam er an einen Ort, an dem fünfhundert Rishis meditierten. Der Ehrwürdige Gedun Tso blieb einige Tage bei ihnen und gab ihnen viele Dharma-Unterweisungen. Ihre Hingabe wurde so groß, dass sie beschlossen, sich ordinieren zu lassen, und sie begleiteten Gedun Tso.

Auf ihrem Weg trafen sie schließlich auch die fünfhundert verlorengegangen Kaufleute wieder. Auch die Kaufleute entschieden sich, die Mönchsgelübde abzulegen, und als sie schließlich alle zum Buddha kamen, erteilte er ihnen die volle Ordination. Durch ihre kontinuierlich eifrige Praxis erlangten sie alle schließlich die Arhatschaft. Der Ehrwürdige Gedun Tso berichtete dem Buddha: „Auf meiner Reise sah ich viele fühlende Wesen in Form von Pfeilern, Mauern, Bäumen und so weiter. Welches Karma hat ihre Geburt in solch eigenartigen Formen verursacht?“

Der Buddha antwortete: „Diese fühlenden Wesen sind Wiedergeburten der Mönche Buddha Kashyapas, die zum Beispiel an die Tempelmauer gespuckt haben und daher als Mauer wiedergeboren wurden. Andere schnäuzten sich und verspritzten ihren Auswurf auf die Pfeiler und so wurden sie als Pfeiler wiedergeboren. Wieder andere stahlen Blumen oder Früchte, die dem Kloster gehörten, für ihren eigenen Gebrauch und wurden deshalb zu Blumen, Früchten und Bäumen. Andere Mönche benutzen Besen und Seile des Klosters für eigene Zwecke und wurden folglich als diese Dinge wiedergeboren. Wenn Wandermönche zum Kloster kamen und um Wasser sowie eine saubere Trinkschale baten, wurden geizige Mönche, die ihnen diese verweigerten, als Schalen wiedergeboren.“

„Einmal“, so sprach der Buddha weiter, „baten einige Mönche einen Novizen, für sie einige Ölsamen in einem Mörser zu zermahlen. Der Novize bat sie jedoch, noch etwas zu warten, da er im Moment gerade beschäftigt war. Das erzürnte die Mönche, die sagten: ’Wenn wir den Mörser berühren könnten, würden wir dich in ihm zermalmen!' Das brachte ihnen eine Wiedergeburt als Mörser ein. Als einst der Diener eines Mönchs in einem Tontopf Medizin kochte, beschimpften ihn einige andere Mönche. Er verlor seine Geduld und zerbrach den Topf, also wurde er als Tontopf wiedergeboren. Andere Mönche horteten die Opfergaben des Sommers für den Winter und die Wintergaben für den Sommer. Daher wurden sie halb durchgeschnitten und nur noch von den Sehnen zusammengehalten wiedergeboren." Diese Geschichte endet mit einer Unterweisung des Buddha über die Ergebnisse von Karma.

Das also sind die achtzehn Höllen: acht heiße Höllen, acht kalte Höllen, die angrenzenden und die zeitweiligen Höllen. Denken wir einmal darüber nach, wie uns selbst der kleinste Schmerz schon aus der Fassung bringt. Wenn wir nun in eine dieser Höllen wiedergeboren würden, wie könnten wir den Schmerz ertragen? Obwohl wir im Augenblick die Höllen nicht mit unseren eigenen Augen sehen können, könnte uns das Gesetz von Karma doch in eine von ihnen schleudern, und wir würden unvorstellbar leiden. Vielleicht brauchen wir uns die Höllen auch nicht als buchstäbliche Aufenthaltsorte vorzustellen, sondern können sie als geistige Zustände betrachten: Orte innerer Qualen. Und wer erschafft die Höllenwelten? Sie sind das Ergebnis der Ansammlung unserer eigenen negativen Handlungen. Der Buddha sagte, dass alle Höllen, die Wächter mit ihren Waffen, die glühenden Böden, das geschmolzene Metall und alle anderen Schrecken sämtlich Spiegelungen unserer negativen Gedanken sind, geboren aus Unwissenheit und Selbstsucht. Sie sind die einzigen Quellen des negativen Karmas, für das wir auf die eine oder andere Weise irgendwann Verantwortung übernehmen müssen. Wir müssen das Karma zum Zeugen nehmen und versuchen, aufrichtig uns selbst gegenüber zu sein.

Selbst in unserem Alltagsleben erfahren wir diese Bereiche gelegentlich, wenn wir von emotionalem Schmerz überwältigt werden, besonders von Hass. Denken Sie über die Qualen der Wesen in den Höllenwelten nach und entwickeln Sie Mitgefühl für sie, indem Sie sich vorstellen, sie seien Ihre besten Freunde, Großeltern oder andere, die freundlich zu Ihnen gewesen sind. Denken Sie darüber nach, wie sehr Sie sie in diesem Leben geliebt haben und dass sie, obwohl sie doch nur glücklich sein wollten, nun unter der Bürde ihres negativen Karma im Elend in einer der Höllen leben müssen. Entwickeln Sie Mitgefühl sowohl für sie als auch für sich selbst, denn die Bürde Ihres eigenen Karma kann Sie schnell an denselben Ort bringen, an dem jene bereits leiden.

Denken Sie sich: „Ich habe von einem großen spirituellen Meister Unterweisungen erhalten. Wenn ich nun nicht in diesem Leben nach Erleuchtung strebe, wann dann? Wenn ich in einem der Höllenbereiche wiedergeboren werden sollte, gäbe es dann auch nur die geringste Hoffnung auf Erleuchtung für mich?" Dann sagen Sie sich: „Selbst wenn es mein Leben kosten sollte, ich will kein negatives Karma mehr ansammeln. Ich will alles meiden, was eine Wiedergeburt an dermaßen leidvollen Orten bewirken könnte; ich will ernsthaft sämtliche negativen Handlungen von Körper, Sprache und Geist reinigen."

Allerdings ist es nicht genug, nur die Leiden der Höllen vermeiden zu wollen. Wir sollten über die Leiden der Höllen meditieren, sie zutiefst fürchten und uns dann bemühen, kein Karma mehr zu schaffen, das uns dorthin führen könnte. Zum Wohle aller, die leiden, sollten wir uns entschließen, nach Buddhaschaft zu streben und ernsthaft üben, denn die Höllen sind weder reiner Glaube noch kulturelle Tradition. Für Menschen mit schwerwiegendem negativen Karma sind die Höllen ein Seinszustand. Die Geschichte von Palkye unterstreicht dies.

Einst hielt sich der Buddha in Rajgir, Indien, auf. Dort lebte ein alter Mann, ein Haushälter namens Palkye. Palkye war bereits hundert Jahre alt. Er hatte von den Vorteilen eines monastischen Lebens gehört, also teilte er seiner Frau und seinen Kindern mit, dass er sich nun vom weltlichen Leben verabschieden und Mönch werden wolle. Seine Familie fand, dass er ohnehin schon zu alt sei, um im Haushalt nützlich zu sein und gab ihm ihre Zustimmung, sein Heim zu verlassen und Mönch zu werden.

Langsam, sehr langsam erreichte Palkye schließlich auf seinen Gehstock gestützt das Kloster und fragte: „Wo kann ich den Buddha finden?" Man sagte ihm, dass der Buddha gerade abwesend sei. „Wer von euch", so fragte Palkye als nächstes, „ist dann der Qualifizierteste?" Die Mönche verwiesen ihn an Shariputra und Palkye humpelte mit Hilfe seines Gehstocks auf diesen zu, verneigte sich vor ihm und bat um die Erlaubnis Mönch werden zu dürfen. Shariputra betrachtete ihn nachdenklich und dachte bei sich, dass ein so alter Mann sicher nicht lesen oder Texte auswendig lernen könne, auch meditieren oder sich auf irgendeine Weise an der Klosterarbeit beteiligen würde er wohl nicht können. „Mein Herr", sagte Shariputra, „Eure Zeit ist abgelaufen. Ihr seid zu alt, um noch Mönch werden zu können." Und so wies er Palkyes Bitte ab.

Palkye jedoch ging unverzagt weiter zu den Arhats Mahakashyapa, Upali, Mangakpa und noch vielen anderen, um endlich die Erlaubnis zur Ordination zu erhalten. Jeder wollte aber wissen, ob er schon jemanden um Erlaubnis gebeten habe, und als sie hörten, dass Shariputra seine Genehmigung versagt hatte, sagten sie: „Wenn Shariputra mit seiner außerordentlichen Weisheit deine Bitte abgewiesen hat, wie könnte ich ihr entsprechen?"

Schließlich gab Palkye entmutigt auf, ging davon und legte sich mit seinem Kopf auf der Schwelle des Klosters nieder. Dort blieb er schluchzend und klagend liegen. Gerade da kam der Buddha zurück und fragte Palkye: „Mein Freund, warum weinst du?" Beim Klang der melodiösen Stimme des Buddha wurde Palkye von Freude, Vertrauen und Hingabe überwältigt. Er warf sich vor dem Buddha nieder und sagte: „Selbst den größten Übeltätern wird die Erlaubnis, Mönch zu werden nicht verweigert, wenn sie aufrichtig bitten. Mir aber wurde diese Erlaubnis trotz meiner großen Hingabe verweigert. Wegen meines Alters hat selbst meine Familie keine Verwendung mehr für mich, sie meidet mich. Da es also keinen Sinn hat, nach Hause zurückzukehren, möchte ich wenigstens hier sterben."

Der Buddha half ihm auf und tröstete ihn. „Jetzt komm mit mir. Ich werden dir die Erlaubnis geben, Mönch zu werden." Palkye folgte dem Buddha ins Kloster. Dieser erkannte, dass nur Maudgalyayana in der Lage sein würde, Palkye zu zähmen, und bat ihn daher, aus Palkye einen Mönch zu machen. Maudgalyayana dachte: „Was für eine Idee, einen so alten Mann, der keine Kraft zum Lesen, Rezitieren, Meditieren oder Arbeiten mehr hat, in die Sangha aufzunehmen! Aber wie kann ich mich dem Befehl des Buddha widersetzen?“ Also erteilte er Palkye die Ordinationsgelübde.

Palkye strengte sich sehr an, die drei *Pitakas* – die drei Körbe (der Lehre) – zu studieren und machte große Fortschritte. Er wurde zu einem anerkannten Experten auf diesem Gebiet. Aber wegen seines Alters konnte er die Rituale nicht mehr richtig ausüben. Niederwerfungen waren zu anstrengend für ihn. Junge Mönche, stolz auf ihre Lesefähigkeiten und in den Zeremonien über ihm sitzend, spielten ihm Streiche. Palkye dachte: „Als ich noch zu Hause war, hatten weder Frau noch Kinder Respekt vor mir. Und auch jetzt nehmen mich die jungen Mönche nicht ernst. Ich wäre lieber tot, als weiter so zu leiden.“

In der Nähe des Klosters gab es einen großen Fluss. Palkye ging zu seinem Ufer, hängte seine Robe an einen Baum, kniete sich nieder und schluchzte: „Ich gebe nicht die Drei Juwelen auf, nur diesen Körper. Möge ich dank meiner Verdienste an Großzügigkeit, Ethik, Geduld, Eifer, Meditation und Weisheit in einer guten und wohlhabenden Familie wiedergeboren werden. Möge ich keine Hindernisse in meiner Dharma-Praxis vorfinden, möge ich den Drei Juwelen wieder begegnen, Mönch werden und dem Pfad zum Nirvana folgen.“ Mit diesem Gebet stürzte er sich in die reißende Strömung des Flusses.

Maudgalyayana aber, mit seinen hellseherischen Fähigkeiten, sah den Sprung des alten Mannes ins Wasser. Mit seiner Wunderkraft rettete er Palkye vor dem Ertrinken. „Sohn des Dharma“, schrie er dabei, „was tust du?“ Beschämt dachte der alte Mann, dass er seinen Lehrer nicht belügen dürfe und bekannte aufrichtig sein Leiden. Maudgalyayana dachte: „Wenn ich diese Gelegenheit nicht nütze, um ihn die Leiden von Geburt und Tod zu lehren, wird sein ganzes Mönchsein ihm nicht viel nützen.“ Und wie ein Falke einen Vogel packt, so erhob er sich mit Palkye in die Lüfte.

Nur Augenblicke später flogen sie über einen Meeresstrand, auf dem der Leichnam einer eben gestorbenen wunderschönen Frau lag. Eine Schlange kroch in ihre Nase und aus dem Mund wieder heraus; dann verschwand sie in einem Auge und kam aus einem

Ohr wieder zum Vorschein. Palkye fragte: „Was soll das?“ Maudgalyayana antwortete: „Ich werde es dir sagen, wenn die Zeit gekommen ist.“ Und sie flogen weiter.

Als nächstes sahen sie eine weitere Frau, die einen Kessel mit Wasser füllte und erhitzte. Sobald das Wasser kochte, zog sie sich nackt aus und sprang in das kochende Wasser. Ihr Fleisch zerkochte, und als die Knochen wieder an die Oberfläche kamen, verwandelten sie sich in eine andere Person, die aus dem Topf stieg und das im Kessel verbliebene Fleisch verspeiste. Der alte Mann war zutiefst erschrocken und fragte: „Wer ist das?“ Wieder antwortete Maudgalyayana: „Ich sage es dir, wenn die Zeit gekommen ist.“ Und sie flogen weiter.

Dann überflogen sie einen Baum, auf dem Heuschrecken so dicht gedrängt saßen, dass sie nicht einmal mehr Platz zum Kauen und Fressen hatten. Die beiden Mönche hörten ein lautes Wehklagen, das vom Baum ausging. Palkye fragte: „Was ist das für ein Heulen?“ Maudgalyayana erwiderte „Wenn die Zeit kommt, will ich es dir sagen.“ Und sie flogen weiter.

Dann sahen sie einen Mann, umringt von Wesen mit menschlichen Rümpfen und den Köpfen verschiedener Raubtiere. Sie schwangen Bogen und Pfeile mit lodernden Spitzen, die zusammen abgeschossen eine riesige Feuerwand erzeugten. Palkye fragte: „Was sind das für Wesen, die dem Leid nicht entkommen können?“ Maudgalyayana antwortete: „Ich will es dir erklären, wenn die Zeit gekommen ist.“ Und sie flogen weiter.

Als nächstes sahen sie einen riesigen Berg, bedeckt mit Messern, Schwertern und Waffen aller Art, die aufgerichtet waren, bereit zu schneiden und zu stechen. Ein Mann rollte vom Gipfel des Berges nach unten und wurde auf seinem Weg mehrfach aufgespießt und in Stücke geschnitten. Als er am Fuße des Berges ankam, riss er sich die scharfen Klingen aus seinem Körper, warf sie zu Boden und rannte sofort wieder bergauf. Palkye fragte: „Wer ist dieser, der so schrecklich leidet?“ Sein Lehrer entgegnete: „Wenn die Zeit gekommen ist, werde ich es dir sagen.“ Und sie flogen weiter.

Dann kamen sie an einen gewaltigen Berg aus Knochen, siebenhundert Meilen hoch, so gewaltig, dass er die Sonne verdeckte. Auf diesem Berg landete Maudgalyayana und ging auf den Knochen auf und ab. Palkye sagte: „Bitte erkläre mir dies hier und alles andere, was wir zuvor gesehen haben." Maudgalyayana entschied, dass jetzt die Zeit gekommen sei und fing am Anfang an.

„Die Leiche der schönen Frau, die wir zuerst sahen", erzählte er, „war einst eine Frau aus einer reichen Familie aus Rajgir, die mit ihrem Ehemann und fünfhundert Kaufleuten auf eine Seereise gegangen war. Das Schiff zerbrach jedoch, ging unter und riss alle mit sich in die Tiefe. Die Wellen spülten den Leichnam der Frau an besagten Strand. Nun war die Frau aber so schön gewesen, dass sie sich zu Lebzeiten sehr viel auf ihr Aussehen eingebildet hatte und sehr an ihrem Körper hing. Sie war so eitel gewesen, dass sie, sobald sie starb, als Schlange wiedergeboren wurde, die sich nun von dem nährte, was früher ihr Körper gewesen war. Sobald sie, diesmal als Schlange, wieder stirbt, wird sie in einer der Höllen wiedergeboren und unsäglich leiden."

„Dann sahen wir die Frau, die ihr eigenes Fleisch kochte und verspeiste. Das ist ihre Geschichte: In Shravasti lebte eine Frau, eine Upasika (Laienanhängerin), die eine Dienerin hatte. Diese Upasika unterstützte einen sehr reinen und ethischen Mönch während seiner Retreats in den Sommermonaten. Jeden Tag kochte sie Gerichte mit unzähligen Gewürzen und schickte ihre Dienstmagd mit den erlesenen Speisen zu dem Mönch. Unterwegs hielt die Magd an einem ruhigen Plätzchen an und genoss selbst von dem Essen. Die Reste gab sie dann dem Mönch. Nach einiger Zeit wurde die Magd ziemlich füllig. Die Upasika schöpfte Verdacht und fragte sie, ob sie selbst von den dem Mönch zugedachten Speisen gegessen habe. Die Magd erwiderte entrüstet: ‚Nicht ein Krümelchen habe ich gegessen! Wenn du mir nicht glaubst, möge ich in meiner nächsten Wiedergeburt mein eigenes Fleisch essen müssen!' Und so geschah es."

„Dann kamen wir zu dem Baum mit den Heuschrecken, von dem ein Heulen und Wehklagen ausging. Der Baum war die Wiedergeburt eines Mönchs namens Lita. Dieser Lita war der Verwalter eines Klosters und stahl anderen Mönchen zugedachte Opfergaben, behielt sie für sich selbst oder gab sie an Laien weiter. Das karmische Ergebnis dieser Taten war sein Leiden als Baum, der von Heuschrecken abgefressen wurde. Die Heuschrecken jedoch waren die Laienanhänger, die in den Genuss der gestohlenen Opfergaben gekommen waren."

„Der Mann, auf den die halb tierischen Monster Brandpfeile abschossen, ist in seinem früheren Leben ein Jäger gewesen und hatte viele wilde Tiere getötet. Wenn er jetzt stirbt, wird er sofort in einer heißen Hölle wiedergeboren. Der Mann auf dem Berg der scharfen Waffen ist in seinem früheren Leben ein machtvoller Minister und Berater des Königs gewesen. Sein negatives Karma führte dazu, dass er sich nun dauernd auf scharfen Klingen wälzen muss. Nach seinem Tod wird auch er direkt in einer der großen Höllen geboren und dort sehr, sehr lange leiden."

„Auf diese Weise", erklärte Maudgalyayana dem Palkye, „leiden all diese Menschen als Ergebnis ihrer eigenen Handlungen. Der große Knochenberg, auf dem wir nun stehen, kommt aus einem deiner früheren Leben." Diese Bemerkung ließ Palkye vor Angst beben, und er bat seinen Lehrer, alle Ursachen und Umstände dieses früheren Lebens zu beschreiben. Maudgalyayana begann: „Einst lebte auf dieser Welt ein König namens Chökyi-pag, der große Hingabe zum Dharma besaß und ganz selbstverständlich großzügig und moralisch handelte. Wegen seines sanften und mitfühlenden Wesens schadete er niemals auch nur einem kleinen Tier und regierte sein Königreich in Frieden und Harmonie, in Übereinstimmung mit den Gesetzen des Dharma. Eines Tages, als der König sich gerade mit seinen Höflingen an einem Spiel erfreute, brachte einer der Minister einen Verbrecher herbei, der verurteilt werden musste. Der König, in sein Spiel vertieft, sagte zu seinem Minister: ‚Verurteile du ihn nach geltendem Recht.' Als der König sein Spiel beendete, war der Gefangene bereits hingerichtet. Der König fragte nun, was mit dem Mann geschehen sei, den man vor ihn gebracht hatte und sein Minister antwortete: ‚Er wurde nach geltendem Recht hingerichtet.'

Überwältigt von Reue und Mitgefühl erhob sich der König von seinem Thron und verlor das Bewusstsein. Als er wieder zu sich kam, strömten Tränen aus seinen Augen und er sagte: ‚Ich habe eine so böse Tat begangen, dass ich in den Höllen wiedergeboren werde.' Der König entsagte seinem Königreich und zog sich an einen einsamen Ort zurück. Nach einiger Zeit starb er und wurde als siebenhundert Meilen langes Krokodil wiedergeboren, dessen Körper mit unzähligen Parasiten bedeckt war. Die meiste Zeit schlief das Krokodil. Nur alle hundert Jahre wurde es wach, um zu fressen und zu trinken. Bei einer solchen Gelegenheit erwachte es einmal besonders hungrig und durstig und riss sein gewaltiges Maul sperrangelweit auf. Genau in diesem Augenblick überquerten fünfhundert Kaufleute auf der Suche nach Juwelen den Ozean, in dem das Krokodil lebte. Beim Anblick des aufgerissenen Rachens des Krokodils erschreckten sie so sehr, dass sie aufschrieen: ‚Wir nehmen Zuflucht zu Buddha, Dharma und Sangha!' Als das Krokodil den Namen Buddha hörte, schloss es sein Maul, beendete vor Hunger und Durst sein Leben und wurde als Insekt in Rajge wiedergeboren. Das Fleisch des Krokodils verweste in der Sonne und die Knochen wurden von den Wellen des Ozeans hier zu diesem Berg, auf dem wir nun stehen, zusammengetragen."

„Du, Palkye, bist einst dieser König Chökyi-pag gewesen. Weil du einen Mann hast hinrichten lassen, wurdest du als das Krokodil wiedergeboren und musstest schrecklich leiden." Maudgalyayana berichtete nun von allen früheren Leben Palkyes. Dieser bekam es von all diesen Geschichten über den Kreislauf der Existenzen, aus dem es kein Entfliehen gibt, so sehr mit der Angst zu tun, dass er an Ort und Stelle Samsara völlig entsagte. Er meditierte mit einsgerichtetem Geist und entwurzelte alle seine leidvollen Emotionen. Er gewann die Weisheit der besonderen Einsicht und erlangte, mit Hilfe meditativer Konzentration, die Ebene eines Arhat. Dann flogen er und Maudgalyayana zu ihrem Kloster zurück. Bei ihrer Ankunft waren alle Mönche zutiefst beeindruckt, dass ein derart altersschwacher Mann noch ein Arhat werden konnte. „Wie groß doch das Geschick des Buddha ist!", sagten sie, „was für großartige Lehren!" Die Leiden, deren Zeuge Palkye geworden war, geben uns eine Vorstellung davon, was Samsara in Wirklichkeit ist.

Der Bereich der Hungergeister

Die Hungergeister mit äußeren Hemmnissen leiden ständig Hunger und Durst. Dauernd sind sie verzweifelt auf der Suche nach Ess- und Trinkbarem, können jedoch niemals etwas finden. Sie können nicht einmal das Wort Wasser hören, geschweige denn tatsächlich welches finden. Von Zeit zu Zeit scheint es ganz in der Ferne Wasser zu geben, wenn sie dann aber näher kommen, ist alles vertrocknet. Manchmal gewahren sie schattenspendende Bäume in der Ferne, wenn sie aber dorthin kommen, sind die Bäume zu vertrockneten Stümpfen geworden. Gelegentlich stoßen sie sogar auf wirkliche köstliche Speisen, aber dann hindern furchteinflössende Wächter sie gewaltsam am Essen. Wie sehr müssen sie leiden! Für die Hungergeister wird selbst der Sommermond heiß und die Wintersonne kalt.

Die Hungergeister mit inneren Hemmnissen haben Münder, so klein wie Stecknadelköpfe, Hälse so dünn wie ein Pferdehaar, aber Bäuche von der Größe eines ganzen Tales. Selbst wenn es ihnen einmal gelingen sollte, ein paar Tropfen Wasser aufzusaugen oder ein paar Weizenkörner in den Mund zu bekommen, geht nichts davon durch ihren Schlund. Mit ihren grotesk großen Bäuchen und ihren grashalmdünnen Beinchen können sie nicht laufen, wie also sollen sie nach Nahrung suchen?

Dann gibt es noch die Hungergeister mit besonderen Hemmnissen. Selbst wenn sie etwas Ess- oder Trinkbares finden, verwandelt es sich, sobald sie es gierig verschlingen wollen, augenblicklich in verdorbenes Blut, Eiter oder geschmolzenes Metall. Und selbst wenn sie es hinunterschlingen, verbrennt es ihren Magen und lässt Feuer und Rauch aus ihren Mündern und Nasen schießen. Die Ursache für dieses Leiden ist Geiz oder Knauserigkeit.

Als der große Meister Zotarey einst von Ort zu Ort wanderte, begegnete er einmal einer sehr hässlichen Hungergeistmutter mit fünfhundert Kindern. Sie flehte den Meister an: „Vor zwölf Jahren ist mein Mann nach Bodhgaya aufgebrochen, um etwas zu essen für uns aufzutreiben, er ist immer noch nicht zurück. Wenn Ihr ihm also begegnen solltet, so bittet ihn doch, endlich heimzukommen und etwas Nahrung mitzubringen. Die Kindern hungern sich zu Tode." Zotarey fragte sie: „Hungergeister sehen sich alle sehr ähnlich, wie also soll ich deinen Mann erkennen?" Sie erwiderte: „Er ist sehr leicht zu erkennen, denn er hat einen großen Mund, eine flache Nase und nur ein Auge; er hat die neun üblen Körpermerkmale und ist unvorstellbar hässlich. Er ist der Vater meiner fünfhundert Kinder." Damit reiste der Meister nach Bodhgaya weiter, wo er einen Novizen beobachtete, der *Tormas* machte und sie den Hungergeistern widmete. Viele Hungergeister waren an diesen Ort geeilt, und unter ihnen erspähte der Meister einen, der die neun üblen Körpermerkmale trug und auch sonst der Beschreibung der Hungergeistermutter entsprach. Es war der Gesuchte. Nachdem Zotarey ihm die Botschaft überbracht hatte, ließ er sich seine Geschichte erzählen.

„Zwölf lange Jahre habe ich nach Essbarem gesucht", sagte der Hungergeistvater, „und nichts gefunden als den Speichel eines Mönchs, der ausspuckte, als er gerade Widmungsgebete sprach. Wir Hungergeister rannten alle dort hin und prügelten und traten erbittert aufeinander ein, um ein winziges Bisschen vom Speichel des Mönchs zu ergattern. Das ist alles, was ich in zwölf Jahren finden konnte, und auch darum musste ich noch kämpfen." Damit zeigte er Zotarey seine Hand. Die ganzen Jahre hatte er den Tropfen Speichel erbittert so fest in seiner Hand gehalten, dass seine Finger durch die Handfläche gewachsen waren und auf der anderen Seite wieder zum Vorschein kamen.

Denken Sie nur daran, wie unangenehm es Ihnen erscheint, wenn Sie auch nur eine einzige Mahlzeit verpassen. Diese Wesen erdulden hundert Jahre, ohne auch nur die Worte Speise oder Trank zu hören. Denken Sie an die Hungergeister und entwickeln Sie liebevolle Zuneigung, Mitgefühl und Bodhicitta; versuchen Sie, Erleuchtung zu ihrem Wohl zu erreichen. In der folgenden Geschichte geht es um einen Mann, der zwölf Jahre im Bereich der Hungergeister umherwanderte.

In Shravasti lebte einst ein reicher Haushälter, der gemeinsam mit seiner Frau schon lange und inbrünstig um einen Sohn gebetet hatte. Schließlich wurde ihnen ein Sohn geboren, der viele glücksverheißende Zeichen auf seinem Körper trug. Sie nannten ihn

Nawa Chewari. Erwachsen geworden, ging er einmal auf der Terrasse auf dem Dach des Hauses spazieren, als er seinen Vater hart auf den Feldern arbeiten sah. Er begab sich zu ihm und fragte: „Vater, warum arbeitest du so hart?“ Sein Vater erwiderte: „Der Wohlstand, den du genießt, ist nicht einfach aus dem Nichts gekommen, sondern das Ergebnis vieler Opfer und mühsamer Arbeit in grausamer Hitze und Kälte bis zur Erschöpfung. Nur so habe ich all unser Hab und Gut zusammentragen können.“ Und dann zeigte er seinem Sohn all seine Schätze.

Der Sohn dachte bei sich, dass sein Vater ihn wohl auch zum Arbeiten anhalten würde. „Vater“, sagte er, „ich möchte ein fahrender Händler werden.“

„Nein, nein“, erwiderte sein Vater, „das ist nicht nötig.“

Der Sohn aber setzte seine Willen durch und machte sich mit zwei Dienern und zwei Eseln in Begleitung vieler anderer Händler auf den Weg zur Küste. Dort schifften sie sich ein und reisten zur Insel der Edelsteine. Nachdem sie im Innern der Insel viele Juwelen gesammelt hatten, begaben sie sich wieder zum Strand. Dort entspannten sie sich, sprachen über die Qualität der Juwelen und ihren Preis und als es Mitternacht geworden war, legten sie sich zum Schlafen nieder. Noch vor Sonnenaufgang teilten sich die Kaufleute in zwei Gruppen und reisten ab. Nawa Chewari jedoch verschlief den Aufbruch. Da seine Diener ihn bei der anderen Gruppe wähnten, folgten sie dieser. Als die Sonne schließlich aufging, fand Nawa Chewari sich mit seinen beiden Eseln ganz allein. Die Karawane hatte ihn zurückgelassen.

Ein starker Wind wühlte den Sand auf, der die Spuren zudeckte und die Esel scheuen ließ. Nawa Chewari peitschte so gewaltsam auf sie ein, dass sie schließlich ausrissen. Nach einer Weile kam er an einen finsteren, unheimlichen Ort mit einer Siedlung aus fünf eisernen Häusern. Nawa Chewari betrat das erste Haus und traf dort viele Wesen an. Da er sehr hungrig und durstig war, bat er um Speise und Trank. Die Wesen antworteten: „Wir sind Hungergeister. Es ist lange her, seit wir auch nur diese Worte gehört haben. Um wie viel weniger haben wir Speise und Trank wirklich gesehen.“ Und dann erklärten sie Nawa Chewari, wie es zu dieser Situation gekommen war.

„Wir sind aus der Stadt Dojok und haben niemals Großzügigkeit geübt. Da wir also kein Verdienst angesammelt haben, hat unser Karma uns hierher verschlagen, wo du uns als Hungergeister wiedergeboren siehst. Du aber scheinst ein glücklicher Mensch zu sein, der wieder in die Welt der Menschen zurückkehren wird. Wir wollen dir unsere Namen nennen, und wenn du in unsere Stadt kommst, erzähle bitte unseren Verwandten, dass du uns gesehen hast. Unter ihrer Feuerstelle ist ein mit Goldstaub gefüllter Topf vergraben. Bitte unsere Verwandten, diesen Topf auszugraben und ihn dem edlen Katayana zu schenken und das Verdienst unserer Großzügigkeit anderen zu widmen, damit wir aus diesem Bereich entkommen können." Mit dieser Botschaft entließen sie ihn.

Nawa Chewari begab sich zum zweiten eisernen Haus, in dem ebenfalls Hungergeister lebten und auf die gleiche Weise litten. Er ging zum dritten eisernen Haus, das sich bei Sonnenuntergang plötzlich in einen juwelengeschmückten Palast verwandelte. Dort traf er vier Göttinnen und einen Mann an, die die verschiedensten Arten von Luxus genossen. Bei Tagesanbruch aber verwandelten sich die vier lieblichen Göttinnen in wutentbrannte Hunde, die mit eisernen Zähnen Stücke aus dem Körper des Mannes rissen. Nawa Chewari fragte, warum sie des Nachts so viel Reichtum genießen konnten, tagsüber aber derartig leiden mussten. Der Mann erzählte ihm: „In meinem früheren Leben war ich Metzger in meiner Heimatstadt Dojok. Eines Tages kam der Ehrenwerte Katayana zu mir und bat mich, das grausame Handwerk des Schlachtens aufzugeben. Ich antwortete ihm, dass ich es tagsüber nicht würde lassen können, aber gelobte gleichzeitig, des Nachts keinem Lebewesen das Leben zu nehmen. Aus diesem Grunde leide ich nun unvermeidlich während des Tages und erfreue mich in der Nacht. Wenn du in die Stadt kommst, begib dich doch bitte zum Haus meiner Verwandten. Unter meinen Schlachtermessern ist ein Topf mit Goldstaub versteckt. Bitte sie, ihn dem Ehrwürdigen Katayana darzubringen." So lautete seine Botschaft.

Nawa Chewari begab sich nun zum vierten Eisenhaus. Dort beobachtete er, dass sich während des Tages ein Mann mit einer schönen Göttin traf, die seine Geliebte wurde und ihn mit vielerlei Diensten erfreute. Kaum wurde es aber Nacht, wurde die Göttin zu einem bissigen Hund, der Stücke aus dem Körper des Mannes riss. Wieder fragte Nawa Chewari den Mann: „Warum geschieht dir das?“ Der Mann antwortete: „In meinem vergangenen Leben habe ich nachts in sexuellem Fehlverhalten geschwelgt, tagsüber jedoch lebte ich ethisch einwandfrei. Aus diesem Grund erlebe ich nun unvermeidlich das entsprechende Ergebnis.“

Schließlich näherte sich Nawa Chewari dem fünften Haus aus Eisen. Dort fand er einen luxuriösen Palast und eine schöne und reiche Frau vor. Er war so sehr in den wunderbaren Anblick versunken, dass er sogar Hunger und Durst vergaß. Die Schöne führte ihn ins Haus und bewirtete ihn reichlich mit Speise und Trank. Als er ihren juwelengeschmückten Thron näher betrachtete, bemerkte er, dass an den vier Ecken hässliche, ausgemergelte, schwache Männer wie Hunde angeleint waren. Die Dame ermahnte ihn, den Männern nur ja nichts zu essen zu geben und verließ den Raum. Nachdem sie den Raum verlassen hatte, streckten die Männer ihre knochigen Hände aus und bettelten um Essen. Nawa Chewari empfand ein so starkes Mitgefühl, dass er jedem ein wenig Essen zusteckte. Augenblicklich wurde das Essen, das er dem ersten Mann gegeben hatte, zu einer glühenden Eisenkugel, das des zweiten Mannes verwandelte sich in Staub, das des dritten in eine leere Spelze und das Essen des vierten Mannes wurde zu glühenden Kohlen. Alle vier Menschen wanden sich unter Qualen, bis sie starben.

Als die Dame zurückkehrte, sagte sie: „Ich habe dir doch gesagt, dass du diesen Männern nicht zu essen geben darfst. Du warst von Mitgefühl motiviert, aber mein Mitgefühl ist größer als das deine. Wäre es ihnen möglich gewesen, zu essen und zu trinken, hätte ich ihnen längst etwas gegeben. Aber es war nicht möglich.“

Nawa Chewari fragte sie nun, was die Männer in ihre missliche Lage gebracht hatte.

Sie antwortete: „In unserem vorigen Leben sind wir eine Familie gewesen: Mein Mann, unsere drei Söhne und ich selbst. Eines Tages gingen sie zur Arbeit, während ich zu Hause blieb, um das Mittagsmahl für sie zu bereiten. Als ein Ehrwürdiger Mönch des Weges kam und um Almosen bat, gab ich ihm das ganze fertig gekochte Mittagessen. Sofort machte ich mich daran, eine zweite

Mahlzeit für meine Männer zuzubereiten, aber sie kamen zurück, bevor ich fertig war.

Ich erklärte ihnen, warum das Essen noch nicht fertig sei, aber sie waren so zornig, dass einer sagte: ‚Es wäre besser gewesen, der Mönche hätte flüssiges Metall gegessen, als dass du ihm unser köstliches Mahl gegeben hättest.' Der zweite sagte: ‚Er hätte besser Staub fressen sollen'. Der dritte: ‚Nein, leere Spelzen wären das Richtige für ihn gewesen.' Und der vierte schließlich schimpfte: ‚Meinetwegen hätte er glühende Kohlen fressen sollen.' Es tat mir leid, dass sie nur schimpften, statt sich an meiner heilsamen Handlung dem Ehrwürdigen Mönch gegenüber zu erfreuen, denn ich wusste, dass sie das negative Ergebnis würden erfahren müssen. Da ich dies vorhersah, sprach ich ein Bittgebet, dass wir uns in unserem nächsten Leben wieder begegnen mögen. Aus diesem Grund wurde ich hier wiedergeboren und erlebe ihr Leiden, andernfalls wäre ich im Himmel der Dreiunddreißig Götter wiedergeboren worden."

Nawa Chewari blieb zwölf Jahre im Bereich der Hungergeister. Eines Nachts fragte die wohlhabende Dame, die ihn beherbergte, ob er nicht wieder in seine eigene Welt zurückkehren wolle. „Sehr gern", antwortete er. Sie sagte ihm, dass er sich zum Schlafen in die Richtung seiner Heimat hinlegen solle. Er tat wie ihm geheißen. Als er am nächsten Morgen erwachte, war er zu Hause. Er überbrachte sorgfältig alle Botschaften, die ihm im Bereich der Hungergeister aufgetragen worden waren. Die Verwandten glaubten ihm allerdings erst, als sie den Topf mit Goldstaub ausgegraben hatten. Er fand auch seine Eltern wieder, die überglücklich waren, ihn zu sehen. Nicht lange danach verstarb das alte Paar. Nawa Chewari wurde ein voll ordinierter Mönch, und durch seinen Eifer verwirklichte er die Wahrheit der Lehren und wurde ein Edles Wesen.

Diese Geschichte zeigt uns das Leiden der Hungergeister.

Der Bereich der Tiere

Die Vielfalt im Tierreich ist außerordentlich groß: Manche haben keine Beine, etwa Schlangen, manche haben zwei Beine, etwa Vögel, andere wiederum laufen auf vier Beinen, Wölfe zum Beispiel und wieder andere haben viele Beine, wie etwa Schaben oder Spinnen. Auch in den Ozeanen leben die unterschiedlichsten Tiere, manche so groß wie Berge, andere klein wie winzige Staubkörnchen: Plankton, Fische, Schalentiere, Delfine, Wale – eine Vielzahl verschiedenster Lebewesen, die ihrem jeweiligen Element nicht entfliehen können. Die Großen fressen die Kleinen, die Kleinen leben von den Großen. Manche existieren in so großer Dunkelheit, dass sie sich gegenseitig nicht einmal sehen können. Einige leben tausend Jahre, andere werden am Morgen geboren und sterben schon am Abend desselben Tages.

Zu Lande gibt es sowohl Haustiere als auch wilde Tiere. Sobald ein Wildtier auch nur ein Maulvoll Gras fressen will, wird es bereits zu einer potentiellen Beute für Löwen und andere Raubtiere. Sie kennen keinen Frieden, nur Furcht, Zorn, Gier und Unwissenheit. Tiger werden von Menschen gejagt; Vögel fallen Raubvögeln zum Opfer, Insekten wiederum werden von Vögeln gefressen. Manche Tiere werden von Menschen wegen ihrer Haut, ihrer Knochen, ihres Blutes, wegen Perlen oder Stoßzähnen getötet.

Menschen domestizieren Tiere zur Arbeit oder um Fleisch für ihre Ernährung zu haben. Wenn sie dann zum Schlachthaus getrieben werden, wissen die Tiere nicht wohin oder warum. Auch Zirkustiere, Elefanten, Tiger, Affen werden in Käfige gesperrt, dressiert und leben unter Qualen, ohne zu wissen warum und ohne Hoffnung, je zu entkommen. Wir Menschen behandeln unsere Kinder ganz bewusst nicht auf diese Weise, weil wir keinen Groll oder Zorn in ihnen wecken wollen; aber Tiere so zu behandeln, macht uns nicht das Geringste aus. Ohne die Fähigkeit zur Vernunft, sind die Tiere an ihre Instinkte gebunden und fallen Raubtieren zum Opfer, werden getötet und gefressen. Ohne den Segen der Selbstreflexion können Tiere nicht zwischen heilsam und unheilsam unterscheiden. Dieses Nicht-Erkennen-Können oder Unwissenheit ist die Ursache ihres Leidens.

Meditieren Sie über das Leiden in der Tierwelt! Fragen Sie sich, wie Sie sich fühlen würden, wenn Sie als Tier wiedergeboren würden. Wie könnten Sie zum Beispiel erklären, was Sie brauchen und wie Sie sich fühlen, wenn Sie nicht einmal über die Gabe der Sprache verfügen? Wir müssen uns das Leiden der Tiere vorstellen. Dann müssen wir uns so schnell wie möglich von allem negativen Karma reinigen und Mitgefühl für die Tiere entwickeln. Wir müssen darum beten, sie von ihrem Leid befreien zu können. Bitte begreifen Sie, dass sie in früheren Leben alle unsere Freunde und Verwandten gewesen sind; und mit diesem Gefühl von Herzenswärme und Nähe können wir Bodhicitta entwickeln, den Wunsch, Erleuchtung zu erlangen, um all diesen leidenden Wesen helfen zu können.

Da die fühlenden Wesen der drei niederen Bereiche über keinerlei Möglichkeit verfügen, den Dharma zu studieren oder zu üben, ja nicht einmal Tugend entwickeln können, werden sie immer und immer wieder auf der gleichen oder einer noch tieferen Ebene wiedergeboren. Es ist sehr schwer für sie, auch nur eine höhere Ebene zu erreichen, von der Befreiung von Samsara ganz zu schweigen. Wir alle befinden uns seit zahllosen Leben in Samsara, und grenzenloses Karma zeugt von dieser Tatsache. Obwohl wir jetzt ein menschliches Leben gewonnen haben, gibt es keine Garantie, dass wir später nicht als Höllenwesen, Hungergeist oder Tier wiedergeboren werden. Was können wir nur tun, um uns selbst und alle anderen Wesen von diesen drei niederen Bereichen zu befreien?

Wir müssen bedingungsloses Mitgefühl für die fühlenden Wesen entwickeln, die jetzt die unteren Bereiche bevölkern und ihnen die heilsamen Handlungen unserer vielen Leben widmen.

Wir müssen darum beten, dass die jetzt vom Leid Gequälten diesen Bereichen entkommen und Erleuchtung erlangen.

Wir müssen Reue für die negativen Taten unserer vielen Leben empfinden und sie sehr aufrichtig vom Grunde unseres Herzens reinigen.

Wir müssen uns selbst sagen: „Wie kommt es nur, dass ich genug Glück habe, als Mensch geboren zu sein, die kostbaren Lehren zu hören, das Wesen von Samsara zu durchschauen und etwas über Erleuchtung zu lernen? Ich muss die Bereitschaft entwickeln, Härten zu erdulden, ich muss mein Leben und meine Energie dem Studium und der Praxis des Dharma widmen."

Bitten Sie alle großen erleuchteten spirituellen Meister, den Buddha, den Dharma und die Sangha, Ihren Geist, Ihr Wesen zu segnen, um erfolgreich Meditation üben zu können und die Frucht der Erleuchtung zu erlangen.

Das Leiden des menschlichen Bereichs

In unserer Betrachtung der niederen Bereiche haben wir gesehen, dass es dort weder Frieden noch Glück gibt. Nun mögen wir uns fragen, ob denn in den höheren Bereichen – unter den Menschen zum Beispiel – Glück zu finden ist. Wenn wir es sorgfältig betrachten, werden wir entdecken, dass es im gesamten menschlichen Daseinsbereich nirgends ein endgültiges, dauerhaftes Glück gibt. Statt dessen erkennen wir, dass wir alle unter Geburt, Alter, Krankheit und Tod leiden; wir leiden darunter, unseren Feinden zu begegnen und von unseren Lieben getrennt zu werden. Wir leiden darunter, nicht zu bekommen, was wir wollen und das zu bekommen, was wir nicht wollen und schließlich noch darunter, das ununterbrochen schützen zu müssen, was wir unter großen Mühen erlangt haben.

Das Leiden der Geburt. Obwohl wir uns nicht an unsere Geburt erinnern, haben wir doch alle ihre Qualen erlebt. Vom Augenblick unserer Empfängnis und während unseres gesamten Aufenthalts im Leib unserer Mutter leiden wir ständig. Wenn die Mutter isst, fühlt das Kind sich wie zwischen zwei Bergen eingeklemmt. Wenn die Mutter Hunger hat, fühlt das Kind sich unsicher, als würde es einfach im Raum hängen. Wenn die Mutter kalte oder warme Getränke zu sich nimmt, hat das Kind das Gefühl, Feuer oder Eis zu berühren. Während der Wehen und der Niederkunft sind die Qualen der Mutter offensichtlich, aber das Kind leidet noch viel mehr – so sehr, dass es durch den Schock dieses Schmerzes noch während der Geburt sterben kann. Es kann während der Geburt zusammen mit der Mutter sterben oder kurz nach der Entbindung. Das Kind leidet ungeheuer, kann jedoch seinen Schmerz nur durch Schreien zum Ausdruck bringen. Das Leiden der Geburt bringt einen an den Rand des Todes.

Das Leiden des Alterns. Jeder Tag, den das Kind nun wächst und reifer wird, bringt es unvermeidlich dem Alter näher, dem zweiten großen Leiden des menschlichen Daseinsbereichs. Das Altern bringt so viel Leid mit sich – alles wird welk und schwach, all unsere Körper- und Sinneskräfte: Geruch und Geschmack, Seh- und Hörvermögen, die Kraft unserer Stimme und unseres Geistes. Wir verlieren unsere Zähne, und es wird uns schnell zu warm oder zu kalt. Obwohl wir immer noch das Leben genießen wollen, fehlt es uns mehr und mehr an Vitalität und Geduld. Wir werden vergesslich. Wegen des zunehmenden Ungleichgewichts der *Elemente* werden wir schnell krank oder verletzen uns; unsere Verdauung wird schwach, und es wird zunehmend schwieriger, zu gehen oder zu sitzen. Unser ganzer Körper wird faltig; mit unserer inneren Kraft verlieren wir auch die Weichheit unserer Haut. Unser Haar ergraut und fällt aus; der Körper schrumpft und schmerzt zunehmend. Wir müssen von unserem bisher angesammelten Besitz leben, den wir nun nicht mehr erneuern können. Und obwohl all dieser Verfall nicht unsere Schuld ist, blicken die Leute auf uns herab.

Das Altern ist eine Krankheit, die weder von der Medizin noch von irgendeiner anderen Methode geheilt werden kann. Jeden Augenblick nähern wir uns mehr dem Tode, und je näher er rückt, desto mehr verstärkt sich unsere Angst. Aber wir können nicht das Geringste tun, um ihm zu entgehen. Es gibt keinen Weg, der nicht zum Tode führen würde. Wir haben viele Interessen im Leben – berufliche, künstlerische und politische – aber kann irgendeines von ihnen uns vor dem Altern bewahren? In dieser

Situation kann der Dharma uns eine besondere Stütze sein; er bringt uns Stärke, Weisheit und Stabilität. Er zeigt uns, dass alles nur vorübergehend ist, ohne inhärente oder dauerhafte Existenz. Wir können erkennen, dass auch das Altern nur eine Illusion ist. Und wenn wir das Wesen der Wirklichkeit erkennen, empfinden wir auf Weisheit gegründetes Vertrauen; wir gewinnen Freiheit von jeglicher Angst.

Das Leiden des Krankseins. Krankheit ist das dritte große Leiden der Menschen. Die vier Elemente, die den Körper bilden, können aus dem Gleichgewicht geraten, und dieses Ungleichgewicht führt zu Krankheiten wie etwa Wind- oder Gallestörungen. Auch ein normalerweise starker Mensch fällt wie ein von einem Stein getroffener Vogel, wenn er krank wird. Ist man wirklich krank, kann selbst die kleinste Bewegung Schwierigkeiten bereiten – man kann sich nur noch hinlegen. Man verliert jegliches Interesse an Essen und Trinken, man kann nicht mehr schlafen – die Tage und Nächte ziehen sich endlos in die Länge. Und obwohl die Medizin unerträglich bitter schmeckt und die operativen Eingriffe äußerst schmerzhaft sind, muss man das alles über sich ergehen lassen.

Krankheit erinnert uns an den Tod und lehrt uns die eigene Machtlosigkeit. Noch einschneidender hingegen ist die Tatsache, dass man den Schmerz nicht mit anderen teilen kann. Man fühlt sich alleingelassen, und verschlossen in der eigenen Verblendung erzeugt man immer noch mehr Verblendung. Dieses Gefühl des völligen Ausgeschlossenseins von der menschlichen Gemeinschaft ist die Quelle eines so intensiven Leidens, dass es sogar zum Selbstmord führen kann.

Wenn man nicht mehr für sich selbst sorgen kann und auf die Hilfe anderer angewiesen ist, fühlt man sich sehr unter Druck und erfährt diesen Zustand als große Last; und wenn man gar schon lange krank ist, gibt es nur noch wenige Menschen, die einem überhaupt helfen. Auf diese Weise krank zu sein, ist, als wäre man, noch in der Welt der Menschen, bereits ein Hungergeist. Aus diesen Gründen sollte man die Dharma-Praxis nicht aufschieben. Sie ist die einzige Methode, die es einem ermöglicht, auf positive Weise mit dem Leiden umgehen zu können. Wir sollten uns dem Studium und der Praxis widmen, solange wir noch gesund sind und Zeit haben. Wir müssen erkennen, dass alles vergänglich und damit illusorisch ist. Wenn man zu dieser Erkenntnis gelangt, nimmt das Leiden ab, obwohl es auch weiterhin noch Schmerz gibt. Der Dharma lehrt uns, das Leiden anzunehmen und es auf dem Pfad zur Erleuchtung zu verwenden.

Das Leiden des Todes. Wenn wir die Erfahrung des Todes studieren, bevor wir sie erleiden – wenn wir sie also untersuchen und gründlich in unserem Bewusstsein verankern –, können wir unser Leben dem Studium und der Praxis des Dharma widmen, der einzigen letztlich sinnvollen Aktivität.

Es ist möglich, dass wir im Augenblick des Todes jegliches Vertrauen verlieren und von Panik überschwemmt werden. Selbst wenn wir von Freunden und Verwandten umgeben sind, können wir den Tod weder mit ihnen teilen noch ihn aufschieben. Selbst wenn wir große Reichtümer angesammelt haben sollten, können wir doch nicht einen einzigen Cent mitnehmen. In Erinnerung an unser unheilsames Karma sind wir von Reue überwältigt – aber nun ist es zu spät; wir denken an die Leiden der niederen Bereiche und Panik überkommt uns. Im Angesicht des Todes könnten wir denken: „In diesem kostbaren Menschenleben hätte ich den Dharma studieren und praktizieren können, aber ich habe es nicht getan! Ich habe mein Leben verschwendet!"

Zuerst pocht das Herz schmerzhaft in unserer Brust. Dann hört die Atmung auf, schließlich hört auch der Herzschlag auf. Wir können uns nicht mehr bewegen. Der Körper wird zu einem Leichnam und nichts kann uns helfen – kein Ruhm, keine Freunde. Selbst wenn die ganze Erde mit Gold bedeckt wäre, wir können uns nicht freikaufen. Selbst wenn wir ein machtvoller Kriegsherr gewesen sein mögen, wir können den Tod nicht besiegen, ja nicht einmal seine Ankunft hinauszögern. Ganz und gar allein wandert der Geist in ein nächstes Leben, und alle Familienmitglieder, Freunde, aller Reichtum, ja sogar der geliebte Körper – alles bleibt zurück.

Schauen Sie nach innen und fragen Sie sich, was Sie dann tun werden. Erkennen Sie, dass Sie die Zeit, die Ihnen in diesem Leben noch verbleibt, für etwas wichtigeres benutzen können als Feinde zu überwinden oder den acht weltlichen Belangen *hinterherzulaufen. Sie können sich statt dessen auf die Praxis von Bodhicitta ausrichten, die dem Leben erst seinen Sinn gibt und zahllosen Wesen Nutzen bringt, einschließlich Ihrer eigenen Eltern, Verwandten und Freunden. In der folgenden Geschichte lehrt Milarepa über die vier Ströme menschlichen Leidens.*

Shindormo und Lekse, ein altes Ehepaar, luden Jetsün Milarepa, dem sie hingebungsvoll verbunden waren, nach Tsar Ma ein. Sobald Shindormo ihn kommen sah, ging sie auf ihn zu, ergriff seine Hand und sagte unter Tränen: „Ich bin jetzt sehr alt und dem Tode nahe, den ich sehr fürchte.. Ich bedaure, den Dharma nicht mit dir geübt zu haben."

Milarepa entgegnete: „Die Leiden von Geburt, Altern, Krankheit und Tod kommen zu allen Menschen, aber nur diejenigen, die den kostbaren Dharma kennen, haben ihnen etwas entgegenzusetzen. Wenn du Angst hast, kannst du zum Zeitpunkt des Todes den Dharma üben." Dann sang er das folgende Lied:

> In Samsara verwickelt ertrinken wir
> in den vier Strömen von Geburt, Altern, Krankheit und Tod.
> Dies Leiden trifft nicht nur den Einzelnen –
> alle leiden, verirrt im Ozean von Samsara,
> ergriffen von den Wellen der Qual und der Unwissenheit,
> ohne auch nur einen Augenblick wahren Glücks zu kennen.
>
> Angst vor dem Leiden erschafft nur neues Leiden
> – in unserem blinden Streben nach Glück schaffen wir Unheilsames.
> Willst du dieser Qual entfliehen,
> versuche schlechte Gewohnheiten und Unheilsames zu meiden.
> Weise ist es, zum Zeitpunkt des Todes den Dharma zu üben.

Der alte Mann, Lekse, sagte: „Ich kann mich auf die Leiden der Geburt nicht mehr besinnen. Kannst du sie mir bitte beschreiben?" Daraufhin sang Milarepa das folgende Lied:

Hingebungsvoller Gönner höre gut zu,
und ich will dir das Leiden der Geburt erklären.

Als Wanderer im *Bardo*,
trittst du aus dem *Alaya-Bewusstsein*
in den Leib deiner Mutter ein,
getrieben von Begierde und Abneigung.

Im Leib der Mutter empfangen,
fühlst du dich wie ein ins Netz gegangener Fisch.
In der blutigen Flüssigkeit schläfst du
wie auf einem schmutzigen Bett mit dreckigen Kissen.
Kraft deines negativen Karmas hast du einen
zerbrechlichen Körper und leidest schrecklich.

Selbst wenn du dich noch auf dein früheres Leben besinnst,
kannst du nicht mehr sprechen.
Mal ist dir heiß,
dann wieder kalt –
als würdest du neun Monate in der Hölle leben.
Wirst du schließlich geboren,
fühlt es sich an, als würdest du durch einen engen Eisentunnel
gezerrt.

Nun liegst du hilflos auf dem Boden,
mit Schmerzen, als wärest du auf ein Dornenbett gefallen.
Auf den Schoß deiner Mutter gezogen,
fühlst du dich wie ein Vogel, den der Habicht packt.
Das Abwaschen deines Körpers fühlt sich an,
als würdest du lebendig gehäutet.
Wird die Nabelschnur durchtrennt,
ist es, als würde das Leben aus deinem Herzen geschnitten.
Legt man dich schließlich in die Wiege,
ist es, als würdest du in ein Gefängnis gesperrt.

Kurz, wenn du die Natur des Nicht-Geboren-Werdens nicht
kennst,
ist das Leiden der Geburt unvorstellbar.

Zum Zeitpunkt des Todes wirst du den Dharma brauchen.
Wenn du die Praxis aufschiebst, verlierst du eine kostbare

Gelegenheit.
Daher ist es weise, eifrig zu üben.

So sang Milarepa sein Lied. Daraufhin bat Shindormo um eine Belehrung über das Leiden des Alterns. Und wieder sang Milarepa:

Höret, meine lieben Gönner, höret,
wenn ich euch nun das Leiden des Alterns erkläre.
Weil die vier Elemente des Körpers abnehmen,
ist das Leiden des Alterns bedrückend.
Einst gerade Knochen werden krumm.
Selbst vorsichtiges Gehen wird schwankend.
Schimmerndes Haar wird stumpf und grau.
Klare Augen werden trübe.
Scharfe Ohren werden taub.
Die frische Gesichtsfarbe schwindet.
Die Nase sinkt ins Gesicht.
Die Essenz der Knochen – die Zähne – fallen aus.
Der König der Beredsamkeit – die Zunge – wird dick und behindert die Worte.
Schwärmen von Läusen und Nissen gleich fordern Gläubiger alte Schulden ein.
Selbst wenn man Speisen und Reichtümer anbietet,
laufen die Verwandten davon.
Selbst wenn man vor Qual und Trübsinn flüchtet,
sie finden einen doch.
Selbst wenn man die Wahrheit spricht,
hört niemand mehr zu.
Die Kinder und Enkelkinder, die du liebevoll nährtest,
schmähen dich jetzt.
Selbst wenn du all deinen Besitz hergeben würdest
würde niemand es dir danken.
Dich verfluchend sagen die Leute: „Stirb schnell."
Hast du die Natur des Nicht-Alterns nicht erkannt,
ist das Leiden des Alterns unvorstellbar.
Wenn du im Alter nicht daran denkst, den Dharma zu üben,
wirst du dein Karma immer weiter verschlimmern.
Es ist gut, den heiligen Dharma zu üben,
solange du noch atmest.

Daraufhin sagte Lekse: „Nun gib uns bitte die Belehrung über das Leiden des Krankseins.“ Und Milarepa sang sein nächstes Lied:

Trauriger Gönner, höre wohl,
wenn ich das Leiden des Krankseins erkläre.

Krankheit packt den Körper so plötzlich
und der Schmerz kommt so schnell,
dass Wind, Geist, Galle und Schleim sich erheben wie Mara
und Flüssigkeiten und Blut in den Venen zum Kochen
bringen.
Dann stumpfen durch Krankheit und Schmerz die Sinne ab.
Selbst in einem bequemen Bett wirfst du dich nur endlos
herum.
Wegen deines früheren Geizes erbrichst du selbst köstlichstes
Essen.
Selbst an einem kühlen Ort
fühlst du dich heiß wie im Feuer.
Selbst in warmer Kleidung
fühlst du dich kälter als im Schneeregen.
Selbst wenn deine Freunde und Verwandten bei dir sind,
können sie dein Leiden nicht auf sich nehmen.
Selbst die geschicktesten Wahrsager und Ärzte
können durch schlechtes Karma bedingte Krankheit nicht
heilen.

Kurz, wenn man die Natur des Nicht-Krankseins nicht erkannt hat,
ist das Leiden des Krankseins unvorstellbar.
Da wir nicht wissen, wann die Krankheit uns schlägt,
ist es klug, den Dharma zu üben, solange man gesund ist.

So sang Milarepa sein Lied. Daraufhin sagte der alte Mann: „Ich will mir ehrlich Mühe geben, den Dharma zum Zeitpunkt meines Todes zu üben, erteile mir also bitte Unterweisungen über das Leiden des Todes.“ Milarepa sang daher dieses Lied:

Mein entsagungsvoller Gönner höre wohl.
Das Leiden des Todes ist schrecklich.
Im Augenblick des Todes
ergreifen dich die Knechte von Yama, dem Herren des Todes.

Selbst der Reiche kann sich von ihnen nicht freikaufen.
Der Krieger kann sie nicht in der Schlacht besiegen,
und selbst die gewitzteste Frau kann sie nicht überlisten.
Der Gelehrte findet keinen Ort, zu debattieren,
der Unglückliche keinen Ort, Einspruch einzulegen,
der Übeltäter keinen Ort, seine Anschuldigungen vorzubringen,
der Feigling keinen Ort, sich zu verstecken.

Wenn deine Nervenbahnen schrumpfen,
fühlst du dich, als würdest du unter von allen Seiten
zusammenbrechenden Bergen begraben.
Wenn deine Sinne schwinden,
geben die Ärzte deines Vertrauens dich auf
und die *Mo-* und *Bön-*Priester, auf die du deine Hoffnung setztest, gehen ihrer Wege.
Wenn du zu schwach für Rede und Geste wirst,
verschwinden deine Beschützer-Gottheiten.
Obwohl dein Atem noch nicht aufgehört hat,
riecht dein Körper schon nach Tod.
Dann entflieht die Wärme aus deinen Gliedern.

Im Sterben noch deuten einige die Sterne und Planeten,
andere lamentieren und heulen
und wieder andere stellen sich vor,
wie andere nun ihren Reichtum genießen werden.

Selbst wenn du viele liebe Menschen haben magst,
sterben wirst du allein.
Selbst deine besten Freunde
werden von deinem Leichnam abgestoßen sein.
Dein hochgeschätzter Körper wird in eine hockende Stellung gefaltet
und weit weggebracht,
um verbrannt, ins Wasser geworfen
oder an einsamer Stelle begraben zu werden.
Ist das vollbracht, fühlen sich alle erleichtert.

Könnt ihr all das ertragen, gläubige Gönner?
Was nehmen wir über den Tod hinaus mit uns?
Am Tage, da der Atem aufhört,

könnte selbst die ganze Welt mit Gold gefüllt sein,
euch würde es nichts nützen.
Denkt also sorgsam über den Geiz nach.

Und wäret ihr von liebenden Verwandten dicht umgeben,
sie könnten euch nicht einen Augenblick von Nutzen sein.
Wenn die Zeit gekommen ist, euch von ihnen zu trennen,
was können sie mit all ihrer Liebe noch ausrichten?
Wenn dieser Augenblick unausweichlich naht,
wird nichts euch helfen,
es sei denn, ihr nehmt den kostbaren Dharma an.
Zur Zeit des Todes solltet ihr kein Bedauern fühlen.
Dann solltet ihr nicht länger zögern.

So sang Milarepa sein Lied. Shindormo bat nun um Unterweisungen, und sie übte so eifrig und aufrichtig, dass sie zum Zeitpunkt ihres Todes die erste Stufe des Dharma-Pfades erklimmen konnte.

Das Leiden der Trennung von geliebten Menschen. In Samsara haften wir an allen an unserer Seite – an Freunden und Familie – und hassen die andere Seite – Feinde, Menschen, die Probleme schaffen. Da sie aber nicht verlässlich und dauerhaft sind, leiden wir sehr um unserer Verwandten und Freunde willen. Wenn sie uns verlassen oder sterben, sich verletzen oder Hindernissen begegnen, immer leiden wir immens. Eltern machen sich laufend Sorgen um ihre Kinder, sie fürchten, dass sie sich erkälten, Hunger bekommen, geschlagen oder krank werden und dass sie sterben könnten. Mehr als alles andere wünschen Eltern, dass ihre Kinder erfolgreich sind – doch obwohl sie so besorgt sind, können sie doch nicht unbedingt auch richtig mit ihren Kindern umgehen. Zum Weltlichen neigende Eltern zum Beispiel können ihren Kindern das Studium und die Praxis des Dharma nicht richtig vermitteln. Eltern, Verwandte und Freunde sollten also die höchste Form der Fürsorge kennen lernen: Die vollkommene Freiheit vom Leiden und das vollständige Erlangen der Erleuchtung.

Das Leiden, Feinden zu begegnen. Diese Begegnungen provozieren Abneigung und Zorn sowie die Furcht, dass wir im Kampf um unser Überleben getötet werden könnten. Auf allen Ebenen, von der individuellen bis hin zur nationalen, provoziert das Zusammentreffen mit Feinden stets große Angst und Leiden, sei es emotional, intellektuell oder körperlich. Wir können um unser Überleben kämpfen und dabei doch getötet werden.

Das Leiden, nicht zu bekommen, was man wünscht. Natürlich gibt es auf dieser Welt niemanden, der nicht Frieden und Glück will, aber nur sehr wenige bekommen, was sie sich wünschen. Manche bauen sich für ihre Sicherheit und ihr Glück ein Haus, trotzdem kann gerade dieses Haus im Falle eines Brandes, eines Raubes oder eines Erdbebens zu einer tödlichen Falle werden. Jeder isst, um zu leben, dennoch kann Essen krank machen. Manche gehen um des Ruhmes willen in eine Schlacht, kommen dabei aber nur um. Man häuft Reichtum an, nur um von Dieben bestohlen zu werden, die einem dabei vielleicht sogar noch das Leben nehmen. Wenn es einem an positivem Karma mangelt, kann man sich um Glück mühen, so sehr man will, doch alle Anstrengungen werden erfolglos bleiben.

Das Leiden, zu bekommen, was man nicht wünscht sowie das Leiden, schützen zu müssen, was man bereits hat. In Samsara versuchen wir so angestrengt einen angenehmen Zustand zu erreichen – einen vorteilhaften Frieden, Glück, guten Ruf, hohen Status, Wohlstand, Erfolg – und doch ist das alles jeden Augenblick der Veränderung unterworfen und daher nicht verlässlich. Weil Glück sich so leicht in Leiden verwandeln kann, haben wir in dem Augenblick, wo wir es erlangen, auch schon Angst, es wieder zu verlieren. Wir strengen uns so an, manchmal gar unter Einsatz unseres Lebens, und doch sind wir nicht in der Lage, das Glück dauerhaft zu halten.

Das sind die acht Leiden des menschlichen Bereichs. Obwohl niemand diese Leiden wünscht, sind wir doch alle von ihnen betroffen. Wir sollten Weisheit anwenden, um diese Leiden klar und ohne jede Verwirrung zu erkennen. Jetzt betrachten wir die drei Oberkategorien, unter denen alle Arten des Leidens zusammengefasst werden: durchdringendes Leiden, das Leiden der Veränderung und das Leiden körperlichen und geistigen Schmerzes.

Durchdringendes Leiden ist die Natur von Samsara selbst. Natürlich leiden wir, wenn wir nicht erreichen, was wir uns wünschen, aber selbst wenn wir erhalten, was wir uns wünschen, leiden wir immer noch. Denn Leiden stellt sich ohne Vorwarnung ein, die Dinge, die wir besitzen, können uns nicht dauerhaft zufrieden machen – und Dinge, die wir nicht bekommen, frustrieren uns. Wir sind Gefangene, die unter der Kontrolle von Unwissenheit und störenden Emotionen stehen. Diese Art von Leiden kann nur von verwirklichten Arhats und nicht von gewöhnlichen Wesen wahrgenommen werden. Es wird mit einem Haar verglichen. Wenn man ein Haar auf seiner Handfläche hält, fühlt es sich nicht unangenehm an. Befindet es sich jedoch im Auge, ist es äußerst unangenehm. Die Wahrnehmungsfähigkeit eines verwirklichten Arhats gleicht in diesem Fall dem Auge, und die eines gewöhnlichen Wesens der Handfläche. Weil das durchdringende Leiden so subtil ist, bedarf es besonderer Einsicht, um es überhaupt wahrzunehmen. Gewöhnliche Leute fühlen sich relativ wohl und können diese Art von Leiden nicht wahrnehmen. Gleichgültig, welcher Umstände wir uns gegenwärtig erfreuen, früher oder später wird Leiden unseren weltlichen Zustand durchdringen, und unsere befleckten gewöhnlichen Körper werden eine Quelle des Schmerzes sein. Denken Sie darüber nach.

Das Leiden der Veränderung ist selbst in den Bereichen der Menschen und der Götter spürbar. Unser Glück kann ohne Vorwarnung kippen. So können wir zum Beispiel jetzt noch entspannt und glücklich sein, aber dann kommt plötzlich jemand, den wir nicht mögen und zerstört die ganze Harmonie. Oder unser schönes und bequemes Heim brennt bis auf die Grundmauern nieder. Oder wir sind guter Laune, hören dann aber eine schreckliche Nachricht und fühlen uns miserabel. Unser Geistesfrieden ist ziemlich flüchtig.

Das Leiden körperlichen und geistigen Schmerzes, die dritte Art des Leidens, haben wir alle schon erfahren, so wie auch Krankheit und Depression, wie schon vorher im Zusammenhang mit den sechs Daseinsbereichen beschrieben. Hier sollten wir erkennen, wie die Wogen des Leidens unaufhörlich anrollen wie die Wellen des Ozeans; untersuchen Sie diese Tatsache, damit Sie zum Dharma erwachen. Sehen Sie sich um – genau jetzt verändert sich die ganze Welt in jedem Augenblick. Jeden Augenblick, jedes Jahr sehen wir sie mehr und mehr zugrunde gehen, während in jedem Land mehr und mehr Probleme entstehen. Aber nicht nur das, selbst die Lehren des Buddha degenerieren. In früheren Zeiten hat es viele große Lehrer gegeben, viele hoch verwirklichte Meister. Heute finden wir nur noch wenige.

Wenn wir einen kostbaren spirituellen Lehrer (*Guru,* tib. Lama) gefunden haben, einen heiligen Lehrer, möchten wir bei ihm bleiben und Lehren empfangen, ohne ihn je wieder zu verlassen, eines Tages aber werden wir uns trennen müssen – wir haben keine Wahl. All die wunderbaren Dharma-Praktizierenden, Dharma-Brüder und Dharma-Schwestern: Eines Tages müssen wir sie verlassen. Dieses kostbare Menschenleben mit seinen großen Qualitäten und Möglichkeiten möchten wir für immer behalten, aber der Tod wird uns fort holen. Frieden und Glück, gut und schlecht, hoch und niedrig, Erfolg und Versagen – all dies ist unbestimmt, vergänglich. Wenn wir erkennen, dass alle Phänomene dem Wandel unterworfen sind, dass Leiden unausweichlich ist, ist es normal, Trauer und Entsagung zu empfinden. Das sind die Leiden des menschlichen Daseins.

Tragen Sie daher von jetzt an die Rüstung der Ausdauer. Erleuchtung ist der einzige Zustand, von dem wir niemals getrennt werden können. Wir sollten uns daran erinnern, dass die Meditationspraxis nicht nur unserem eigenen Wohle dient. Liebe und Mitgefühl müssen wir als Teil der gesellschaftlichen Zusammenhänge entwickeln. Wenn wir die spirituelle Praxis nicht auch im Zusammenhang mit der modernen Technologie zum Tragen bringen, wird die Welt sich mit Sicherheit mit der größten vorstellbaren Katastrophe konfrontiert sehen. Wir müssen daran arbeiten, zu verstehen, was wir tun, was wir wollen und was unsere unterschiedlichen Handlungen bei uns selbst und anderen bewirken. Mit schmerzhaften Erfahrungen konfrontiert, könnten wir mit Rebellion und Missetaten reagieren, aber damit würden wir riskieren, in die niederen Bereiche geschleudert zu werden. Darum ist es so überaus wichtig, heilsames Karma zu schaffen, heilsame Handlungen auszuführen, die die Ursachen für wahren Frieden und wahres Glück sind. Wenn wir die Leiden des menschlichen Bereichs untersuchen, versuchen wir nicht, die Dinge in einem schlechten Licht erscheinen zu lassen. Wir sehen sie vielmehr so, wie sie wirklich sind, ungeschminkt durch unsere Phantasien, Hoffnungen und Projektionen.

Der Bereich der Halbgötter

Die Halbgötter genießen großen Reichtum und unzählige Vergnügungen, haben aber hartnäckige Neigungen zu Neid und Ehrgeiz. Sie lieben den Kampf. Nun ist es so, dass die Wurzeln des wunscherfüllenden Baums sich in der Welt der Halbgötter befinden, die Früchte selbst aber in die Welt der Götter reichen. Wenn die Halbgötter nun die Früchte des Reichtums und Vergnügens den Göttern zufallen sehen, protestieren sie: „Diese Früchte sollten eigentlich uns und nicht den Göttern gehören!" Also legen sie ihre Rüstungen an, schwingen ihre Waffen und fordern die Götter zum Kampf.

Die Götter aber sind die überlegenen Krieger. Sie haben die tödlicheren Waffen und reiten auf Elefanten in die Schlacht. Die Götter töten Hunderttausende von Halbgöttern, sind selbst jedoch nur durch völlige Enthauptung umzubringen, weil sie für alle anderen Wunden über besondere Heiltränke verfügen. Die Halbgötter kämpfen also, leiden und sterben. Selbst in diesem Bereich gibt es also kein vollständiges Glück.

Der Götterbereich

Im höchsten Bereich von Samsara genießen die Götter gedankenlos alle nur vorstellbaren Vergnügungen, aber selbst sie leiden. Sie erleben das Leiden, das vom Stolz kommt. Sie kämpfen mit den Halbgöttern; sie fühlen sich stets unzufrieden, gleichgültig wie viele Freuden sie genießen; aber am meisten leiden sie darunter, dass sie ihre Wiedergeburt in den niederen Bereichen voraussehen können, in die sie gelangen, sobald sie all ihr gutes Karma erschöpft haben. Wenn ein göttliches Wesen stirbt, leidet es unvorstellbar, weil es weiß, dass es mit seinem hohen Status zuende geht.

Fünf Zeichen zeigen den bevorstehenden Tod eines Götterwesens an. Normalerweise strahlt vom Körper eines Gottes meilenweit Licht aus. Wenn der Körper aber seine Kraft zu verlieren beginnt, nimmt dieses Licht ab. Das zweite Zeichen des bevorstehenden Todes wird sichtbar, wenn ein Götterwesen seinen Thron mit plötzlichem Missfallen betrachtet, was nie zuvor geschehen ist. Als drittes Zeichen sieht ein Götterwesen plötzlich seine Blumengirlanden welken und blass werden. Das vierte Zeichen besteht darin, dass die göttliche Kleidung plötzlich zu verschmutzen und zu riechen beginnt, was nie zuvor der Fall gewesen ist. Das fünfte Zeichen schließlich ist die Tatsache, dass das Götterwesen zu schwitzen beginnt, was nie zuvor geschehen ist. Diese fünf Zeichen des drohenden Todes erscheinen in der letzten Woche ihres Lebens.

Wenn so der Tod droht, kommen Familienmitglieder und Freunde des Götterwesens nicht mehr in seine Nähe. Aus der Ferne werfen sie Blumen und rufen ihm zu: „Mögest du nach deinem Tod im menschlichen Bereich wiedergeboren werden. Mögest du die zehn heilsamen Handlungen üben und dann im Götterbereich wiedergeboren werden." Sie sprechen diese Art von Bittgebet und dann verschwinden sie.

Gegen Ende ihres Lebens können sterbende Götter ihre eigene Wiedergeburt voraussehen, was ihnen grauenhaften Schrecken einjagt. Die Wiedergeburt wird sie gewöhnlich in die unteren Bereiche führen, weil sie all ihr gutes Karma mit ihren Vergnügungen, die sie für selbstverständlich hielten, aufgebraucht haben. Mit ihrer hohen Stellung verlieren sie auch ihre sämtlichen Vergnügen und Freuden. In ihren letzten Tagen verursacht ihr Vorauswissen einer etwa bevorstehenden höllischen Wiedergeburt ihnen ein so unvorstellbares Leid, dass es sogar die Qualen der Hölle selbst übersteigt. In den Götterbereichen der Form und der Formlosigkeit gibt es zwar die fünf Zeichen des bevorstehenden Todes nicht; trotzdem haben auch die Götter dieser Bereiche weder Kontrolle über ihren Zustand noch Unabhängigkeit. Letztlich werden auch sie, wie alle anderen Wesen, sterben. Danach werden sie, ihrem Karma entsprechend, in niedrigeren Bereichen wiedergeboren.

Zusammenfassung

Wie wir gesehen haben befinden wir uns stets in einem Zustand von Leiden, gleichgültig in welchem der sechs Bereiche wir auch wiedergeboren werden. Leiden ist unausweichlich. In den Höllenbereichen werden wir von Hitze und Kälte gequält. Im Bereich der Hungergeister leiden wir unerträglichen Hunger und Durst. Tiere leiden an ihrer eigenen Einfältigkeit und unter der Grausamkeit, sich gegenseitig zu fressen. Menschen verweilen nur eine kurze Weile – unsere Lebensspanne ist überaus kurz. Die Halbgötter sind ehrgeizig und stehen unter dem Zwang, dauernd zu kämpfen. Die Wesen der Götterbereiche leiden an ihrer Gedankenlosigkeit. Im ganzen Kreislauf von Samsara gibt es keinen dauerhaften Frieden oder letztendliches Glück. Aus diesem Grund hat der Buddha gesagt, dass wenn wir erst einmal das Leiden wirklich kennen, wir nichts weiter wissen müssten. Haben wir dieses Verständnis erlangt, werden wir auch den Ausweg finden – ansonsten schaffen wir nur immer weiteres Leiden. Wir müssen das Leiden also im Detail studieren.

Die Leiden der sechs Daseinsbereiche kann man sowohl psychologisch als auch wörtlich verstehen. Als Menschen leiden wir natürlich gegenwärtig nicht in der Hölle, aber sehr heißes Wetter zum Beispiel kann unsere Umgebung so unerträglich machen, dass wir einige der Höllenqualen erleben können. Der Winter mit seinem Schnee und Eis lässt uns etwas von den kalten Höllen nachempfinden. Selbst eine kurze Kälteperiode scheint sehr lange zu dauern. Wenn unser Geist völlig von Gier, Wut oder Hass überwältigt ist, können diese Emotionen uns wirklich einen Eindruck der Höllen vermitteln. Wenn wir nichts zu essen und zu trinken haben, werden wir so hungrig und durstig, dass wir uns beinahe wie Hungergeister fühlen. Manchmal ist unser Geist so getrübt, dass wir uns dumm fühlen und nicht mehr wissen, was wir tun oder sagen sollen, als wären wir plötzlich im Tierbereich gefangen. Wenn Menschen, die wir nicht mögen, plötzlich etwas Gutes zustößt, werden wir von so unerträglichem Neid getroffen, dass wir das Gefühl kaum ertragen können – so ähnlich wie es im Bereich der Halbgötter geschieht. Schönes Wetter und eine angenehme Umgebung schließlich können uns ein so erhabenes Gefühl von Frieden und Wohlergehen bringen, als befänden wir uns im Götterbereich. Alle diese psychologischen Erfahrungen sind vorübergehend und stehen mit den jeweiligen Daseinsbereichen in Verbindung.

Das Bewusstsein dieser Tatsachen ist ein so wesentlicher Faktor für unser Studium und unsere Praxis der Lehren Buddhas, dass ohne sie unsere Meditation kein Ausweg aus Samsara sein kann. Erst mit einer vollständigen Karte von Samsara können wir begreifen, dass es wirklich kein angenehmer Aufenthaltsort ist. Aus dieser Erkenntnis ergibt sich ein Gefühl reiner Entsagung gegenüber den Ursachen des Leidens und ein Wunsch, den Dharma aufrichtig zu studieren und zu üben, verbunden mit Respekt, Vertrauen und Hingabe für den Pfad. Jede Minute, jede Sekunde, die wir nutzen, um diesen Pfad zu beschreiten, macht es möglich, dass wir Erleuchtung in einem Leben erlangen.

In Wirklichkeit ist Samsara ein Ort der Verblendung. In ganz Samsara – von den Höllenbereichen bis hin zum Bereich der formlosen Götter – gibt es keinerlei absoluten Frieden oder dauerhaftes Glück. Sobald wir das verstehen, fangen wir an, echten Überdruss für Samsara zu empfinden – nicht nur auf der intellektuellen Ebene. Wenn wir uns das volle Ausmaß des Leidens von Samsara vergegenwärtigen, können wir es tatsächlich in unserem Herzen spüren und aus dieser Erfahrung heraus auf seine Wirklichkeit vertrauen. Das wiederum gibt uns die Kraft, endlich aufzuhören, negatives Karma zu schaffen und statt dessen heilsame Qualitäten zu entwickeln, die dann beinahe mühelos entstehen. Sehen wir erst den Zustand von Samsara, wie er wirklich ist, können wir unseren Geist öffnen, großes Mitgefühl – Bodhicitta – entwickeln und dann die Weisheit des Buddha verwirklichen. Letztlich ist es Mitgefühl, das uns inspiriert, Samsara zu entsagen und uns dem Dharma zuzuwenden, der endgültigen Befreiung. Ein bloßes Bewusstsein des Leidens wird jedoch keinen Nutzen bringen, wenn wir seinen Ursachen nicht entsagen.

Um aus Samsara zu entkommen reicht bloßes Intellektualisieren genauso wenig aus wie das Erleben unserer Emotionen. Wir brauchen eine mitfühlende Einstellung – eine Haltung der Erleuchtung. Die folgende kleine Geschichte schildert die Bedeutung einer solch mitfühlenden Haltung. Atisha, der große Meister aus Indien, hatte vor langer Zeit einen tibetischen Schüler namens Dromtönpa. Dieser wurde eines Tages Zeuge, wie ein Mönch einen *Stupa* umwandelte. Dromtönpa sagte: „Es ist gut, einen Stupa zu umwandeln, aber vielleicht solltest du lieber den Dharma üben."

Der Mönch dachte nun: „Vielleicht ist es besser, einen Dharma-Text zu lesen, als einen Stupa zu umwandeln." So holte er sich einen Text und begann zu lesen. Dromtönpa sah dies und sagte: „Es ist fein einen frommen Text zu lesen, aber vielleicht solltest du lieber den Dharma üben." Da dachte der Mönch bei sich, dass er vielleicht besser meditieren solle, als Dharma-Texte zu lesen. So verließ er seine Bücher und begab sich umgehend in sein Zimmer, setzte sich hin und begann Meditation zu üben. Wieder war Dromtönpa zur Stelle und sagte: „*Samadhi* zu üben ist schön und gut, aber vielleicht solltest du lieber den Dharma üben." Der mittlerweile völlig verwirrte Mönche wusste nun nicht mehr, was er noch tun sollte. Er fragte Dromtönpa, welche Dharma-Praxis er denn üben solle. Dromtönpa erwiderte: „Du musst die grundlegende Natur von Samsara erkennen und dann den Dharma üben, um dich ganz und gar von Samsara zu befreien."

Schließlich begriff der Mönch, was Dharma-Praxis wirklich bedeutete. Dharma-Bücher lesen, *Shamatha*-Meditation üben, Mantras rezitieren – alles muss mit der Haltung von Entsagung getan werden. Eine erleuchtete Haltung zu haben, bedeutet, dass man nicht nur für sich selbst studieren und praktizieren will, sondern um alle empfindungsfähigen Wesen aus Samsara zu befreien. Eine solche Haltung bringt wahre Dharma-Praxis hervor.

Um eine mitfühlende Haltung hervorzubringen, müssen wir Leiden und Vergänglichkeit verstehen. Diese gehören also zu den wichtigsten vor uns liegenden Themen, die wir ins Auge fassen und wirklich verstehen müssen. Wenn wir die Natur des Leidens nicht begreifen, dann ist es gleichgültig, wie weit fortgeschrittene Übungen wir machen – etwa die höheren Tantras, Mahamudra *oder* Dzogchen *– sie werden uns nicht aus Samsara herausführen können. Als der Buddha zum ersten Mal in dieser Welt lehrte, sprach er die Wahrheit: Alle fühlenden*

Wesen leiden, von den Tiefen von Samsara bis zu seinem Gipfel. Sobald wir das verstanden haben, können wir begreifen, wie wir von all dem frei werden können. Wir müssen die wahre Natur des Leidens identifizieren, indem wir die Natur von Samsara studieren und uns dann bemühen, ihm ganz und gar zu entkommen. Erst dann können wahre Freude und wahres Glück entstehen.

Der Endlosknoten

ཀུན་འབྱུང་བདེན་པ་

„Die Wahrheit der Ursachen"

KAPITEL 4: KARMA

Der Buddha sagte: „Hast du die Ursache des Leidens aufgegeben, gibt es nichts weiteres mehr aufzugeben." Nachdem wir gesehen haben, wie schrecklich das Leiden ist, wäre es weise zu untersuchen, was es verursacht. Das Leiden der sechs Bereiche kommt weder ohne Ursachen, noch durch unvollständige, unbegründete oder falsche Ursachen zustande. Leiden entsteht aus einer sogenannten vollständigen und verwandten Ursache: negativem Karma. Karma ist kein alter Glaube einer traditionellen Kultur. Es ist das Gesetz des Universums, die Seinsweise. Karma bedeutet Handlung; Handlung, die einen Zyklus von Ursache und Wirkung in Bewegung setzt. Es gibt Ursachen und Wirkungen für Samsara, und es gibt Ursachen und Wirkungen für Nirvana. Alle existierenden Phänomene manifestieren sich aus Ursachen und Bedingungen. Erdbeben, Flutkatastrophen, Tornados und Seuchen manifestieren sich alle aus negativen Ursachen und Bedingungen. Gutes Wetter, zeitiger Regen, gute Ernten, Friede und Harmonie manifestieren sich alle aus positiven Ursachen und Bedingungen. Während positives Karma relatives Glück zeitigt, verursacht negatives Karma Leiden. Negatives Karma selbst wird durch das Ausführen der zehn unheilsamen Handlungen erzeugt.

Drei dieser zehn unheilsamen Handlungen hängen mit dem Körper zusammen: Leben nehmen, anderen etwas wegnehmen, was uns nicht gehört und sexuelles Fehlverhalten. Vier der unheilsamen Handlungen beziehen sich auf die Rede: Lügen, entzweiende Rede, harte Worte und eitles Geschwätz. Die letzten drei der zehn unheilsamen Handlungen hängen mit dem Geist zusammen: Habgier, Übelwollen und falsche Ansichten.

Die erste unheilsame Handlung ist das Nehmen von Leben. Die Handlung des Tötens kann mit einem bewusstem Willensakt verbunden sein. In Kriegszeiten zum Beispiel tötet man sicherlich mit voller Absicht. Oder man tötet einen persönlichen Feind in einem Anfall von Hass. Aus Anhaftung tötet man ein Tier um seines Fleisches oder seiner Haut willen. Aus Unwissenheit bringt man Menschen- oder Tieropfer dar. Man kann sogar die eigenen Eltern oder einen Arhat töten. Die beiden letzten Tötungsakte gehören zu den sogenannten fünf besonders schwerwiegenden unheilsamen Handlungen und sind mit so heftigen störenden Emotionen verbunden, dass sie einen nach dem Tode direkt in die Höllenwelten schleudern.

Man kann aber auch unbewusst, unabsichtlich töten. Wenn man zum Beispiel auf der Strasse, im Gras oder im Wald herumläuft, zertritt und tötet man zahllose Insekten. Das hieraus resultierende Karma ist natürlich nicht so heftig wie beim absichtlichen Töten. Es gibt vollständige und unvollständige Arten des Tötens. Für einen vollständigen Akt des Tötens müssen Objekt, Motivation, Handlung und Vollendung vorhanden sein. Das Objekt ist ein bestimmtes, spezifisches Lebewesen, das man töten will. Die Motivation ist die Absicht, diesem Wesen wirklich das Leben zu nehmen. Die Handlung beinhaltet Vorbereitung und Tat. Die Vollendung liegt in der Befriedigung über den gelungenen Akt des Tötens. Eine vollständige Handlung des Tötens sähe damit folgendermaßen aus: Erstens, man will mit einem voll bewussten Geist töten und richtet seine Aufmerksamkeit auf das bestimmte Objekt, Mensch oder Tier. Zweitens, das Objekt selbst ist anwesend. Drittens, man bereitet die Tötung vor. Viertens, man führt die Handlung aus. Wenn man auf diese Weise tötet und zusätzlich noch Befriedigung aus der Handlung zieht, schafft man das sogenannte vollständige negative Karma (des Tötens).

Ist irgendeine dieser Bedingungen nicht vorhanden, so wird das resultierende Karma unvollständig genannt. Die unvollständigen Formen können daher von vielerlei Art sein. Vielleicht will man ein Wesen töten und es ist auch anwesend, aber dann bringt man es doch nicht über sich. Oder man hat keine Absicht zu töten, tötet dann aber doch plötzlich, ganz spontan. Oder man empfindet eine Befriedigung über das Töten durch andere. Diese Handlungen erschaffen sogenanntes unvollständiges negatives Karma (des Tötens).

Von allen Formen negativen Karmas ist das des Tötens eins der schlimmsten. Stellen wir uns nur einmal vor, wie sehr wir unser eigenes Leben schätzen, und wie wir leiden, wenn jemand auf uns herabsieht. Stellen wir uns einmal vor, wie stark unser Leiden wäre, wenn jemand versuchen würde, uns zu töten. Wenn man nun selbst einem anderen Wesen das Leben nimmt, dann empfindet die entsprechende Person oder das Tier das gleiche Leiden.

Die zweite unheilsame Handlung ist das Stehlen. Es gibt drei Arten des Stehlens: Dinge mit Gewalt nehmen, Dinge heimlich nehmen und Dinge durch Betrug nehmen. Im ersten Fall ist das Stehlen gewaltsam, etwa wenn ein Soldat im Verlaufe einer Schlacht raubt oder plündert. Im zweiten Fall stiehlt man heimlich, im Verborgenen wie ein Dieb. Wenn man etwas stiehlt, was den Drei Juwelen oder Praktizierenden im Retreat gehört, wird das entsprechende Karma besonders schwerwiegend. Schließlich stiehlt man noch, indem man andere bei einem Geschäft betrügt.

Milarepa erzählte folgende Geschichte, um zu verdeutlichen, wie das geschehen kann: Es war einmal ein Mönch, der eine Kuh hatte, die er schlachten und verkaufen wollte. In der dem Handel vorausgehenden Nacht war er ganz im Planen seiner Transaktionen versunken: Die Haut würde er für so und so viel verkaufen, das Fleisch für so und so viel und so weiter. Er verbrachte die ganze Nacht damit auszurechnen, was alles kosten würde und wie viel Gewinn er wohl machen könne, so kam er gar nicht zum Schlafen. Als es schließlich Morgen wurde, sprach er seine Gebete, meditierte und erhob sich zum Frühstück.

Milarepa schlief noch vor dem Haus, als der Mönch vor die Tür trat und sagte: „Was bist du denn für ein Praktizierender? Du schläfst ja noch immer! Keine Meditation? Keine Gebete?“

Milarepa entgegnete: „Gewöhnlich wache ich sehr viel früher auf, aber letzte Nacht konnte ich keinen Schlaf finden, weil ich ständig über die Kuh nachdenken musste, die ich schlachten und verkaufen will. Daher bin ich erst gegen Morgen eingeschlafen.“ Der

Mönch wurde sehr verlegen, denn er verstand, was Milarepa sagen wollte.

Im Geschäftsleben verschwendet man so viel Energie und Zeit damit, über alle Möglichkeiten nachzudenken, dass man leicht zum Betrüger werden kann – man stiehlt durch Betrug, wenn man ein verunreinigtes Produkt als rein verkauft oder wenn man den Wert der Ware übertreibt.

Die dritte unheilsame Handlung ist sexuelles Fehlverhalten. Unter sexuellem Fehlverhalten versteht man u. a. den sexuellen Verkehr mit jemandem, der verheiratet ist, mit einem von Krankheit oder Leid geschwächten Menschen, oder auch das Erzwingen von sexuellem Verkehr durch Gewalt. Unter sexuelles Fehlverhalten fallen auch sexuelle Aktivitäten an einem Ort, wo ein Schrein oder eine Stupa steht, während eines Meditations-Retreats, mit den eigenen Eltern und Geschwistern oder mit Kindern. Ist man Mönch oder Nonne, sind keinerlei sexuelle Aktivitäten erlaubt. Für Dharma-Praktizierende ist es besonders wichtig, eine sexuelle Disziplin zu üben, die die Meditationspraxis unterstützt. Aber auch gewöhnliche Laien müssen sich auf diesem Gebiet disziplinieren.

Die vierte unheilsame Handlung ist das Lügen, das heißt, nicht die Wahrheit zu sprechen. Es gibt drei verschiedene Arten der Lüge: Die erste, eine spirituelle Lüge, kommt zum Beispiel dann vor, wenn jemand, der über keinerlei reine spirituelle Qualitäten verfügt, von sich behauptet den ersten, zweiten oder irgendeinen anderen *Bhumi* erlangt zu haben. Oder wenn jemand, der keinen *Deva* (tib. Yidam) gesehen hat, sagt: „Ich habe derartige Dinge gesehen. Sie sind zu mir gekommen und haben mit mir gesprochen." Das sind spirituelle Lügen. Damit bricht man seine im Zusammenhang mit dem Lügen abgelegten Gelübde und Ordinationen. Die zweite, eine bedeutende Lüge, leugnet das Verdienst der Drei Juwelen und der Tugend; sie leugnet das Fehlerhafte im Unheilsamen, sowie die Existenz der niederen Bereiche, des Karma und so weiter. Der dritten Art der Lüge bedient man sich, um andere zu täuschen, sie zum Lachen zu bringen oder einen Witz zu reißen.

Die fünfte der unheilsamen Handlungen ist entzweiende Rede. Auch diese gibt es in drei Formen: direkt, indirekt und subtil. Direkte entzweiende Rede ist dann gegeben, wenn man zum Beispiel in Gegenwart von zwei eng verbundenen Menschen sagt: „Ihr beiden passt nicht zusammen, weder als Freunde noch als Ehepartner. Jeder kennt doch eure Probleme." Auf diese Weise entzweit man die beiden direkt. Indirekte entzweiende Rede ist zum Beispiel am Werk, wenn man zu jemandem sagt: „Deine Freundin klatscht hinter deinem Rücken über deine Fehler". Auf diese Weise bringt man Freunde indirekt auseinander. Subtile entzweiende Rede ist dann gegeben, wenn man sich an keinen der Beteiligten direkt wendet, sondern statt dessen zu ihren Freunden und Verwandten geht und sagt: „Es wäre nicht gut, wenn die beiden zusammenblieben, da der eine doch so große Probleme hat...", und auf diese Weise Zwietracht sät. Obwohl alles dies schon schlimm genug ist, ist das Entzweien von Sangha-Mitgliedern oder gar das Herbeiführen einer Spaltung in der spirituellen Gemeinschaft noch viel übler, es gehört zu den fünf besonders schwerwiegenden unheilsamen Handlungen.

Die sechste unheilsame Handlung ist der Gebrauch harter Worte, das Beschimpfen. Das heißt, man sagt jemandem direkt: „Du bist blöd, unwissend..." und macht den betreffenden Menschen damit sehr unglücklich. Wir müssen sehr auf unsere Worte achten. Ein tibetisches Sprichwort sagt: „Ein hartes Wort hat keine Klingen und doch schneidet es das Herz in Stücke." Unangenehme Worte schaffen ein besonders negatives Karma, wenn sie in Gegenwart eines spirituellen Meisters gebraucht werden. Benutzen Sie stets angenehme, freundliche Worte, besonders in Gegenwart von Bodhisattvas. Preisen Sie ihre Qualitäten, verleumden Sie sie niemals. Mit bösen, beleidigenden Worten zu einem oder über einen Bodhisattva zu sprechen bringt schlimmeres Karma ein, als würde man die Lebewesen aller drei Daseinsbereiche töten, seien Sie also vorsichtig.

Die siebte unheilsame Handlung ist das eitle Geschwätz. Es beinhaltet alles überflüssige Gerede, das nichts mit Dharma zu tun hat: Straßenklatsch über Prostitution, Kämpfe, Diebstähle oder Räubereien; Geschichten, die Zorn, Gier oder samsarisches Denken erregen; Rede, die diejenigen stört, die meditieren oder rezitieren. Eitles Geschwätz ist scheinbar eher unwichtig, doch wenn man es näher betrachtet, ist es stets mit Begierde oder Anhaftung verbunden und vergeudet viel Zeit. Manchmal reden wir so viel, dass wir nicht bemerken, dass schon die ganze Nacht verstrichen ist.

Die achte unheilsame Handlung ist Habgier. Habgier ist der Wunsch nach dem Eigentum anderer, seien es Häuser, Juwelen, ihre Persönlichkeit, ihre Qualitäten oder was immer sie auch haben mögen. Es geht um Anhaftung. Gerät man unter den Einfluss dieser unheilsamen Handlung, kann man seinen Geist nicht zähmen und das ruhige Verweilen der Meditation nicht üben.

Die neunte unheilsame Handlung ist Übelwollen. Wenn uns jemand Probleme macht, möchten wir uns rächen, wir möchten ihm schaden oder ihn loswerden. Solche Gedanken lassen keinen Raum für Frieden oder Harmonie; wir können nicht einmal mehr unser Essen genießen oder nachts gut schlafen. Wir müssen aufpassen, was wir denken, denn mit dem Wunsch anderen zu schaden – Übelwollen – verletzen wir uns letztlich selbst.

Die zehnte unheilsame Handlung ist es, falsche Ansichten zu pflegen. Jemand mit falschen Ansichten glaubt nicht an Karma oder Heilsames, leugnet das Verdienst der Drei Juwelen sowie die Realität von Samsara und Nirvana. Für einen Menschen mit falschen Ansichten kann es keine Befreiung geben. Wir kommen aus dem Gestern und gehen ins Morgen. Das ist der Lebensweg der Wesen. Wenn wir aber nicht daran glauben, dass es ein Gestern oder ein Morgen gibt, dann hegen wir falsche Ansichten. Ähnlich abwegig wäre es für einen Buddhisten, die Wahrheit des Karma zu leugnen. Da es eine Tatsache ist, dass die Natur aller Phänomene von den sie hervorrufenden Ursachen und Bedingungen abhängig ist, muss das Leugnen dieser Wirklichkeit ebenfalls eine falsche Ansicht genannt werden.

Von den zehn unheilsamen Handlungen sind das Töten und die falschen Ansichten die schwersten. Es gibt keine üblere Tat, als einen anderen Menschen zu töten. Töten verschwendet ein kostbares Menschenleben; es zerstört das Potential des anderen, den Dharma zu studieren und zu praktizieren. Ebenso in höchstem Maße unheilsam sind falsche Ansichten, denn sobald sie in unserem Geist auftauchen, gibt es keinen Raum mehr für spirituelles Wachstum. Sie zerstören alles Heilsame. Selbst wenn wir Meditation praktizieren, werden wir uns, solange wir falsche Ansichten hegen, nicht der Erleuchtung nähern.

Haben wir einmal verstanden, welche Ergebnisse die zehn unheilsamen Handlungen bringen, werden wir ihnen entsagen, mit anderen Worten – wir werden unser Leben ändern. Statt zu töten werden wir andere schützen. Statt zu stehlen, werden wir Großzügigkeit üben. Statt in der Sexualität zu schwelgen, werden wir sexuelle Ethik üben. Statt zu lügen, werden wir die Wahrheit sprechen. Statt zu streiten und zu klatschen, werden wir entzweite Beziehungen heilen. Statt zu schwätzen, werden wir Sinnvolles sagen und Gebete und Mantras sprechen. Statt der Habgier anheim zu fallen, werden wir uns in Zufriedenheit und Wertschätzung üben. Statt eifersüchtig nach Rache zu streben, werden wir das altruistische Denken pflegen. Statt Nihilismus zu predigen, werden wir rechte Ansichten entwickeln. Solange wir die Disziplin dieser zehn heilsamen Handlungen aufrechterhalten können, werden wir Freude, Harmonie und Frieden schon in diesem Leben erfahren. Alle werden uns vertrauen, und auch in unserer Gesellschaft werden Frieden und Glück möglich.

Haben wir uns über viele Leben hinweg in den zehn heilsamen Handlungen geübt, können wir unsere menschliche Wiedergeburt genießen, ein langes, reiches und gesundes Leben führen und uns guter Umstände und warmherziger Familienbeziehungen erfreuen. Wir werden harmonisch unter Freunden leben, von allen respektiert, umgeben von konstruktiver Rede und angenehmen Klängen, und unsere Mitmenschen werden auf uns hören, was immer wir auch zu sagen haben. Wenn wir in diesem und im nächsten Leben die zehn heilsamen Handlungen üben, werden wir echten Frieden und wahre Harmonie erfahren.

Durch die Praxis der zehn heilsamen Handlungen werden wir in den höheren Bereichen wiedergeboren. Wenn diese Übung uns dazu führt, um unseres eigenen Wohles willen Samsara gänzlich zu entsagen, werden wir das Ziel eines Hörers *oder* Alleinverwirklichers *erreichen. Wenn wir die zehn heilsamen Handlungen jedoch mit der erleuchteten Haltung verbinden, mit Bodhicitta, werden wir die unübertroffene, vollständige Erleuchtung erlangen. Diese zehn heilsamen Handlungen bilden das Fundament des spirituellen Pfades und sind nicht einfach etwas, das wir tun oder lassen könnten. Heilsames und Unheilsames bestimmen unser Karma. Auch unsere Gegenwart wird davon bestimmt, denn unsere Handlungsfähigkeit in der Gegenwart entstammt der Vergangenheit. Wenn jeder Mensch, ob Buddhist oder nicht, sich den zehn heilsamen Handlungen widmen würde, hätten wir Frieden und Harmonie auf der Welt. Darum ist es sehr wichtig, gut auf diese Dinge zu achten.*

Jeder Mensch hat Gewohnheitsmuster, Tendenzen, die vor vielen Leben entstanden sind. Wir haben getötet, gestohlen, uns sexuell falsch verhalten, gelogen und Freunde und Familie entzweit, wir haben uns harter Worte und eitlen Geschwätzes bedient. In diesem Leben verhalten wir uns weiterhin so, wie wir uns davor verhalten haben. Das ist das Prinzip der Ähnlichkeit im Handeln. Natürlich haben wir alle Eigenschaften, die uns von anderen unterscheiden, selbst von unseren eigenen Geschwistern. Die Unterschiede entstammen bestimmten Neigungen, die wir aus unseren jeweiligen vergangenen Leben mitgebracht haben.

Die verschiedenen Arten von Lebewesen, menschliche und nichtmenschliche, erfahren das Leben auf sehr unterschiedliche Weise. Diese Vielfalt ist eine Spiegelung der Verschiedenheiten ihres Karma, das für ihre gegenwärtigen jeweiligen Umstände verantwortlich ist. Das Muster unserer vergangenen und gegenwärtigen Leben weist eine Übereinstimmung auf, die uns zeigt, wie Karma funktioniert. Häufig in unheilsamen Handlungen zu schwelgen, kann Wiedergeburt in den Höllenbereichen nach sich ziehen, aber die großen Befleckungen (wie Hass) sind derartig machtvoll, dass selbst ein einziger Wutausbruch unseren geistigen Frieden restlos zerstören und eine Wiedergeburt in der Hölle verursachen kann. Gelegentlich in unheilsamen Handlungen zu schwelgen, kann zur Wiedergeburt als Hungergeist führen, aber chronische Gier oder Anhaftung kann uns ebenfalls in diesen Bereich bringen. Selbst wenn man nur selten in unheilsamen Handlungen schwelgt, kann man noch als Tier wiedergeboren werden. Hier ist es die Ignoranz, die eine Wiedergeburt als Tier nach sich zieht.

Alles zählt: die Handlung selbst, ihre Häufigkeit und die zugrunde liegende Motivation. Diese Aussage soll uns nicht ängstigen, sondern uns helfen, unsere Handlungen zu verstehen und uns ihren Konsequenzen zu stellen. Es folgt eine Geschichte, die zeigt wie die Motivation sich auswirkt. Einst waren eine Mutter und ihre Tochter auf der Reise zu einigen Orten in Tibet. Als sie an einen breiten Fluss kamen und weit und breit keine Brücke zu sehen war, wateten sie einfach ins Wasser, um ihn zu überqueren. Sie wurden von der Strömung erfasst und weggerissen. Die Mutter betete mit großer liebevoller Zuneigung: „Ich bin alt; lass mich statt meiner jungen Tochter sterben, die noch so viel vor hat. Bitte, lass sie leben."

Gleichzeitig betete die Tochter: „Lass mich anstelle meiner Mutter sterben, die so gütig ist und so vielen Menschen hilft. Bitte lass sie dem Fluss entkommen." Mutter und Tochter ertranken beide in jenem Fluss. Aber weil ihre letzten Gedanken so liebevoll und mitfühlend gewesen waren, wurden sie beide im Götterbereich wiedergeboren. Jeder Augenblick, jeder Gedanke erschafft seine eigene Welt.

Wenn es um das Gesetz von Karma geht, unterscheiden sich Sangha-Mitglieder nicht von allen anderen Wesen. Zu Zeiten von Buddha Kashyapa, dem dritten Buddha dieses Weltzeitalters, lebte ein Mönch namens Brahmane Serkya, dessen Geist nicht gezähmt war und der seine Mönchsbrüder arrogant als „pferdeköpfig", „rindsköpfig", „sauköpfig" und so weiter beschimpfte. Insgesamt hatte er achtzehn verschiedene Schimpfnamen für sie. Nach seinem Tod litt der Brahmane Serkya nun Tausende von Leben als Tier mit achtzehn Köpfen, und danach wurde er in den Höllenbereichen wiedergeboren.

Zur Zeit des vierten Buddha, Shakyamuni, lebte ein Fischer, der einmal einen riesigen Fisch mit achtzehn Köpfen an Land zog. Augenblicklich rief der Buddha alle Mönche mit Wunderkräften zusammen und flog mit ihnen an diesen Ort, damit sie etwas noch nie Dagewesenes zu sehen bekämen. Als Buddha und seine

Mönche ankamen, waren schon Hunderttausende versammelt, um die Kreatur am Strand zu betrachten. Buddha fragte: „Bist du der Brahmane Serkya?“ Und weil der Fisch einst ein Mönch gewesen war, der den Dharma studiert und praktiziert und besondere Einsicht erlangt hatte, besaß er nun – durch den Segen des Buddha – die Kraft der Rede. „Ja“, antwortete er also, „ich bin der Brahmane Serkya gewesen.“ Als der Buddha nun fragte, warum er in dieser eigenartigen Form wiedergeboren sei, berichtete der Fisch über seine vergangenen Taten.

Daraufhin gab der Buddha seinen Mönchen und anderen Anhängern Belehrungen über Karma und die Natur des unerbittlichen Gesetzes von Ursache und Wirkung, und alle Zuhörer verstanden diese Wahrheit. An jenem Tage gewannen viele Menschen die Weisheit, wie man unheilsamen Handlungen entsagt und dem Dharma folgt, um Befreiung zu erlangen. Der Fisch jedoch starb noch am gleichen Tag und erlangte eine höhere Wiedergeburt.

Es gab auch einmal eine Nonne, die ihre Mitschwestern stets „Hunde“ nannte. Sie wurde nach ihrem Tod fünfhundertmal als Hund wiedergeboren.

Diejenigen unter uns, die in vergangenen Leben getötet haben, können damit rechnen, dass dieses Leben von Krankheit geprägt und außerdem von schmerzhafter Kürze sein wird. Wenn wir gestohlen haben, können wir alles erwarten, von chronischem Mangel an den zum Leben notwendigen Dingen bis hin zu ausweglosor Armut. Haben wir andere entzweit, werden wir selbst nun wiederholt von Freunden getrennt und von Feinden getäuscht. Haben wir gelogen oder harte Worte gebraucht, können wir schlecht mit anderen auskommen und werden mit Beleidigungen überschüttet. Haben wir eitles Geschwätz verbreitet, legt niemand Wert auf das, was wir jetzt zu sagen haben. Dieses sogenannte Prinzip der ähnlichen Erfahrung zeigt, dass die Wirkung immer der Ursache ähnelt.

Unser Karma kann nur von uns selbst ausgelebt werden. Niemand sonst kann es für uns genießen, niemand sonst kann es für uns erleiden. Die Gleichung lautet: Heilsames bringt Freude, Unheilsames bringt Leiden. Dies Prinzip nennt man die Art des Bestehens. Karma ist unerbittlich. Selbst Bodhisattvas müssen die Ergebnisse ihres Handelns erfahren.

Es gab einmal einen Mönch, einen großen Lehrer namens Rawahti, dessen Wunderkräfte viele Schüler anzogen. Er lebte als Einsiedler im Wald und färbte eines Tages seine Robe in einem Kochtopf, als ein Mann sich ihm näherte und ihn fragte, ob er sein verlorengegangenes Kalb gesehen habe. „Nein, mein Herr", antwortete Rawahti, aber als er den Deckel des Kochtopfs hob, war der Körper eines Kalbs darin. „Aha!" schrie der Mann, „wie kommt das denn da hinein?" Rawahti antwortete: „Ich färbe nur meine Dharma-Roben." „Mit meinem Kalb?" brüllte der Mann.

Und weil Rawahti nicht beweisen konnte, dass es sich nicht um das verlorengegangene Kalb handelte, schleppte ihn der Mann in die Stadt, klagte ihn des Diebstahls seines Kalbs an und forderte Bestrafung. Der König warf daraufhin Rawahti, den großen Lehrer, in den Kerker. Einige Tage später fand der Mann sein Kalb wieder, das sich nur verirrt hatte. Voller Reue ging er wieder zum König. „Der Mönch ist unschuldig", sagte er. „Bitte lass ihn frei." Der König jedoch vergaß den Fall wieder und Rawahti schmachtete weiter im Gefängnis.

Sechs Monate zogen ins Land. Andere Mönche, die Rawahtis Zauberkräfte kannten, gingen zum König und protestierten: „Dieser Mönch ist unschuldig." Der König erkannte seinen Fehler und begleitete die Mönche, Entschuldigungen murmelnd, zum Gefängnis. Rawahti hatte sehr gelitten. Der König drückte sein tiefstes Bedauern aus, aber Rawahti sagte bloß: „Es ist nicht deine Schuld. Das ist mir aufgrund meines eigenen negativen Karma zugestoßen."

„Vor vielen Leben habe ich einmal ein Kalb gestohlen. Als der Besitzer mich verfolgte, warf ich das Kalb gewitzt einem Alleinverwirklicher zu Füssen. Der Besitzer nahm nun an, der Alleinverwirklicher habe sein Kalb gestohlen und steckte ihn sechs Tage ins Gefängnis. Wegen dieser schändlichen Handlung wurde ich für viele Leben in den niederen Bereichen wiedergeboren. Und sogar in diesem Leben erfahre ich noch den Rest dieses Karma."

Auf diese Weise also wirkt Karma. Selbst Bodhisattvas und Dharma-Könige können ihm nicht entgehen. In Indien lebte einst ein Dharma-König namens Deche. Sein Sohn, der Prinz, bekam von seiner Mutter einen wunderbaren Brokatstoff geschenkt. Obwohl der Stoff von überwältigender Schönheit war, wollte der junge Mann ihn nicht tragen. Als seine Mutter ihn bat, ihn doch wenigstens einmal anzuprobieren, sagte er: „Nicht bevor ich König bin.“

Seine Mutter erwiderte: „Dazu wird es niemals kommen. Bevor du geboren wurdest, sind bereits viele Prinzen gestorben, ehe sie König werden konnten. Dein Vater wird solange leben wie *Nagarjuna*, und Nagarjuna kann selbst bestimmen wie lange er leben will. Solange also Nagarjuna lebt, wird auch dein Vater nicht sterben.“ Das erregte den Prinzen dermaßen, dass er keine Speisen mehr zu sich nahm. Seine Mutter versuchte alles, seine Trauer zu lindern, hatte aber nicht den geringsten Erfolg. Schließlich sagte sie: „Nagarjuna ist ein großer Bodhisattva. Wenn du ihn um seinen Kopf bittest, wird er ihn dir vielleicht geben. Dann wird er sterben und dein Vater mit ihm.“

Der Prinz machte sich also auf den Weg, Nagarjuna um seinen Kopf zu bitten. Nagarjuna, der erkannte, dass es an der Zeit war, diese Welt zu verlassen, bat den Prinzen, ein Schwert zu bringen, um seinen Kopf abzuschlagen. Der Prinz also holte ein Schwert, aber es schnitt nicht. Es kam dem Prinzen so vor, als schlüge er das Schwert durch leeren Raum. Auf einmal sagte Nagarjuna: „Oh! Ich erinnere mich nun! Vor fünfhundert Leben habe ich alles negative Karma bereinigt, das meinen Tod durch ein Schwert oder Messer verursachen könnte. Aber in einem meiner vergangenen Leben, als ich ein Hirte war, schnitt ich aus Unachtsamkeit mit einem Grashalm ein kleines Insekt entzwei. Das bedeutet, dass ich noch genug negatives Karma habe, um durch einen Halm von *Kusha-Gras* zu sterben.“ Am nächsten Tag fand der Prinz etwas Kusha-Gras und schnitt Nagarjuna mit einem Grashalm den Kopf ab. Nagarjuna sagte noch im Sterben: „Von hier aus gehe ich nun ins Reine Land, *Sukhavati*, und kehre dann in diesen selben Körper zurück.“

Wenn selbst dieser höchst verwirklichte Meister sein negatives Karma erdulden musste, wie können wir hoffen, unserem über viele Leben angehäuften Karma entfliehen zu können? Unser Karma folgt uns; es ist Teil von uns. Ein hoch am Himmel fliegender Vogel wirft keinen Schatten auf die Erde, aber sobald der Vogel sich dem Boden nähert, wird auch sein Schatten sichtbar. Dieser Schatten ist Karma. Selbst das kleinste Körnchen Karma, sei es negativ oder positiv, nimmt ständig zu; es bringt viele, viele Ergebnisse hervor. Der Same des Negroda-Baums ist winzig wie ein Senfsamen, aber er bringt einen Baum hervor, der fünfhundert Menschen Schatten spenden kann. Ebenso zieht auch selbst geringes Karma weitreichende Konsequenzen nach sich.

Achten Sie also aufmerksam auf alles Karma, das Sie schaffen, positives wie negatives, und ermutigen Sie sich dazu, Gutes zu tun, selbst wenn es nur das Rezitieren eines einzigen Mantra oder das Reinigen des winzigsten negativen Karma ist. Achten Sie besonders auf Ihre Motivation, denn auch sie ist ein Element des Karma. Wenn wir eine altruistische Absicht haben, dann wird jede unserer Handlungen, was es auch sein mag, zu einer heilsamen Handlung. Andererseits können wir zwar heilsam handeln, wenn aber unser Geist dabei von störenden Emotionen überwältigt ist, wird selbst diese Handlung sauer, unheilsam. Auf diese Weise wird aus Motivation Handlung, so wie aus einem Samen Frucht wird und aus medizinischen Rinden, Blüten und Blättern Arznei. Und wenn der Same giftig ist, enthalten auch seine Früchte Gift.

Ist Leiden der einzige Weg, um das Gift des negativen Karma zu reinigen? Der tibetische Buddhismus lehrt andere Methoden: Meditation, Visualisation und Gebet. Milarepa, einer der größten buddhistischen Heiligen, meisterte diese Techniken und gab sie an seine Schüler weiter. Einige seiner Schüler sagten einmal zu ihm: „Du musst die Reinkarnation von Buddha *Vajradhara* selbst oder eines großen Bodhisattvas sein, denn gewöhnliche Menschen vermögen nicht, was dir gelungen ist. Kannst du uns sagen, was für eine Reinkarnation du bist?“

Milarepa antwortete: „All ihr Schüler, die ihr mich als Buddha Vajradhara seht, beweist damit eure eigene reine Hingabe. Aber wenn ihr denkt, dass es durch Studium und Praxis des Dharma nicht möglich wäre, in einem Leben den Zustand Vajradharas zu erlangen, dann habt ihr eine falsche Sicht vom Dharma. Wenn jeder die Natur des Leidens und die Gültigkeit der Karma-Ursache so sehen würde, wie ich sie gesehen habe, dann hätte jeder die Möglichkeit, den Zustand Vajradharas in einem Leben zu erlangen."

„Als ich noch jung war, habe ich so schwerwiegende unheilsame Handlungen begangen, dass ich direkt in die Höllenwelten geraten wäre, wenn ich gestorben wäre, ohne diese Handlungen gereinigt zu haben. Ich habe mich daher entschlossen, den Prinzipien von Karma und Vergänglichkeit zu vertrauen, mein Leben dem Studium und der Praxis des Dharma zu widmen und Buddhaschaft in einem Leben zu erlangen. Stellt euch nur vor: Wenn alle fühlenden Wesen den Wunsch hätten, ihre Gelegenheit, Vajradhara zu werden, zu nutzen, würden auch sie den Dharma studieren und praktizieren."

Wir sollten uns diese Belehrung zu Herzen nehmen und jeden Augenblick achtsam sein. Wenn ein negativer Gedanke oder eine negative Handlung entsteht, auch wenn es nur im Traum sein sollte, machen Sie sofort eine Reinigungspraxis. Sobald ein positiver Gedanke, eine heilsame Tat aufkommt, freuen Sie sich. Gehen Sie sogar noch weiter. Meditieren Sie über dieses kostbare Menschenleben, über Samsara und sein Leiden, über Karma und seine Folgen. Am Morgen beten Sie: „Heute will ich mich bemühen, heilsame Gedanken und Handlungen zu pflegen." Und abends, bevor Sie zu Bett gehen, vermeiden Sie negative Gedanken. Überblicken Sie noch einmal Ihren Tag, und wenn alles gut gelaufen ist, freuen Sie sich und widmen wie folgt: „Mögen durch dieses heilsame Handeln alle Wesen Erleuchtung erlangen und dem Leiden entfliehen." Wenn Sie negative Gedanken oder Handlungen finden, reinige Sie sie.

Diese Übungen verwandeln das Leiden und geben ihm einen Sinn. Wir müssen nicht hoffnungslos leiden. Wie Milarepa können wir den kostbaren Dharma üben und zu Bodhisattvas werden, die allen fühlenden Wesen Nutzen bringen. Sie mögen denken: „Niemals kann ich dem großen Milarepa gleichkommen. Ich sollte einfach aufgeben." Aber geben Sie nicht auf. Jeder von uns hat die Buddha-Natur, den Samen der Erleuchtung. Wenn wir diesen Samen pflegen, dann wird er ganz allmählich wachsen.

Das Rad

སྐྱབས་འགྲོ་

„Zuflucht nehmen“

KAPITEL 5: ZUFLUCHT

Der Buddha sagte: „Hast du erst den Pfad erreicht, gibt es nichts mehr zu erreichen.“ Ohne spirituelle Praxis würden wir das negative Karma so lange mit uns herumtragen, bis wir es durch Erleiden erschöpft hätten, und das hätte niemals ein Ende. Wir können uns so glücklich schätzen, dem Dharma begegnet zu sein! Auf der praktischen Ebene braucht man für die spirituelle Praxis vier Grundlagen:

1. Man hat ein kostbares Menschenleben, frei von ungünstigen Umständen;
2. Der Dharma wird gelehrt;
3. Man ist am Dharma interessiert;
4. Man hat die Möglichkeit zum Studium und zur Praxis.

Sich all dieser Bedingungen gleichzeitig erfreuen zu können, ist sehr, sehr selten. Wenn wir sie alle haben, sollten wir uns freuen und den vollen Nutzen aus unserem Glück ziehen. Das tun wir, indem wir sorgfältig über die Seltenheit und Kostbarkeit des Menschenlebens, die Vergänglichkeit zusammengesetzter Phänomene, die Leidensnatur von Samsara und die unausweichliche Natur von Ursache und Wirkung nachdenken. Auf diese Weise gewinnen wir die Weisheit, die wir brauchen, um dem Pfad der Befreiung aus dem endlosen Kreislauf der Wiedergeburten folgen zu können.

Beim Pfad zur Erleuchtung kommt es sehr darauf an, wie wir beginnen. Der erste Schritt besteht darin, dass wir Zuflucht zu den Drei Juwelen nehmen und uns verpflichten, sie in alle Aspekte unseres Lebens zu integrieren. Die Drei Juwelen sind: der Buddha, der vollständige, unübertroffene Erleuchtung erlangt hat; der Dharma, die Lehren des Buddha, und die Sangha, die Gemeinschaft der Praktizierenden. Das tibetische Wort für Buddha lautet „Sang-gye". Sang hat die Bedeutung des völligen Erwachens aus der Unwissenheit oder dem Schlaf. Wer schläft, ist sich nicht bewusst, was im Wachzustand vor sich geht, vielleicht sind ihm nicht einmal seine eigenen Träume bewusst; es ist, als wäre er tot. Ähnlich ist es, wenn der Geist von Unwissenheit verdunkelt ist; man hat kein Bewusstsein oder Verständnis davon, was heilsam und was unheilsam ist und kennt die Ursachen des Leidens und der Erleuchtung nicht. Man lebt die Träume der samsarischen Handlungen aus. Sind jedoch alle subtilen Hindernisse zur Erleuchtung aufgelöst, dann ist man völlig wach und bewusst. Der zweite Teil des tibetischen Wortes für Buddha, „gye", bedeutet vollkommen erblüht, wie ein Lotus und umschreibt das Wissen um die Soheit, die Wirklichkeit aller Phänomene. Mit einer derartigen Weisheit des Unterscheidungsvermögens und dem Wissen um alle Phänomene von Samsara und Nirvana bleibt nichts mehr im Verborgenen. Aus seiner umfassenden Weisheit und seinem grenzenlosen Mitgefühl lässt ein Buddha unendlich viele Formen manifest werden. Wenn wir also von einem Buddha sprechen, beziehen wir uns nicht auf ein Objekt, sondern auf die Erfahrung der Verwirklichung aller vollkommenen Qualitäten. Das ist gemeint, wenn wir Zuflucht zum Buddha nehmen.

Das tibetische Wort für Dharma lautet „Chö" und bedeutet letztendlicher, nicht von quälenden Emotionen befleckter Frieden – das Ende allen Leidens. „Chö" bedeutet aber auch Pfad; es ist der Pfad, den wir nutzen, um durch Studium und Praxis all unsere Verblendungen zu reinigen und Weisheit und Mitgefühl zu vervollkommnen. Dharma bezeichnet aber auch das Heilsame; heilsame Praxis führt zu Frieden und Harmonie. Das ist gemeint, wenn wir Zuflucht zum Dharma nehmen.

Das tibetische Wort für Sangha lautet „Gedün". „Ge" bedeutet Tugend oder Befreiung von Verwirrung. „Dün" bedeutet Streben. Die Gemeinschaft der Sangha setzt sich aus all jenen zusammen, die nach Befreiung streben. Unter ihnen gibt es verschiedene Ebenen, sowohl Anfänger als auch fortgeschrittene Praktizierende. Es ist sehr gut, zu Sanghas Zuflucht zu nehmen, in denen sich sowohl große Bodhisattvas, als auch Hörer und Alleinverwirklicher finden, die Arhatschaft erreicht haben.

Eine kurze Erklärung einiger weiterer Begriffe mag an dieser Stelle hilfreich sein. Das Wort „Guru" (tib. Lama), bezeichnet jemanden, der in seinen außerordentlichen Qualitäten von Weisheit und Verwirklichung des Dharma weit fortgeschritten ist und dessen Güte auf dem spirituellen Pfad sich nicht ermessen lässt. Obwohl es natürlich stimmt, dass der Buddha die höchste Erfüllung der Erleuchtung darstellt – die Verkörperung aller unendlich ausgezeichneten Qualitäten, einschließlich Weisheit und Mitgefühl –, und dass er die vollständigen Dharma-Lehren gegeben hat, so mangelt es uns doch an Glück, ihm persönlich begegnen und Anleitung durch ihn selbst erfahren zu können. Trotzdem können wir durch die Vermittlung des Guru die Lehren des Buddha empfangen und Fortschritte in unserem Verständnis des kostbaren Dharma machen. Der Guru kann uns helfen, den Dharma zu üben und seine tieferen Bedeutungsebenen zu verstehen, weil er die vollständigen Lehren erhalten hat, die seit der Zeit des Buddha unverfälscht übertragen worden sind. Auf diese Weise können wir uns aus Samsara befreien und schließlich sogar die Buddhaschaft erlangen. Aus diesem Grunde ist der Guru für uns gewöhnliche Wesen so überaus wichtig: Er ist derjenige, der mit dem Lichte seiner Anweisungen die Dunkelheit unserer Unwissenheit zerstreut.

Der Begriff „spirituelle Meister der Übertragungslinie" bezieht sich auf die lange Reihe von Gurus, die alle kostbaren Dharma-Lehren erhalten haben und sich, beginnend mit den ersten Schülern des Buddha, durch die Jahrhunderte, bis zum heutigen Tage fortsetzt. Diese Lehren umfassen Studium und Praxis und ganz besonders die Erfahrungen und Kernanweisungen, die ausschließlich durch die Übertragungslinie weitergegeben werden. Das ist der Grund, warum die Übertragungslinie eine so wichtige Rolle spielt und wir den spirituellen Meistern der Linie, die diese Lehren empfangen, genährt und schließlich weitergegeben haben, so unendlich dankbar sind.

Der „Wurzel-Guru" wiederum ist der spirituelle Meister, von dem man die Zuflucht, die Bodhisattva-Gelübde, Initiationen des Vajrayana und wesentliche Anweisungen und Anleitung bezüglich der Praxis erhalten hat. Durch die Hingabe an den spirituellen Meister werden wir fähig, die Natur unseres eigenen Geistes zu erkennen. Besondere Bedeutung kommt den Kernanweisungen zu, die der spirituelle Meister einem gibt, weil sie einem die Tür öffnen, sich selbst aus Samsara befreien und Erleuchtung erlangen zu können. Aus diesen Gründen visualisieren wir den Wurzel-Guru und die spirituellen Meister der Übertragungslinie als das Wesen der Erleuchtung und vergegenwärtigen uns, dass wir unsere eigene Erleuchtung nur dank ihrer unübertroffenen Güte, ihres Mitgefühls und ihrer vollkommenen Anleitung erlangen können. Auf diese Weise nehmen wir Zuflucht.

„Devas" (tib. Yidams) sind Meditationsgottheiten und verkörpern die dem Praktizierenden eigene erleuchtete Natur. Im System des Vajrayana haben wir mit Hilfe vieler geschickter Methoden die Möglichkeit, den samsarischen Seinszustand in einen erleuchteten Zustand in Form einer Gottheit zu verwandeln. Durch die Yoga-Praxis der Gottheit oder des Deva reinigen wir Verblendungen, beseitigen Verwirrung aus den Kanälen und Winden (Prana) und enthüllen so die dem Geist innewohnende Natur. Wenn wir Deva- oder Gottheitenpraxis durchführen, können wir uns die Gottheit entweder vor uns im Raum oder knapp über unserem Kopf vorstellen, oder wir können uns selbst als Gottheit visualisieren.

„*Dakinis*" (tib. Khadros) und „Dharma-Schützer" sind spirituelle Wesen, die der Praktizierende als Impulse erfahren kann, die ihn zu größerer Bewusstheit und zum Handeln inspirieren. Durch ihre Hilfe und ihren Einfluss helfen sie uns, die äußeren, inneren und verborgenen Hindernisse zu überwinden. Die äußeren Hindernisse werden vertrieben, wann immer wir alle fühlenden Wesen als unsere Mütter, Freunde oder geliebten Kinder sehen können. Die inneren Hindernisse werden zerstreut, sobald wir erkennen, dass die Natur aller fühlenden Wesen allesdurchdringende Leerheit ist. Und wenn wir die fühlenden Wesen direkt als die Devas (tib. Yidams) wahrnehmen, beseitigen wir die verborgenen Hindernisse. Die dafür nötige Inspiration liefern uns die

Dakinis und Dharma-Schützer, die außerdem noch die Praktizierenden und den Dharma selbst beschützen. Neben der Zuflucht zu den Drei Juwelen können wir im besonderen System des Vajrayana auch Zuflucht zu Guru, Deva und Dakini nehmen. In diesem Fall ist der Guru der Buddha, da er uns die Anweisung zu Studium und Praxis gibt. Der Deva ist der Dharma, das also, was man studiert und praktiziert. Die Dakini ist die Sangha, die uns unterstützt und zur Erleuchtung leitet. Daraus lässt sich ersehen, dass die Dakinis und Dharma-Schützer, zu denen wir Zuflucht nehmen, frei sein müssen von Samsara und eine bestimmte Ebene der Bodhisattva-Stufen (Skrt. Bhumi) erlangt haben sollten, die man ‚Besitzer des Auges der Weisheit' nennt. Es ist wichtig, dass wir nicht zu weltlichen Gottheiten, Geistern oder anderen Wesen Zuflucht nehmen.

Aber noch bevor wir überhaupt Zuflucht nehmen, sollten wir als Vorbereitung Vertrauen, Hingabe und Zuversicht entwickeln. Es gibt drei verschiedene Arten von Vertrauen: das Vertrauen des klaren Geistes, das Vertrauen des Wünschens und das zuversichtliche Vertrauen.

Das Vertrauen des klaren Geistes entsteht, wenn wir begreifen, dass die Drei Juwelen alle fühlenden Wesen schützen. Die Erkenntnis der überragenden Qualität der Weisheit des Buddha inspiriert also das Vertrauen des klaren Geistes.

Das Vertrauen des Wünschens ist der Wunsch, Erleuchtung zu erlangen, den Dharma zu studieren und zu praktizieren. Wenn wir erkennen, was Samsara wirklich ist, haben wir den aufrichtigen Wunsch, aus dieser Situation zu entkommen und Erleuchtung zu erlangen. Erkennen wir die Vorteile der Tugend, möchten wir sie uns zu eigen machen. Erkennen wir die Nachteile unheilsamen Verhaltens, wollen wir es meiden. Diese Neigungen inspirieren das Vertrauen des Wünschens.

Haben wir erst einmal einen Einblick in die Möglichkeit der Erleuchtung bekommen, nehmen wir Zuflucht zu Buddha, Dharma und Sangha, die Zuflucht ohne jede Täuschung. Glücklich oder elend, krank oder gesund, lebendig oder tot – gleichgültig, was auch geschieht, wir verlassen uns von ganzem

Herzen mit außerordentlicher Hingabe auf die nie versagenden Drei Juwelen. Diese Art der Hingabe ist von Anfang an wichtig. Das ist das zuversichtliche Vertrauen, das nicht auf blindem Glauben basiert, sondern auf der Sehnsucht nach Freiheit von Samsara und nach dem Erlangen der Erleuchtung zum Wohle anderer.

Wenn klarer Geist, Wünschen und Zuversicht auf den Dharma ausgerichtet sind, bringt unser Vertrauen – wie ein keimfähiger Same – die Frucht der Erleuchtung hervor. Praxis ohne Vertrauen gleicht einem verdorbenen Samen. Wenn man einen solchen einpflanzt, wird er nicht keimen und weder Blätter, noch Blüten oder Früchte hervorbringen. So wird auch ohne Vertrauen nichts Gutes erblühen. Vertrauen in die Drei Juwelen, in Buddha, Dharma und Sangha ist also wesentlich. Vertrauen ist die Quelle aller guten Qualitäten. Wir können uns das Vertrauen als die Füße vorstellen, die auf die Stadt der Erleuchtung zugehen, als die Hände, die Juwelen und Reichtümer anhäufen. Selbst wenn jemand ein großer Meister sein mag und vielerlei Segnungen erhalten hat, wird ihm nichts davon etwas nützen, wenn er keine Hingabe besitzt. Hat er wenig Vertrauen, wird er wenig erreichen. Ist sein Vertrauen in Buddha, Dharma und Sangha aber bedingungslos, kann er auch den Dharma auf einer bedingungslosen Ebene üben. Vertrauen ist unverzichtbar, wenn man ein geeignetes Gefäß für die Lehren werden möchte. Milarepa konnte nur deshalb Erleuchtung erreichen, weil er Zuversicht und völliges Vertrauen in die Lehren seines spirituellen Meisters besaß.

Also haben wir Vertrauen zum Buddha, zu seiner Weisheit und seinem Mitgefühl, die, grenzenlos wie der Raum, alle Phänomene von Samsara und Nirvana umfassen. Gleich einem geschickten Arzt, der Krankheit und ihre Ursachen diagnostiziert, erklärte er das Leiden und seine Ursachen. Der Buddha ist derjenige, der alle groben und subtilen Verblendungen gereinigt und die zwei Arten ursprünglicher Weisheit verwirklicht hat.

Ebenso vertrauen wir in den Dharma, die Lehren des Buddha, die zur Erleuchtung führen. Der Dharma beinhaltet alle Texte und Lehren über das Aufhören der Ursachen des Leidens und das Erlangen der Erleuchtung. Er gleicht einer wirksamen Medizin, die alle Arten von Krankheit heilt. Wenn jedoch die Medizin oder die Behandlung unvollständig bleiben, kann der Arzt – so talentiert er auch sein mag – die Krankheit nicht heilen. Gleichermaßen könnten wir auch nicht Erleuchtung erlangen, wenn der Dharma unvollständig wäre. Da er aber vollständig und vollkommen ist, können wir ihn mit dem vollen Vertrauen studieren und praktizieren, dass wir die Krankheit unserer störenden Emotionen überwinden können.

Schließlich vertrauen wir auch auf die Sangha, diejenigen, die studieren, praktizieren und auf dem Pfad zur Erleuchtung voranschreiten. Die Sangha-Mitglieder gleichen Krankenpflegern, die sich um die Patienten kümmern, ihnen die Medizin verabreichen und ihnen helfen, sich im Krankenhaus zurechtzufinden. Die Sangha leitet uns auf dem Pfad zur Erleuchtung und hilft uns bei der Übung der zehn heilsamen Handlungen und der Vermeidung der zehn unheilsamen Handlungen.

Um Zuflucht zu den Drei Juwelen zu nehmen, spricht man: „Bis ich Erleuchtung zum Wohle aller Wesen erlange, nehme ich Zuflucht zu Buddha, Dharma und Sangha." Diese Art der Zuflucht entspricht dem *Mahayana* oder Großen Fahrzeug. Im Vajrayana ist der Guru (tib. Lama) der Lehrer, der Deva (tib. Yidam) der Weg und die Dakini (tib. Khadro) die Führerin zur Erleuchtung. Der Guru als Vajradhara, die ursprüngliche *Dharmakaya*-Form, ist der Lehrer. Der Deva ist *Chakrasamvara* oder eine andere erleuchtete Gottheit, die als Pfad dient, indem sie alle samsarischen Sichtweisen in erleuchtetes Handeln verwandelt. Die Dakini ist eine Führerin, die alle Hindernisse auflöst.

Wenn wir Zuflucht nehmen, bauen wir zuerst die Visualisation auf. Vor uns im Raum, etwas über uns, befindet sich Vajradhara, der die Essenz des eigenen Wurzel-Gurus – den Dharmakaya, die allumfassende Natur von Weisheit und Mitgefühl – darstellt. Er ist von hellblauer Farbe und hält Vajra und Glocke vor dem Herzen gekreuzt. Vajradhara ist von allen spirituellen Meistern der Übertragungslinie umgeben, beginnend mit dem Buddha bis zum heutigen Tage. Vor ihnen befinden sich sämtliche Devas, erleuchtete Wesen; zur Rechten Vajradharas sind die Buddhas der drei Zeiten (Vergangenheit, Gegenwart und Zukunft). Hinter

Vajradhara visualisieren wir sämtliche unterschiedlichen Fahrzeuge der Dharma-Lehren in Form von Manuskripten oder Texten, und zu seiner Linken halten sich alle großen Bodhisattvas wie *Avalokiteshvara*, *Manjushri* und *Vajrapani* auf, umgeben von den Alleinverwirklichern und Hörern. Um die Basis des Thrones herum visualisieren wir die Dharma-Schützer. Während wir visualisieren, sollten wir uns bewusst sein, dass wir nicht nur mit unserer Imagination arbeiten, sondern die lebendige Verkörperung von Mitgefühl, Weisheit, vollkommenen Qualitäten und Aktivitäten tatsächlich wahrnehmen. Dann nehmen wir mit Zuversicht und Vertrauen Zuflucht, um uns selbst und alle fühlenden Wesen von Verwirrung und Leiden zu befreien und Weisheit und allumfassendes Mitgefühl zu verwirklichen.

Während wir uns dann niederwerfen, rezitieren wir in jeder Sitzung das folgende Zufluchtsgebet so oft wie möglich:

> Wir nehmen Zuflucht zum gütigen Wurzel-Guru und den spirituellen Meistern der Übertragungslinie.
> Wir nehmen Zuflucht zu den Mandalas der Devas.
> Wir nehmen Zuflucht zu allen erhabenen Buddhas.
> Wir nehmen Zuflucht zum vollkommenen Dharma.
> Wir nehmen Zuflucht zur ausgezeichneten Gemeinschaft der Sanghas.
> Wir nehmen Zuflucht zu allen edlen Dakas, Dakinis und Dharma-Schützern, die das Auge der Weisheit besitzen.

Schließlich löst sich die gesamte Visualisation in den zentralen Vajradhara auf, der zur Essenz aller erleuchteten Wesen und zur umfassenden Natur des Raumes wird. Dann, aufgrund unserer tief empfundenen Hingabe, löst sich auch Vajradhara in uns auf. Man meditiert, dass Körper, Sprache und Geist vollständig von negativem Karma, Verdunkelungen, Verblendungen, leidvollen Emotionen, Täuschungen, Zögern und Zweifeln gereinigt sind. Dann meditieren wir, dass alle Segnungen von Weisheit und Mitgefühl unseren ganzen Körper und unser Wesen durchdringen. Nun ruhen wir für eine Weile frei von konzeptuellen Gedanken. Am Ende der Sitzung sprechen wir einige Widmungsgebete, um das erlangte Verdienst zu versiegeln und widmen dabei alles Verdienst der Erleuchtung der fühlenden Wesen. Ein ganz einfaches

Gebet ist dazu ausreichend: „Möge diese Praxis dazu beitragen, dass alle Wesen Befreiung von den Ursachen des Leides finden und schließlich Erleuchtung erlangen."

Auf diese Weise erhält man den Segen der erleuchteten Wesen durch die Zufluchtnahme. Durch diese Praxis kann man zu einem Buddha werden. Milarepas Leben ist eines der inspirierendsten Beispiele für die Kraft der Zuflucht, eine Existenz von Grund auf verwandeln zu können. Eines Tages kam eine Gruppe von Dharma-Schülern zu Milarepa und bat um Unterweisungen. Dieser willigte ein und sprach über die Zuflucht und ihre heilsamen Wirkungen. Die Schüler fragten: „Sprichst du über deine eigene Zufluchts- und Meditationspraxis?" Milarepa antwortete: „Ja, ich habe in diesen Übungen großen Trost gefunden. Ohne zu zögern und zu zweifeln solltet auch ihr Zuflucht zum Guru und den Drei Juwelen nehmen." Daraufhin sang er die folgenden Verse über die Zuflucht und die Vergegenwärtigung der Dharma-Praxis:

Ich verneige mich vor den Heiligen und spirituellen Meistern.
Buddha, Dharma und Sangha –
diese drei sind die äußere Zuflucht.
Ihnen verdanke ich großen Trost.
Gut wäre es, wenn auch ihr Zuflucht zu ihnen nehmen würdet.

Guru, Deva und Dakini –
diese drei sind die innere Zuflucht.
Ihnen verdanke ich großen Trost.
Gut wäre es, wenn auch ihr Zuflucht zu ihnen nehmen würdet.

Chakras, *Pranas* und *Bindus* –
diese drei sind die geheime Zuflucht.
Ihnen verdanke ich großen Trost.
Gut wäre es, wenn auch ihr Zuflucht zu ihnen nehmen würdet.

Erscheinung, Leerheit und Untrennbarkeit –
diese drei sind die letztendliche Zuflucht.
Ihnen verdanke ich großen Trost.
Gut wäre es, wenn auch ihr Zuflucht zu ihnen nehmen würdet.

Wenn ihr nicht Zuflucht nehmt zu dem, was euch vor dem Leiden schützt,
wird der Regen des Tages und der Nacht
in das verfallene Haus des illusorischen Körpers fallen.
Der Lauf der Monate und Jahre wird das verfallene Haus
des illusorischen Körpers weiter quälen und es schließlich zerstören.
So ist es an der Zeit, sich auf einen freudigen Tod vorzubereiten.

Der Tod zieht seine Bahn wie die Sonne am Himmel –
egal wie weit ihr fortgeht, der Tod kommt immer näher.
Niemals sah ich jemanden, der ihm entfliehen konnte.

Wenn wir den Tod eines Tugendhaften erleben,
dann ist der Tod ein Lehrer, der uns zur Tugend mahnt.
Wir sollten die Freude dieses Augenblicks erkennen.

Wenn wir den Tod eines Nicht-Tugendhaften erleben,
dann ist der Tod ein Lehrer, der uns die Schandtaten zeigt.
Wir sollten darin erkennen, was Reue ist.

Wenn wir den Tod eines Reichen erleben,
dann ist der Tod ein Lehrer, der uns zeigt, wie man Reichtum abgibt.
Wir sollten darin erkennen, was Großzügigkeit ist.

Wenn wir den Tod eines Alten erleben,
dann ist der Tod ein Lehrer, der uns des Lebens Vergänglichkeit zeigt.
Wir sollten darin erkennen, wie viel Traurigkeit es gibt.

Wenn wir den Tod eines Jungen erleben,
dann ist der Tod ein Lehrer, der uns des Lebens Unberechenbarkeit zeigt.
Wir sollten darin erkennen, wie viel Eifer wir aufbringen sollten.

Gewöhnlich sind wir froh und glücklich, Eltern zu haben
– wie gehen wir mit dem Leiden einer Waise um?

Das warme und weiche Innere von Wildleder
– wie können wir es kennen, wenn wir es nie getragen haben?

Elend und Hunger, von des Bauern Ernte vertrieben
– was kann uns helfen, wenn wir nicht arbeiten?

Die Schnelligkeit eines Pferdes
– wie sollen wir uns eine Vorstellung machen, wenn wir niemals geritten sind?

Das Glück der Praktizierenden
– wie können wir es kennen, wenn wir den Dharma nicht üben?

Wir sollten Großzügigkeit üben, indem wir unsere Mittel teilen,
Meditation üben, indem wir den Schlaf reduzieren
und uns die Leiden der niederen Bereiche vergegenwärtigen,
den heiligen Dharma üben, indem wir das Leiden kontemplieren.

So sang er sein Lied. Alle Schüler waren so tief bewegt und inspiriert, den Dharma zu üben, dass viele sich verpflichteten, den Rest ihres Lebens der Praxis zu widmen.

Es folgen einige Ratschläge, wie man Fortschritte in der Praxis der Zuflucht erzielen kann. Wenn man Zuflucht zum Buddha nimmt, sollte man keine Zuflucht zu Geistern oder weltlichen Wesen mehr nehmen. Sie mögen durchaus über Macht verfügen, aber sie sind nicht frei von Samsara. Sie wissen weder, was es mit der Natur von Ursache und Wirkung auf sich hat, noch besitzen sie ein Verständnis für Heilsames und Unheilsames, Täuschung und Erleuchtung, und häufig behindern sie den spirituellen Fortschritt. Es ist eine sehr wichtige Wahl, wem wir zu folgen wünschen. Zufluchtnahme zum Dharma verpflichtet uns dazu, Lebewesen – besonders Menschen – nicht zu schaden und auch niemandem zu folgen, der ihnen Leid antut. Dharma ist Friede und Tugend. Dem Dharma zu folgen und ihn zu praktizieren, bedeutet also, sich anzustrengen und den wahren Frieden zu üben und zu erfahren. Nachdem wir Zuflucht zur Sangha genommen haben, sollten wir niemandem mehr folgen, der falsche Sichtweisen hegt

– Menschen also, die behaupten es gäbe keine Tugend oder Untugend, kein Gesetz von Ursache und Wirkung und keine Erleuchtung. Tatsächlich gibt es all diese Dinge, denn es sind universale Gesetze. Sie zu leugnen ist das, was mit dem Hegen falscher Sichtweisen gemeint ist. Würde man einem solchen Menschen folgen, würde man auf den falschen Pfad geraten, auf dem es keine Möglichkeit gibt, die Täuschung zu durchschauen, keine Chance, das Herz zu öffnen.

Zuflucht zu nehmen beinhaltet das Versprechen, den Buddha zu ehren, nicht als eine Art Idol, sondern als ein Beispiel für ein vollkommen erwachtes Wesen. Daher sollte man Statuen und Bilder des Buddha stets achten, selbst wenn sie vom künstlerischen Gesichtspunkt nicht besonders gelungen scheinen. Man sollte sie nicht wie gewöhnliche Objekte behandeln, sondern stets erhöht hinstellen und ihnen Opfergaben darbringen. Dabei sollte man sich denken: „Eines Tages werde auch ich ein Buddha sein." Weil der Dharma eine so vollkommene Lehre ist, können wir dadurch, dass wir ihn studieren und praktizieren, tatsächlich zu einem Buddha werden. Das macht den Dharma so außerordentlich kostbar. Dharma-Bücher und Meditationstexte enthalten einen tiefen, heiligen Sinn. Also sollte man auch sie nicht wie gewöhnliche Bücher behandeln. Man sollte sie nicht auf den Boden legen oder über sie hinwegsteigen. Vielmehr sollte man sie einhüllen, auf ein erhöhtes Regal oder den Schrein legen und sie generell mit Respekt behandeln.

Nachdem wir Zuflucht zur Sangha genommen haben, sollten wir allen Dharma-Praktizierenden mit Achtung begegnen, besonders aber den Bodhisattvas und Arhats, die hohe Ebenen erreicht haben. Machen Sie sich bewusst, wie wichtig sie für den Frieden und das Glück aller sind. Behandeln Sie vor allem Mönche und Nonnen mit Respekt, die ihr Leben ganz dem Dharma gewidmet haben. Selbst wenn sie noch unvollkommen sein mögen, so strengen sie sich doch kontinuierlich an, sich in Mitgefühl und Weisheit zu üben, um alle Täuschungen zu überwinden. Sie sind auf dem Weg zur Erleuchtung. Öffnen Sie also Ihr Herz und achten Sie sie.

Niemals sollten Sie den Dharma als bloßes Kuriosum oder das Relikt einer exotischen Kultur betrachten. Sehen Sie ihn als das, was er ist: ein Weg, auf dem wir Samsara in Erleuchtung verwandeln können. Integrieren Sie den Dharma in Ihren Alltag. Wenn Sie morgens aufstehen, denken Sie an Buddha, Dharma und Sangha und entwickeln den Wunsch, die Ursache des Leidens zu beseitigen und Erleuchtung zu erlangen. Dann sagen Sie sich selbst: „Heute will ich meinen Geist sorgfältig hüten und heilsame Gedanken und Handlungen hervorbringen." Am Abend gehen Sie noch einmal in Gedanken Ihren Tag durch, und wenn er gut gewesen ist, widmen Sie ihn: „Mögen durch dieses Verdienst alle fühlenden Wesen sich vom Leiden befreien und Erleuchtung erlangen." Freuen Sie sich über Ihr Leben im Dharma. Wenn der Tag jedoch hart gewesen ist oder Sie krank werden, sagen Sie sich: „Nun, das ist eben Samsara; obwohl ich gute Absichten hatte, hat es doch nicht geklappt. Statt nun in Depression zu verfallen oder anderen die Schuld zu geben, will ich meinen eigenen Geist betrachten. Mögen meine Probleme das Leiden aller fühlenden Wesen reinigen und auch mein eigenes negatives Karma." Meditieren Sie einige Augenblicke auf diese Weise.

Bevor Sie irgend etwas essen oder trinken, bringen Sie es den Erleuchteten dar, und dann nehmen Sie Speise und Trank als ihren Segen zu sich. Wenn Sie gehen, visualisieren Sie die Zufluchtsobjekte zu Ihrer Rechten, als würden Sie sie umwandeln. Wenn Sie sitzen, visualisieren Sie die Zufluchtswesen über dem Scheitel Ihres Kopfes oder etwas erhöht vor Ihnen im Raum. Wenn Sie essen, visualisieren Sie sie in Ihrer Kehle und bringen ihnen Ihr Essen als Opfergabe dar. Wenn Sie schlafen, visualisieren Sie sie in Ihrem Herzen und lösen Ihre diskursiven Gedanken in sie auf. Wenn Ihnen das nicht gelingt, richten Sie einfach nur Ihren Geist aus und schlafen friedlich ein. Wann immer Sie schöne Wälder, Bäume, Blumen, Menschen oder Speisen wahrnehmen, betrachten Sie sie als Opfergaben für die Drei Juwelen. Was immer Sie erlangen, bringen Sie es dar: „Ich habe all das durch den Segen der Drei Juwelen erlangt, und nun teile ich das Verdienst mit allen." Halten Sie Ihren Geist von aller Anhaftung an das Erreichte frei.

In der Vajrayana-Praxis gelten Vajra und Glocke (Skrt. *Gantha*) als geheiligte Symbole der Drei Juwelen. Dabei symbolisiert der Vajra die fünf Arten der Weisheit und die Glocke die acht weiblichen Buddhas. Der Klang der Glocke steht für die allumfassende Offenheit des Dharma – die Leerheit. Ebenso enthält die Glocke das vollständige Mandala aller *Buddha-Länder*. Behandeln Sie Vajra und Gantha also stets als spirituelle Objekte und nicht wie gewöhnliche materielle Dinge.

Zuflucht zu nehmen ist die Grundlage aller Lehren des Buddha. Die Worte Buddha, Dharma und Sangha auch nur zu hören, verbindet uns schon mit der Erleuchtung. Abbildungen des Buddha, spirituelle Texte oder Mitglieder der Sangha nur zu sehen, stellt diese Verbindung ebenfalls her. Zu Lebzeiten des Buddha gab es einen Laienanhänger, der Mönch werden wollte, aber die Mönche verweigerten seine Bitte. Der Laienanhänger war so verzweifelt, dass er sich am Straßenrand niederlegte und weinte. Schließlich kam der Buddha vorbei und fragte ihn, was denn los sei. Nachdem er die Geschichte des Mannes gehört hatte, sagte der Buddha: „Vor vielen, vielen Tausenden von Leben, bevor du überhaupt eine Neigung zur Erleuchtung verspürtest, wurdest du als Schwein geboren. Ein Hund jagte dieses Schwein immer um eine *Stupa* herum. Eine Stupa repräsentiert den Weisheitsgeist eines Buddha. Diese Handlung hat gereicht, um den Samen des Heilsamen einzupflanzen, und nun kannst du Mönch werden und Arhatschaft erlangen." Der Mann war überaus glücklich. Wenn wir Zuflucht nehmen, pflanzen wir ebenfalls einen starken Samen des Heilsamen in uns ein.

Nur dank der Güte spiritueller Meister und Meisterinnen können wir die Lehren erhalten, darum ist es so überaus wichtig, mit Aufrichtigkeit und aus der Tiefe unseres Herzens Zuflucht zu nehmen. Wenn wir in diesen degenerierten Zeiten, wo wir von allen Seiten von destruktiven Einflüssen umgeben sind, nicht zuerst einmal sorgfältig mit unserer Zufluchtnahme umgehen, riskieren wir den Verlust unseres Interesses am Dharma – und das wäre das schlimmst mögliche Hindernis für uns.

Viele Hindernisse können der Meditationspraxis im Wege stehen: Wir können krank werden; die *Maras* können uns ablenken; wenn wir viele verschiedene Übungen machen, riskieren wir Fehler, Zweifel oder Bedenken; auch Freunde und Verwandte können uns behindern. Jedes dieser Hindernisse kann unsere Praxis schwächen oder zum Stillstand bringen. Sollte das geschehen, müssen wir sehr sorgfältig und aufrichtig unsere Zufluchtnahme zu Buddha, Dharma und Sangha erneuern. Wenn uns das gelingt, werden die Hindernisse unsere Dharma-Praxis nur vertiefen können. Der Buddha selbst hat gesagt, dass wir durch Zuflucht, Studium und Praxis eine Verbindung zu allen Buddhas herstellen.

In diesem Kalpa – diesem Weltzeitalter – werden 1000 Buddhas erscheinen. Jetzt studieren wir die Lehren des vierten Buddha – Shakyamuni – und können noch 996 zukünftige Buddhas erwarten. Wegen unserer Zufluchtsverbindung werden Gottheiten und erleuchtete Wesen uns schützen und Wunschgebete für uns sprechen. In zukünftigen Leben werden wir dann das vollkommene Antlitz eines Buddha erblicken, seine Lehren empfangen und Erleuchtung erlangen.

Der Nutzen der Zufluchtnahme ist unermesslich. Wenn Sie studieren und praktizieren, seien Sie voller Freude und Wertschätzung dafür. Der Ozean ist der Quell allen Wassers. Wie könnte man ihn mit dem Fassungsvermögen seiner Hände ermessen? Genauso unermesslich ist, nach Buddhas eigenen Worten, das aus der Zufluchtnahme resultierende Verdienst. Um auch nur ein Gelübde in Richtung Meditationspraxis nehmen zu können, ist die Zufluchtsordination Voraussetzung. Zuflucht ist daher die erste und wichtigste Voraussetzung für alle Meditationsübungen, die zur Tugend und schließlich zur Buddhaschaft führen.

Aber halten Sie die Zuflucht niemals für eine bloße Anfängerübung. Die Zuflucht umfasst alle Lehren des Buddha – Gottheiten, Buddhas, Bodhisattvas, Vajrayana-Praxis, Mahamudra, Dzogchen – alle höheren Sichtweisen und Methoden des Dharma. Indem wir Zuflucht nehmen, bringen wir die unheilsamen Gedanken und Handlungen der Gegenwart zum Schweigen, verringern negatives Karma aus der Vergangenheit und laden die zukünftigen Segnungen der Drei Juwelen ein. Viele andere Gelübde und Ordinationen bauen auf der Zufluchtspraxis auf. Zum Beispiel die folgenden fünf Laiengelübde:

1. Kein Leben nehmen, besonders nicht das von Menschen.

2. Kein sexuelles Fehlverhalten begehen.
3. Nicht lügen.
4. Nicht stehlen.
5. Keine Rauschmittel zu sich nehmen.

Diese fünf Gelübde stellen eine besondere Methode dar, wie wir unser Leben gemäß dem Dharma leben sowie Frieden und Harmonie für den Einzelnen und die Gesellschaft schaffen können. Die ersten vier Gelübde wurden bereits im Kapitel über Karma erklärt, das fünfte kann mit zwei Geschichten illustriert werden.

Einst lebte ein armer Mönch, der ein vorsichtiger und aufrichtiger Praktizierender war. Eines Tages begegnete er einer Frau, die eine Ziege führte und einen Krug Alkohol trug. Die Frau sagte, dass sie sich umbringen werde, wenn der Mönch nicht mit ihr schliefe. Als der Mönch sich weigerte, sagte sie: „Dann musst du aber die Ziege schlachten." Wieder weigerte er sich. „Dann trink den Alkohol", verlangte die Frau. Der Mönch hatte drei Wahlmöglichkeiten: mit der Frau zu schlafen, die Ziege zu töten oder sich zu betrinken. Er dachte sorgfältig nach und kam schließlich zu der Überzeugung, dass von den drei Übeln das letzte das geringste sei. Er trank also den Alkohol und wurde derartig betrunken, dass er mit der Frau schlief und auch noch die Ziege tötete. Dann aßen sie zusammen das Fleisch. Weil er sich also betrunken hatte, beging er schließlich alle diese unheilsamen Handlungen.

Die zweite Geschichte geht auf die Zeit des Buddha zurück und berichtet darüber, auf welche Weise ein bestimmter Mönch dazu kam, das Gelübde abzulegen, keinen Alkohol zu trinken. Der Name des Mannes war Lekwong, und nachdem er Mönch geworden war, betrieb er sein Studium und seine Praxis mit großem Eifer. Der Buddha, der dies wusste, dachte sich eines Tages etwas besonderes für ihn aus. Er wusste, dass Lekwong früher in seinem Leben ein Hirte gewesen war, der sein Leben glücklich damit verbracht hatte, seine Herde in den grünen Tälern der Berge zu weiden. Der Buddha bat alle anderen Mönche, je einen Bund grüner Utpala-Blumen zur nächsten Meditationssitzung mitzubringen. Als alle sich versammelt hatten und Lekwong eintrat, hielten sie alle ihre Blumen hoch, wie der Buddha es ihnen gesagt hatte. Beim Anblick all der grünen Blumen kamen der Friede und das Verdienst seines früheren Lebens augenblicklich zu Lekwong zurück. Das befähigte ihn, seinen Geist zu festigen, und er hatte eine so erfolgreiche, konzentrierte Meditation, dass er die Ebene eines Arhat erlangte.

Eines Tages erreichte den Buddha die Nachricht, dass ein sehr schädlicher Naga in Form einer Wasserschlange in einem kleinen Dorf in der Nähe sein Unwesen trieb. Er richtete viel Schaden an und verbreitete Krankheiten im Dorf. Und da es bisher niemandem gelungen war, den Naga zu unterwerfen oder zu vertreiben, hatten sich die Dorfbewohner um Hilfe an den Buddha gewandt, der wiederum Lekwong bat, sich der Sache anzunehmen. Durch die Macht seiner Meditation und seine Wunderkräfte konnte er den Naga tatsächlich unterwerfen. Das Dorf wurde wieder friedlich und frei vom Schaden durch den Naga. Auf diese Weise erlangte Lekwong in der ganzen Sangha Berühmtheit.

Damals war es Brauch, dass die Menschen den durchreisenden Mönchen Speise und Trank anboten. Eines Tages gab eine Familie Lekwong Bier zu seinem Essen, und dieser trank zuviel. Als er sich unsicher stolpernd wieder auf den Weg machte, war er ziemlich betrunken, und schließlich stürzte er am Straßenrand nieder und blieb, seine Roben in völliger Unordnung, liegen. In diesem Augenblick erkannte der Buddha mit seinem allwissenden Geist Lekwongs Zustand. Er forderte die ihn begleitenden Mönche auf, einen Spaziergang mit ihm zu machen. Als sie sich Lekwong näherten, deutete der Buddha auf den auf der Straße Liegenden und sagte: „Schaut euch diesen Mönch an, der Arhatschaft erlangt hat und einen so mächtigen Naga unterwerfen konnte. Hier liegt er nun, selbst unterworfen vom Alkohol, betrunken auf der Straße. Nicht einmal für sich selbst kann er sorgen. Der Alkohol birgt viele Gefahren. Vom heutigen Tage an sollen alle, die mir folgen wollen, auf jeglichen Alkohol verzichten."

Im Tantra wird manchmal Alkohol benutzt, und einige sagen, dass man sogar Erleuchtung durch ihn erlangen könne. Und tatsächlich, wenn jemand wirklich in der Lage ist, den Alkohol in makelloses *Amrita* zu verwandeln, dann stellt das Trinken von Alkohol kein Problem mehr dar, denn als Amrita hat er aufgehört,

Alkohol zu sein. Bis wir jedoch diese Stufe erreichen, ist es besser, ehrlich mit uns zu sein, was die negativen Wirkungen des Alkohols auf unsere körperlichen, verbalen und geistigen Fähigkeiten angeht. Wir sollten uns bewusst sein, dass Trunkenheit zu Disharmonie und Konflikten führt. Das gilt nicht nur in unserem spirituellen Leben, sondern ebenso in unseren Familien und in der Gesellschaft insgesamt. Ob man nun ein weltlich oder spirituell orientierter Mensch ist, Alkohol ist in jedem Fall schädlich. Passen Sie also auf.

Diese Gelübde bilden die Disziplin der Ethik, die notwendige Grundlage, um in der Meditation Fortschritte machen zu können. Selbst wenn wir nicht alle fünf, sondern – abhängig von unserem Wunsch und unserer Fähigkeit – nur eins, zwei oder drei der Gelübde nehmen können, dann entfalten auch diese schon äußerst nützliche Wirkungen. Mit diesen Gelübden geht die Einsicht in die Ursachen des Leides einher – die Handlungen, die wir nun zu unterlassen geloben. Eine derartige Disziplin erinnert uns jeden Tag, jeden Augenblick an die wahre Bedeutung der Meditationspraxis, die ja nicht darin besteht, eine halbe Stunde herumzusitzen und dann zu sagen: „Das war's", sondern die ein Weg ist, 24 Stunden am Tag unseren Geist zu schulen.

Um funktionieren zu können, muss die spirituelle Praxis zu einem Lebensweg werden. Sie muss eine erleuchtete Haltung widerspiegeln – Bodhicitta. Aus diesem Grund üben wir die Zuflucht. Wie *Gampopa* in seinem „Juwelenschmuck der Befreiung" sagt, wenn du den König oder den Präsidenten einladen willst, bereite zuerst einmal dein Haus vor, reinige und schmücke es, um es würdig zu machen. Um Bodhicitta in unseren Geist einzuladen, müssen wir ähnlich vorgehen, wir müssen unsere negativen Gedanken reinigen und mit unheilsamen Aktivitäten aufhören. Zuflucht und Gelübde zu nehmen gleicht dem Reinigen und Schmücken des Geistes. Sind wir erst gut vorbereitet, können wir den großen König – Bodhicitta – in unseren Geist einladen.

Die Vase

བྱང་ཆུབ་སེམས་

„Erleuchtungsgeist“

KAPITEL 6: BODHICITTA

Wie kostbar das menschliche Leben auch ist, es ist vergänglich, kurz und verletzlich. *Drikung Bhande*, Autor der „Hundert Verse“, mahnt uns:

> Vergänglichkeit und Tod gleichen den bei Sonnenuntergang fallenden Schatten am Einschnitt eines Bergpasses.
> Sie kommen ständig näher, ohne einen Augenblick inne zu halten.
> Nichts als der Dharma kann uns dann helfen.
> Das ist mein Herzensrat.

Es gibt nicht den leisesten Zweifel, dass der Tod uns finden wird. Dennoch laufen wir herum, als könnten wir dem Tod entkommen, suchen nach Glück und versuchen, dem Leid zu entfliehen. Wenn wir unser Leben wirklich untersuchen, liegen dann nicht unsere Handlungen im Widerspruch zu unseren Wünschen? Schwelgen wir nicht im Unheilsamen, was zu Leiden führt und meiden das Heilsame, obwohl es uns Glück bringen würde?

Was ist zu tun? Wenn wir wirklich letztendlichen Frieden wünschen, müssen wir aufhören, hierhin und dorthin zu hetzen. Wir rennen überall hin, außer zur Erleuchtung! Wenn wir wirklich glücklich sein wollen, müssen wir die Ursachen für Glück schaffen. Der Weg dazu ist der Weg des Bodhisattva. „Bodhi“ ist Sanskrit und bedeutet Erleuchtung, und „Sattva“ bedeutet Krieger, Kriegerin. Ein Bodhisattva ist ein Mensch, der voller Vertrauen und aufrichtig wünscht, Erleuchtung zum Wohle aller Wesen zu erlangen, dessen essentielle Natur auf die Erleuchtung ausgerichtet ist, und der den Mut und den dauerhaften Eifer entwickelt, sie auch zu erlangen. Erleuchtung bedeutet Reinigung aller Verdunkelungen des Geistes und Entwicklung ursprünglichen Gewahrseins. Wie ein Krieger kämpft der Bodhisattva auf dem Schlachtfeld von Samsara gegen die Feinde der Erleuchtung (die störenden Emotionen). Diese besondere Qualität von Weisheit und Mitgefühl des Geistes wird Erleuchtungsgeist oder Bodhicitta genannt.

Da es im Mahayana darum geht, Erleuchtung zum Wohle aller Wesen zu erlangen, verzichtet der Bodhisattva voller Mitgefühl darauf, ins Nirvana einzugehen, um sie alle zu retten. Um dazu in der Lage zu sein, muss er oder sie über eine reiche Quelle von Bodhicitta verfügen. Wie können wir Zugang zu dieser Quelle der ausgezeichnetsten aller Haltungen erlangen? Alle Wesen in Samsara besitzen *Tathagatagarbha*, auch Buddha-Natur genannt, das heißt, sie verfügen über das Potential zur Erleuchtung, zur Buddhaschaft. Dass alle fühlenden Wesen Buddha-Natur besitzen, zeigt sich daran, dass alle frei sein wollen von Leid und sich Frieden und Glück wünschen. Selbst das kleinste Insekt hat Buddha-Natur; selbst der grausamste Höllenwächter hat Tathagatagarbha.

Der Senfsame ist sehr ölhaltig; er muss kein Öl außerhalb seiner selbst suchen. Wir brauchen nur zu wissen, dass das „Öl" dort ist und im Innern danach suchen. Allerdings können wir den Samen nicht als Öl gebrauchen; wir müssen eine gewisse Mühe aufwenden, um das Öl zu extrahieren. Gleichermaßen sind alle fühlenden Wesen von Buddha-Natur durchdrungen, dem Samen der Erleuchtung, den zu aktualisieren wir uns bemühen. Keine äußere Kraft kann uns Erleuchtung verleihen, wir müssen sie selbst erlangen. Möglich ist das nur deshalb, weil unsere essentielle Natur das Potential zur Erleuchtung beinhaltet. Dieser Same ist bereits in uns, hier und jetzt. Er liegt im Geist eines jeden fühlenden Wesens verborgen.

Aber unsere innewohnene Buddha-Natur garantiert noch nicht unsere Buddhaschaft. Nur den Samen zu besitzen, bedeutet noch lange nicht, dass wir automatisch auch die Frucht genießen können! Wir müssen mit unserem Potential arbeiten wie ein guter

Gärtner; wir müssen Bodhicitta kultivieren, denn das ist es, was den Unterschied zwischen Potential und Erfüllung ausmacht. Zuerst einmal bereiten wir den Boden vor. Die Voraussetzungen für Bodhicitta sind die Vier Grenzenlosen Geisteshaltungen: liebevolle Zuneigung, Mitgefühl, Freude und Gleichmut.

བྱམས་པ་

„Liebevolle Zuneigung"

Liebevolle Zuneigung ist der Wunsch, dass alle fühlenden Wesen Glück und die Ursachen von Glück besitzen mögen. Je mehr Sie sich das Glück aller Wesen wünschen, je häufiger Sie mit den anderen im Sinn meditieren und beten, desto weniger Trennung empfinden Sie zwischen ihnen und sich selbst. Stellen Sie sich die Menschen vor, die Ihnen am nächsten stehen, wünschen Sie ihnen Glück und dann richten Sie denselben Wunsch mit demselben Gefühl auf alle fühlenden Wesen.

Diese Art von Praxis formt alle Handlungen Ihres Körpers, Ihrer Sprache und Ihres Geistes zu einem Feld liebevoller Zuneigung. Das heißt, wenn Sie handeln, handeln Sie aufrichtig. Wenn Sie andere anschauen, blicken Sie sie liebevoll an. Wenn Sie mit anderen sprechen, gebrauchen Sie sanfte Worte und sagen die Wahrheit. Wenn Sie an andere denken, haben Sie ihr Wohl im Sinn und wie sie Glück und Frieden finden können. So lassen sich alle Handlungen, Worte und Gedanken in Dharma verwandeln.

Dabei kann es uns helfen, wenn wir uns vergegenwärtigen, dass es – da wir seit zahllosen Lebenszeiten in Samsara umherwandern – kein einziges Wesen gibt, das nicht irgendwann unsere gütige Mutter, unser Vater, unsere Großmutter, unser Großvater, unser Kind, ein Verwandter oder Freund gewesen ist. Wenn wir uns diesen Gedanken in unseren täglichen Begegnungen in den Sinn rufen, können wir unsere liebevolle Zuneigung entwickeln und vermehren, indem wir über alle Wesen als unsere Eltern oder geliebten Menschen meditieren. Wenn in unserem Leben Konflikte entstehen, ist es nur natürlich, dass wir zuerst einmal denken, sie kämen von außen, wären eine äußere Kraft oder Bedingung, über die wir keine Kontrolle haben und gegen die wir uns wehren wollen. Aber Gefühle wie Wut, Groll oder Selbstsucht schaden dem am meisten, der sie hat. Aus ihnen entsteht negatives Karma, das uns noch mehr Leiden einbringt. Wenn wir die Konflikte aber sorgfältig untersuchen, werden wir herausfinden, dass unsere negativen Reaktionen, unser Mangel an liebevoller Zuneigung in solchen Situationen unsere größten Hindernisse sind. Würden wir die problematische Angelegenheit statt dessen als Gelegenheit nutzen, liebevolle Zuneigung zu entwickeln, würden wir allen Wesen nutzen, einschließlich uns selbst.

Eine Facette der liebevollen Zuneigung liegt darin, alles den anderen zu geben, so wie Eltern ihren Kindern geben. Eltern sind in der Lage, enorme Härten zu erdulden, um ihre Kinder schützen und ihnen alles geben zu können. Wenn auch wir dazu in der Lage wären, wäre das natürlich großartig! Aber zusammen mit Großzügigkeit und Offenheit müssen wir auch die Weisheit entwickeln, zu verstehen, was unter der Oberfläche des Alltags verborgen liegt. Wir sollten aufrichtig studieren und praktizieren, allerdings nicht, um als Bodhisattva verehrt zu werden. Wenn Sie den Dharma üben, um bewundert zu werden, üben Sie nicht den Dharma. Handeln Sie statt dessen ohne Erwartungen auf eine Belohnung, ohne Hoffnung oder Furcht. Wünschen Sie den anderen wirklich aufrichtig und von ganzem Herzen Glück. Das ist das beste Geschenk, das Sie ihnen machen können; denken Sie also nicht, dass immer wertvolle Geschenke gekauft werden müssen. Zusätzlich werden Sie selbst große Vorteile erfahren, wenn Sie diese Gedanken anderen gegenüber pflegen.

Es gibt aber auch besondere Menschen, für die Sie liebevolle Zuneigung zu entwickeln lernen sollten: Ihre Eltern, alte Menschen, Menschen, die weit gereist oder eine lange Zeit krank gewesen sind und nicht zuletzt auch für die Tiere in Ihrer Umgebung wie Hunde oder Katzen, die ja ihre Gefühle nicht wie Menschen ausdrücken können. Achten Sie darauf, nicht auf sie herabzusehen oder sie mit Gleichgültigkeit zu behandeln; denken Sie lieber daran, Rücksicht auf sie zu nehmen. *Atisha* sagte, dass das Verdienst aus der Entwicklung liebevoller Zuneigung diesen Wesen gegenüber demjenigen gleichkomme, das sich aus der Praxis umfassender Leerheit ergibt.

Ganz besonderes Verdienst liegt darin, für unsere Eltern von Nutzen zu sein. Als wir geboren wurden, haben sie für uns gesorgt wie für ihr eigenes Augenlicht. Wenn wir nun erwachsen werden und sie verletzen oder entmutigen, schaffen wir äußerst negatives Karma. Als die Mutter Shakyamuni Buddhas in den Götterbereichen wiedergeboren wurde, hat er einen ganzen Sommer dort mit ihr verbracht und sie gelehrt, sich von Samsara zu befreien. Der beste Weg – tatsächlich sogar der einzige Weg -, um die Güte Ihrer Eltern zu vergelten, besteht darin, ein lebendiges Beispiel des Dharma zu sein und die Lehren mit ihnen zu teilen. Ob alt oder jung, gebildet oder ungebildet, Höllenwesen oder Götter – alle sollten Objekte unserer liebevollen Zuneigung sein. Am Verdienst dieser Mühen werden auch wir selbst uns erfreuen, und diese Freude kann uns niemand mehr nehmen. Seien Sie daher aufrichtig; üben Sie liebevolle Zuneigung, so wie ein Vogel aus dem Ei schlüpft: vertrauensvoll, sanftmütig, geduldig.

སྙིང་རྗེ་

„Mitgefühl“

Wie liebevolle Zuneigung der Wunsch ist, dass alle Wesen Glück und die Ursachen von Glück besitzen mögen, so ist Mitgefühl der Wunsch, die anderen vom Leid und den Ursachen des Leides zu befreien. Mitgefühl ist eine Geisteshaltung, die frei von Hass ist. Überwältigt von störenden Emotionen schaffen die Wesen die Ursachen des Leidens. Und die Ursachen des Leidens ziehen mit Sicherheit die entsprechenden Wirkungen, nämlich Leid nach sich. Betrachten Sie die Ursachen und ihre entsprechenden Wirkungen und entwickeln Sie den mitfühlenden Wunsch, dass alle Wesen, zahllos wie der grenzenlose Raum, Erleuchtung erlangen mögen, letztendlichen Frieden.

Wenn Sie Mitgefühl üben, dann ist es zuerst hilfreich, sich auf ein Individuum zu konzentrieren, als wäre die Person Sie selbst oder Ihr bester Freund, Vater oder Mutter, Ihr Kind oder Ihr Verwandter. Ob es sich um Höllenwesen, Hungergeister oder alle anderen, die ständig leiden, handelt: Versetzen Sie sich selbst an ihre Stelle und lassen Sie ihnen Ihr Mitgefühl zufließen. Wenn Sie die Notlage aller noch in der Täuschung verharrenden Menschen erkennen – nämlich dass sie Fehler machen, lügen, stehlen, töten und so die Ursachen für zukünftiges Leiden schaffen – ist es einfach, wahres Mitgefühl erblühen zu lassen. Das gilt auch für die Tiere, die einem nahe sind, seien es Pferde, Kühe, Katzen oder Hunde, denn auch sie wollen nicht leiden, haben aber keinen Sinn dafür, was heilsam und was unheilsam ist. Sie sind so vollständig von ihrem instinktgebundenen Geist behindert, dass sie auf Gedeih und Verderb der Gnade der Menschen ausgeliefert sind, die sie benutzen und verfolgen. Haben Sie Mitgefühl mit ihnen.

Visualisieren Sie Wesen, die ganz akut leiden und wünschen Sie ihnen Erlösung aus diesem Zustand. Stellen Sie sich zum Beispiel einen zum Tode Verurteilten vor, der gerade hingerichtet oder ein Tier, das eben geschlachtet werden soll. Wenn jemand getötet werden soll, gleichgültig ob Mensch oder Tier, sind die Gefühle die gleichen. Denken Sie sich, diese Wesen seien Sie selbst, Ihr Kind oder Ihre Eltern. Denken Sie: „Wie würde ich mich fühlen, wenn ich an ihrer Stelle wäre? Keine Fluchtmöglichkeit, kein Beschützer, keine Zuflucht; ich kann nicht wegfliegen, nicht einfach verschwinden, nichts dagegen tun. In einem kurzen Augenblick wird mein Leben vorbei sein; ich werde diesen Körper, den ich so schätzte, verlassen und in ein neues Leben geworfen." Sagen Sie sich selbst: „Dieses Lebewesen, das da getötet werden soll, ist in einem anderen Leben meine eigene mitfühlend liebende Mutter gewesen – in nichts unterschieden von meiner jetzigen Mutter." Meditieren Sie, dass dieses Leiden jetzt aufhören muss; spüren Sie wie Ihnen die Tränen in die Augen steigen.

Das zu tun, erfordert wahre Stärke. Aus diesem Grunde beschreibt Drikung Bhande Mitgefühl als „den Mut des altruistischen Geistes":

> Erhabenes Mitgefühl gleicht einer geschickten Mutter, die ihr Kind nährt.
> Selbst allem Komfort entsagend, ist es nur am Wohle der anderen interessiert.

Mitgefühl für alle Wesen zu empfinden, indem wir sie als uns selbst sehen, ist auch eine ganz besondere Methode zur Reinigung geistiger Schleier. Die Geschichte von *Asanga* demonstriert diese Tatsache:

Einst lebte ein großer Meister namens Asanga. Als er noch jung war wollte seine Mutter, dass er den Dharma studieren und praktizieren sollte, und so suchte Asanga sich Lehrer und studierte mit Eifer. Nachdem er Vajrayana-Ermächtigungen erhalten hatte, suchte er sich eine Höhle, um dort in Zurückgezogenheit zu meditieren. Er hoffte inständig, in diesem Retreat Buddha *Maitreya*, dem fünften und nächsten Buddha unseres Zeitalters, von Angesicht zu Angesicht zu begegnen. Asanga übte Meditation, sah aber nie auch nur das kleinste Zeichen des Buddha, nicht einmal im Traum. Nachdem er drei Jahre auf diese Weise in der Höhle zugebracht hatte, dachte Asanga bei sich: „Vielleicht werde ich ihn niemals sehen", gab auf und verließ sein Retreat.

Als Asanga aus dem Höhleneingang trat, bemerkte er, dass tropfendes Wasser ein großes Loch in den Felsen gewaschen hatte. „Dass tropfendes Wasser einen harten Felsen verformt, scheint unmöglich", dachte Asanga, „und doch ist es im Laufe der Zeit möglich gewesen. Wenn ich also in mein Retreat zurückkehre, wird mir Buddha Maitreya vielleicht doch noch erscheinen." Asanga kehrte also in seine Höhle zurück und nahm seine Meditation wieder auf. Als er nach weiteren drei Jahren immer noch nicht das leiseste Zeichen erblickt hatte, war er wirklich entmutigt und dachte bei sich: „Vielleicht ist es unmöglich, dass ich Buddha Maitreya begegne."

Wieder also verließ er seine Einsiedelei, als er über der Höhle etwas bemerkte. Ein Taubennest war dort zwischen die Gebirgsfelsen gebaut, deren Oberfläche normalerweise ganz rau war. Die Vögel aber hatten den Fels verändert. Ihr Aus- und Einfliegen von morgens bis abends hatte den Fels poliert, so dass er jetzt glatt war wie Glas. Asanga dachte: „Fels ist so hart wie Federn weich sind – wie können Federn einen Felsen polieren? Weil mit der Zeit praktisch alles möglich wird, muss ich, wenn ich Buddha Maitreya sehen will, nur weiter durchhalten; dann sehe ich ihn am Ende vielleicht doch noch." Asanga kehrte also nochmals in seine Höhle zurück und verbrachte drei weitere Jahre in Retreat. Aber Buddha Maitreya erschien einfach nicht – nicht ein einziges Zeichen, nicht die kleinste Vision. Völlig deprimiert und frustriert verließ Asanga diesmal fest entschlossen seine Höhle, ohne sich auch nur umzublicken. Als er an einen kleinen Felsvorsprung kam, saß dort ein alter Mann, der mit einem Stück Baumwolle über eine Eisenstange rieb. Als Asanga den Alten fragte, was er denn da tue, erwiderte dieser: „Ich mache mir eine Nadel." Asanga fragte: „Ja hältst du es denn für möglich, aus einem solch großen Eisenstab eine Nadel zu machen?" Der alte Mann erwiderte: „Wenn man sich nur Mühe gibt, ist alles möglich." Asanga bewunderte den unbeugsamen Mut des Mannes und erkannte, dass sein eigener Mangel an innerer Stärke ihn daran gehindert hatte Buddha Maitreya zu sehen. Wieder kehrte er in seine Höhle zurück, meditierte weitere drei Jahre, ohne dass auch nur das Geringste geschah. Völlig demoralisiert nach insgesamt zwölf Jahren intensiver Meditation in Einsamkeit, ohne das kleinste Zeichen von Buddha Maitreya, kehrte Asanga seiner Höhle nun endgültig den Rücken.

Nachdem er eine Weile gewandert war, sah er einen streunenden Hund auf der Straße liegen. Gelähmt, voller Wunden und von Maden übersäht, bellte der Hund zornig alles und jeden an. Bei diesem Anblick begriff Asanga, dass Zorn niemanden Frieden oder Ruhe finden lässt, nicht einmal einen leidenden Hund. Dann reflektierte er über den Zustand der Wesen in Samsara. Obwohl sie alle glücklich sein wollen, machen ihre störenden Emotionen – Zorn, Gier und Hass – jedes Glück unmöglich. Daraufhin wallte Mitgefühl in seinem Herzen auf, ein Mitgefühl so groß, so bedingungslos, dass er nicht zögerte, sich an die Stelle des kranken und zornigen Hundes zu versetzen.

Aus seinem gewaltigen Mitgefühl heraus schnitt Asanga sich ein Stück Fleisch aus seinem eigenen Körper. Dann versuchte er die Maden aus den Wunden des Hundes zu entfernen, was ihm aber nicht gelang, ohne dem Hund Schmerzen zuzufügen und die

Maden zu töten. Schließlich erkannte er, dass er sie nur mit seiner Zunge sanft genug würde entfernen können, so wie eine Mutterhündin es getan haben würde, ohne den Maden oder dem Hund wehzutun. Asanga war unschlüssig, was er tun sollte. In den Wunden des Hundes wimmelte es von Maden. Dann kniff er die Augen zusammen und näherte sich mit ausgestreckter Zunge dem unglücklichen Hund. Näher und näher kam er. Aber seine Zunge berührte keine Maden. Statt dessen leckte Asanga am staubigen Boden. Als er überrascht seine Augen öffnete, war der Hund verschwunden. Vor ihm stand Buddha Maitreya im strahlenden Licht von Weisheit und Mitgefühl – ein grandioser Anblick! Doch Asanga schrie ihn an: „Du hast kein Mitgefühl! Zwölf Jahre habe ich unglaublich Härten durchgemacht, nur um dich zu sehen, du aber bist mir nie erschienen, nicht einmal im Traum!“

Buddha Maitreya antwortete: „Nein! Das ist nicht wahr! Ich war von Anfang an bei dir, aber wegen deiner Verblendungen hast du mich nicht sehen können. Das tropfende Wasser, das den Felsen ausgehöhlt hatte, der von den Tauben glattpolierte Fels, der alte Mann – sie alle sind meine Manifestationen gewesen. Das waren die Zeichen, die du aufgrund deiner Meditationspraxis wahrnehmen konntest. Nach zwölf Jahren schließlich hattest du genug Verblendungen gereinigt, um den Hund sehen zu können. Schließlich hat dein Mitgefühl dir einen so unbeugsamen Mut verliehen, dass du dich an die Stelle des Hundes versetzen konntest. Und deswegen kannst du mich jetzt tatsächlich sehen. Wenn du mir nicht glaubst, dann setze mich auf deine Schulter, geh ins nächste Dorf und frage die Menschen, was sie sehen.“

Asanga setzte also Buddha Maitreya auf seine Schulter und trug ihn ins Dorf. Dort rief er alle Einwohner zusammen, um sie zu fragen, was sie sähen. Aber alle sagten das gleiche: „Wir können nichts an dir sehen, überhaupt nichts.“ Sie blickten einander an und sagten: „Schaut ihn euch nur an. Er hat zwölf Jahre in einer Höhle meditiert, nichts hat er erreicht, nur verrückt ist er geworden.“ Schließlich kam eine alte Frau, die sagte: „Ich sehe einen toten Hund auf deiner Schulter.“ Buddha Maitreya wandte sich an Asanga und sprach: „Hier hast du deine Zeugin.“ Auf diese Weise erkannte Asanga, dass großes Mitgefühl nicht nur die Ursache für Frieden, Glück und Harmonie ist, sondern auch eine ganz besondere Methode zur Reinigung. Daraufhin nahm Buddha Maitreya Asanga mit in den Himmel von *Tushita* und erteilte ihm Belehrungen. Dass wir die „Fünf Abhandlungen von Buddha Maitreya" nun auf dieser Erde haben und studieren können, verdanken wir Asanga, dem großen Meister.

Der Erhabene Jigten Sumgön, der Gründer der Drikung Kagyü, machte eine ähnliche Entdeckung, nachdem er sieben Jahre lang Meditation in der Höhle von Echung praktiziert hatte. Während des letzten Jahres seiner Praxis bekam er Lepra – ein wahrlich ernstes Hindernis. Zuerst war er so deprimiert, dass er dachte: „Ich bin einer der nutzlosesten Menschen auf Erden." Aber dann dachte er: „Ich habe so kostbare Unterweisungen von meinen Wurzel-Gurus erhalten, selbst wenn ich heute sterben müsste, bin ich mir sicher, im Reinen Land wiedergeboren zu werden. Aber die anderen Wesen in Samsara haben keinen Schutz und keine Zuflucht. Was ist mit ihnen? Ohne Hoffnung auf Erlösung leiden sie und das nicht nur für zwei, drei Tage sondern Leben auf Leben. Wie können sie beschützt werden? Wer kann ihnen Zuflucht geben?" Wie Drikung Bhande sagte:

Stetiges Mitgefühl gleicht einem Strom.
Nie wird es müde oder verliert den Mut.
Es geht bis an die Grenzen von Samsara.

Das Herz des Erhabenen Jigten Sumgön wurde übervoll von Mitgefühl, und seine Tränen begannen frei zu fließen. Daraufhin meditierte er mit einsgerichtetem Geist. Schließlich konnte er durch die Kraft seines Geistes und Herzens alle Verblendungen überwinden, seine Krankheit verschwand, und seine Gesundheit kam wieder wie die Sonne, die sich plötzlich aus einer Sonnenfinsternis löst. In diesem Augenblick erlangte der Erhabene Jigten Sumgön Erleuchtung. Gleich Buddha Shakyamuni erkannte er die Natur der wechselseitigen Abhängigkeit und wurde ein großer erleuchteter Yogi, ein völlig erwachtes Wesen.

Auf diese Weise also kann die Übung des Mitgefühls auch als Reinigungspraxis dienen. Die fühlenden Wesen aller sechs Daseinsbereiche leiden. Weil sie dieses Leiden selbst erzeugen, können wir es nicht verhindern. Haben Sie also Mitgefühl mit ihnen und meditieren Sie über den Wunsch, sie vom Leiden und seinen Ursachen zu befreien und ihnen letztendlichen Frieden zu schenken.

དགའ་བ་

„Freude“

Die dritte Methode, um Bodhicitta zu erzeugen, ist die Praxis der Freude. In dieser Praxis freuen wir uns am Glück der anderen und wünschen uns, dass es noch zunehmen möge. Konzentrieren Sie sich zum Beispiel auf den Menschen, der Ihnen am nächsten steht. Wenn dieser Mensch erfolgreich und glücklich wäre, würden Sie große Freude empfinden. Dann stellen Sie sich einen Feind vor, jemanden, den Sie nicht mögen. Stellen Sie sich vor, das Leben Ihres Feindes wäre ebenso von Glück erfüllt. Wenn Sie normalerweise Ihren Feind Reichtum, Freunde und ein glückliches, langes Leben genießen sehen, werden Sie eifersüchtig und neidisch. Aber in dem Sinne, dass sie beide gleichermaßen nach Frieden und Glück streben, unterscheidet sich Ihr Feind in nichts von Ihrem Freund. In Wahrheit sind diese Kategorien sowieso eine Illusion: Feinde und Freunde existieren nur zeitweilig, vorübergehend; sie erscheinen und verschwinden, den verschiedenen Zuständen unseres Geistes entsprechend.

Stolz, Neid, Eifersucht – das sind die wahren Feinde von Liebe und Mitgefühl, denn sie machen uns blind für die guten Qualitäten anderer. Unser Groll kann den anderen nicht schaden, noch hilft er uns selbst weiter. Im Gegenteil, unsere negativen Emotionen kehren wie ein Bumerang zu uns zurück, verletzen uns selbst und verdunkeln unseren Geist. Das Gegenmittel ist die Empfindung von Freude für das Glück der anderen: Wir beten, dass ihr Erfolg anhalten und sogar noch zunehmen möge. Denken Sie an die großen Bodhisattvas – wie sie die Erleuchtung zum Wohle aller Wesen erlangt haben – und freuen Sie sich darüber.

Als Milarepa bekannt geworden war, hörten viele Menschen seine Unterweisungen und brachten ihm Opfergaben dar. Er wurde verehrt und geachtet – aber nicht von allen. Ein gebildeter Lehrer namens Darlo hielt Milarepa für einen Scharlatan und wollte ihn entlarven. Er wurde so eifersüchtig auf Milarepa, dass er ihn zur Debatte herausforderte. Darlo hatte viele Texte studiert und sich auf Logik und Philosophie spezialisiert. Und obwohl viele Menschen ihn respektierten, empfanden sie für Milarepa mehr Hingabe. Weisheit und Mitgefühl hatten Milarepa Hellsichtigkeit verliehen, aber Darlo wollte das nicht anerkennen. Er dachte: „Dieser Milarepa versteht nichts und täuscht alle nur, er ist eine Schande für den Dharma. Ich muss ihn mit meiner Gelehrsamkeit zermalmen!" Sein Neid und seine Eifersucht waren so groß, dass er während der gesamten Debatte Milarepa, den großen Bodhisattva, voller Verachtung beschimpfte. Darlo konnte und wollte Milarepas erleuchtete Qualitäten einfach nicht erkennen, und als Ergebnis wurde er nach seinem Tod als böser Geist wiedergeboren.

Wenn Ihre Praxis also nicht gut ist, weil Ihr Geist von Eifersucht verzehrt wird, gibt es keine Möglichkeit, klar zu sehen, keinen Raum für Hingabe. Selbst wenn andere Mitgefühl für Sie empfinden, ist in Ihnen kein Raum, um ihren Segen aufnehmen zu können. Devadatta, der Vetter des Buddha, verbrachte zwar sein ganzes Leben mit dem Buddha, aber nie hat er seine hervorragenden Eigenschaften erkannt. Sein Geist war dermaßen in Eifersucht verstrickt, dass selbst der Buddha ihm nicht helfen konnte. Strengen Sie sich also an, Ihre Eifersucht durch die Entwicklung von Mitfreude zu beseitigen. Selbst die Tiere können uns etwas über die Praxis der Freude lehren. Denken Sie nur an das Kamel, das seine Jungen mehr liebt als jede andere Mutter des Tierreichs ihr Kleines. Wenn sich ihr Kalb verirrt, fühlt die Kamelmutter einen enormen Verlust; findet sie es wieder, ist sie voll unermesslicher Freude. So sollten wir in Bezug auf das Glück der anderen empfinden.

བཏང་སྙོམས་

„Gleichmut"

Die vierte Praxis zur Entwicklung von Bodhicitta ist Gleichmut. Das bedeutet weder Hass gegenüber seinen Feinden noch Anhaftung für seine Freunde zu empfinden, sondern statt dessen Liebe und Mitgefühl für alle Wesen gleichermaßen zu fühlen.

Unsere tiefe Anhaftung an Verwandte und Freunde, unser Hass und Groll gegenüber unseren Feinden – warum haben wir diese starken Gefühle? Wenn wir es sorgfältig untersuchen, dann sind diejenigen, die uns jetzt schaden oder im Wege stehen, in vergangenen Leben tatsächlich unsere Eltern gewesen; und umgekehrt waren diejenigen, die uns jetzt als Verwandte oder Freunde erscheinen, in vergangenen Leben unsere Feinde. Die Rollen bleiben, aber die Schauspieler wechseln unaufhörlich. Wenn wir mehr als nur dieses gegenwärtige Leben in Betracht ziehen, wird sich unser Geist öffnen und wir erkennen, was uns hierher gebracht hat.

Wenn wir uns noch einmal die Geschichte aus Kapitel drei von der Frau, die einen Fisch aß, ins Gedächtnis rufen, wird sie uns daran erinnern, dass die Kategorien „Freund" und „Feind" reine Illusion sind. Nicht nur im Laufe eines Lebens, sondern sogar innerhalb eines Tages kann ein Feind zu einem Freund werden und ein Freund zum Feind. Die Menschen, die wir lieben, sind nicht notwendigerweise hilfreich oder von Nutzen – manchmal können sie großen Schaden anrichten. Zum Beispiel kann jemand, der niemals aus eigennützigen Motiven töten würde, dennoch töten, um eine Geliebte oder ein Kind zu schützen, und damit schafft er sehr negatives Karma. Oder Menschen, die wir lieben, schaffen aus Eifersucht Hindernisse für eine erfolgreiche Praxis; vielleicht stören sie laufend unsere tägliche Meditation oder verhindern, dass wir in ein Retreat gehen. Andererseits können Menschen, die wir für unsere Feinde halten und gegen die wir einen Groll hegen, uns vielleicht ganz anders sehen und uns sogar eine Menge Gutes tun.

Tatsächlich gibt es so etwas wie einen permanenten Feind oder Freund überhaupt nicht. Alle existieren auf bedingte Art und Weise. Wenn Sie Menschen begegnen, die sich Ihnen entgegenstellen, üben Sie Geduld und Gleichmut, was wiederum Ihre Kraft, Ihre Bewusstheit und Ihr Mitgefühl stärkt. Wenn Sie den Dharma gut zu praktizieren verstehen, werden die vermeintlichen Feinde keinerlei Hindernis mehr für Ihren Frieden und Ihr Glück sein sondern eher das Gegenteil: eine besondere Gelegenheit zur Reinigung. Üben Sie sich also darin, in allen fühlenden Wesen Ihre Eltern, Kinder, Verwandten und Freunde zu sehen, die uns alle die Möglichkeit verleihen, Erleuchtung erlangen zu können.

Wenn Menschen Sie nun behindern – Ihnen das Leben schwer machen und Sie leiden lassen – üben Sie sich darin, keinen Hass, keine Wut und keinen Groll ihnen gegenüber zu empfinden. Versuchen Sie es. Versuchen Sie nicht, Vergeltung zu üben, indem Sie ihnen schaden. Wenn Sie die Praxis weiter entwickeln, versuchen Sie ihnen sogar zu nutzen. Und dann, dem Beispiel des Buddha folgend, halten Sie sie in Ihrem Geist und wünschen ihnen Frieden und Glück. Das wird es umso leichter machen, Liebe, Mitgefühl und Gleichmut gegenüber den fühlenden Wesen zu üben, die Ihnen nahe stehen oder sich neutral verhalten. Gleichmut hat jedoch nichts mit Gleichgültigkeit zu tun, die sich bis zur Ignoranz steigern kann. Gleichmut ist dann gegeben, wenn Ihre Gefühle von Liebe und Mitgefühl für alle Wesen gleichermaßen erfüllt sind, ungeachtet ihrer relativen Verdienste.

Relatives und absolutes Bodhicitta

Obwohl liebevolle Zuneigung, Mitgefühl, Freude und Gleichmut die Voraussetzungen für Bodhicitta sind, sind sie allein doch nicht in der Lage, alle Wesen in die Freiheit zu führen. Um Lebewesen tatsächlich aus Samsara befreien zu können, muss man von allen Verblendungen frei sein und sämtliche ausgezeichnete Qualitäten zur Vollkommenheit gebracht haben. Das geschieht ausschließlich dann, wenn wir die Buddhaschaft erlangen. Erst dann können wir die Aktivitäten ausführen, die alle fühlenden Wesen befreien. Das Verständnis, dass dies allein der Grund ist, warum wir nach Buddhaschaft streben, wird Weisheit genannt. Indem man diese Weisheit mit Mitgefühl verbindet, erzeugt man relatives Bodhicitta. Bodhicitta wird auf zweierlei Art erfahren: absolut und relativ.

Absolutes Bodhicitta ist die besondere Einsicht in die umfassende Natur der Leerheit: ein klarer Geist, tiefgründig, unzerstörbar und frei von jeglichen dualistischen Konzepten und störenden Emotionen. Im System des Vajrayana wird diese Verwirklichung Mahamudra genannt. Mahamudra ist ein weites und komplexes Thema, daher braucht man große Reinheit und Hingabe, um es verstehen und ganz besonders, um es verwirklichen zu können. Mahamudra zerstreut alle Verwirrung und klärt den Geist, so dass er dem völlig wolkenlosen Himmel gleicht und lässt uns erkennen, wie er ist.

Relatives Bodhicitta umfasst sowohl den Wunsch, Erleuchtung zum Wohle anderer erreichen zu wollen als auch die dazu nötigen praktischen Schritte. Diese beiden Anteile nennt man Wunsch und Handlung. Bodhicitta des Wunsches könnte man mit dem Gefühl vergleichen, das wir hätten, wenn wir unbedingt den Ort von Buddhas Erleuchtung, Bodhgaya, besuchen wollten: Wir hätten den glühenden Wunsch, diesen Ort zu sehen und würden oft an ihn denken. Nachdem wir den Wunsch gefasst haben, Bodhgaya zu besuchen, unternehmen wir nun, mit dem Bodhicitta des Handelns, die zur Erfüllung dieses Wunsches notwendigen praktischen Schritte: Wir bereiten uns auf die Reise vor und machen uns schließlich auf den Weg. Ähnlich verhält es sich, wenn wir uns lebhaft wünschen, die Buddhaschaft zum Wohle aller Wesen zu erlangen, deren Glück uns aufrichtig am Herzen liegt. Auch dann kultivieren und nähren wir diesen Wunsch nach Verwirklichung und vergessen ihn niemals. Wenn dann das Bodhicitta des Wünschens vollkommen geworden ist, versetzt uns das Bodhicitta des Handelns in Bewegung, und wir unternehmen tatsächlich die Schritte, die uns zum Erlangen der Buddhaschaft führen werden.

Wie man Bodhicitta entwickelt

Drikung Bhande beschreibt Bodhicitta als einen makellosen Samen und das erhabene Mittel, um Weisheit und Verdienst, die sogenannten Zwei Ansammlungen, zu vollenden. Mit Bodhicitta entstehen und fließen Weisheit und Verdienst ganz unbehindert. Für diejenigen, die von ganzem Herzen Bodhicitta zu entwickeln wünschen, lässt sich die Qualität von Bodhicitta in den folgenden drei Analogien beschreiben.

Zuerst stellen wir uns einen König oder Präsidenten vor. Indem er hart an seiner Ausbildung arbeitet, bereitet sich der spätere Führer auf seinen Thron oder seine Stellung vor, gewinnt Macht und Einfluss und regiert dann das Land zum Wohl der Menschen. Auf ähnliche Weise bereiten auch wir uns auf die Buddhaschaft vor und entwickeln Weisheit und Mitgefühl zum Wohle aller fühlenden Wesen. Nachdem man dann Buddhaschaft erlangt hat, dreht man das Rad der Lehre für alle fühlenden Wesen. Zweitens stellen wir uns einen Schiffskapitän vor. Er darf seine Passagiere niemals aufgeben; sie alle überqueren den Ozean gemeinsam. Ein Bodhisattva dieser Kategorie kultiviert ein ähnliches Denken: „Alle fühlenden Wesen und ich werden zusammen Erleuchtung erlangen.“ Drittens schließlich stellen wir uns einen Schäfer vor. Am Morgen führt er oder sie die Schafe in die Berge, um sie weiden zu lassen. Dort beschützt er die Herde vor Wölfen und anderen Gefahren. Wenn der Schäfer die Herde am Abend dann in den Pferch zurückbringt, lässt er sie alle vor sich hineingehen. Dann und erst dann ruht der Schäfer selbst aus. Genauso beschließt ein Bodhisattva dieser Kategorie, dass er nicht eher ruhen wird, bis alle fühlenden Wesen Erleuchtung erlangt haben. Die mutigsten Bodhisattvas wählen den Weg des Hirten. Wie Manjushri, wie Avalokiteshvara – diese unbeugsamen Bodhisattvas – so geloben auch wir, nicht eher Erleuchtung zu erlangen, bis alle fühlenden Wesen befreit sind.

Um Bodhicitta entwickeln zu können, brauchen wir zuerst einen qualifizierten, authentischen Guru (tib. Lama), der die Bodhisattva-Gelübde abgelegt hat und autorisiert wurde, diese Zeremonie für andere zu vollziehen, der die Mahayana-Sutras studiert hat und der, nach vielen Jahren der Praxis, dem Dharma treu geblieben ist. Wenn wir über genug Glück verfügen, einen solchen Lehrer zu finden, sollten wir die Bodhisattva-Gelübde ablegen und dann täglich die entsprechende Praxis durchführen.

Das Nehmen der Bodhisattva-Gelübde und die entsprechende Meditation sollten folgendermaßen durchgeführt werden:

Zuerst visualisieren wir über und vor uns im Raum Buddha Shakyamuni – unseren Wurzellehrer in der Form des historischen Buddha. Er ist die Verkörperung aller vollkommenen Qualitäten und strahlt klares und helles Licht aus. Wir stellen uns vor, dass der Buddha von allen Meistern der Übertragungslinie, Buddhas, Bodhisattvas, Devas (tib. Yidams) und Dharma-Schützern umgeben ist.

Dann sprechen wir Gebete, unter anderem das Gebet der sieben Zweige, und bringen alle Opfergaben dar – Wasser, Blumen, Butterlampen, Weihrauch, Mandalas –, um Verdienst anzusammeln. Drittens meditieren wir für die Ansammlung von Weisheit über die allesdurchdringende Leerheit. Danach üben wir die vier grenzenlosen Geisteshaltungen: liebevolle Zuneigung, Mitgefühl, Freude und Gleichmut. Schließlich nehmen wir Zuflucht zu Buddha, Dharma und Sangha gemäß der Mahayana-Tradition. Das sind die vier Grundvoraussetzungen für die Zeremonie zum Empfang der Bodhisattva-Gelübde.

Wir vergegenwärtigen uns, dass die fühlenden Wesen in Samsara keinen Schützer haben und dass sie, obwohl sie glücklich sein möchten, dauernd leiden. In der Gegenwart all der von uns visualisierten Buddhas und Bodhisattvas nehmen wir die Gelübde – nach dem Vorbild aller Buddhas – zum Wohle aller fühlenden Wesen, und sprechen das folgende Gebet aus dem *Bodhicharyavatara*:

> Bis ich die Essenz der Erleuchtung erlangt habe,
> nehme ich Zuflucht zu allen Buddhas.
> Zum Dharma und zur Versammlung der Bodhisattvas
> nehme ich in gleicher Weise Zuflucht.

So, wie die früheren Sugatas
den Erleuchtungsgeist entwickelt haben
und durch die Übungen der Bodhisattvas
die Stufen des Pfades erreichten,
so werde auch ich zum Nutzen aller fühlenden Wesen
den Erleuchtungsgeist hervorbringen
und mich selbst ebenso
der Erlangung der Stufen auf dem Pfad widmen.

Wir wiederholen dieses Gebet mehrmals, während wir visualisieren und den Geist schulen. Man kann auch volle Niederwerfungen mit der Rezitation des Gebetes verbinden. Auf diese Weise entwickeln wir relatives Bodhicitta, sowohl das des Wünschens als auch das des Handelns.

Um nun absolutes Bodhicitta zu erkennen und zu üben, lösen wir die Visualisation in den zentralen Buddha auf, der ja unser Wurzel-Guru – untrennbar von Shakyamuni – ist. Mit einsgerichtetem Geist, Vertrauen und völliger Hingabe lösen wir auch den Buddha in Licht auf – die Natur von Mitgefühl, Weisheit und allen guten Qualitäten. Dann löst sich dieses Licht in uns selbst auf und durchdringt unser innerstes Wesen. Alle Selbstsucht, alle Verblendungen von Körper, Sprache und Geist werden gereinigt. Während wir das endgültige Bodhicitta erhalten – einen von allen Verdunkelungen freien Geist –, erkennen wir die wahre Natur des Geistes: ungeschaffen, klar, ungeboren und unaufhörlich. Nachdem wir eine zeitlang so meditiert haben, schließen wir mit einem Widmungsgebet ab:

Kostbares Streben nach Erleuchtung zum Wohle aller Lebewesen -
möge es entstehen, wo es noch nicht entstanden ist;
möge es nicht abnehmen, wo es schon entstanden ist;
möge es immer weiter anwachsen.

Wir rezitieren auch das Gebet von Jigten Sumgön:

Ruhmreiche, heilige, ehrwürdige, kostbare Wurzel- und Linien-Gurus,
Göttliche Versammlung der Devas und Versammlungen der Buddhas, Bodhisattvas, Yogis, Yoginis und Dakinis, die in den

zehn Richtungen verweilen,
Bitte erhört mein Gebet.

Durch die Kraft dieser unglaublich großen Wurzel des Heilsamen
möge ich allen Wesen durch meinen Körper, meine Sprache und meinen Geist nutzen.
Mögen die Störungen der Begierde, des Hasses, der Unwissenheit, des Stolzes und der Eifersucht nicht in meinem Geist entstehen.
Mögen Gedanken an Ruhm, Ansehen, Wohlstand, Ehre und Gewinn in diesem Leben nicht einmal für einen Augenblick entstehen.
Möge mein Bewusstseinsstrom von liebevoller Zuneigung, Mitgefühl und Bodhicitta durchtränkt werden;
und möge ich dadurch zu einem spirituellen Lehrer werden, mit guten Qualitäten gleich der Unendlichkeit des Raumes.
Möge ich die erhabene höchste Errungenschaft des Mahamudra in diesem Leben erlangen.
Möge die Qual der Leiden selbst zur Zeit des Todes nicht auftreten.
Möge ich nicht mit negativen Gedanken sterben.
Möge ich nicht verwirrt durch falsche Sichtweisen sterben.
Möge ich keinen vorzeitigen Tod erfahren.
Möge ich freudig und glücklich in der großen Helligkeit des natürlichen Zustandes des Geistes und der durchdringenden Klarheit des *Dharmata* sterben.
Möge ich auf jeden Fall die höchste Errungenschaft des Mahamudra zum Zeitpunkt des Todes oder im Bardo erreichen.

Drikung Bhande verglich die Mahayana-Widmung mit einem „wohlbehüteten Schatz. Er trägt jeden Tag Frucht, und die Erleuchtung ist gewonnen." Alternativ kann man die Praxis auch mit dem Widmungsgebet von Dakorma abschließen:

Durch das Heilsame, das ich und alle Wesen
in Samsara und Nirvana angesammelt haben,
und durch die angeborene Wurzel des Heilsamen -
möge ich mit allen fühlenden Wesen schnell die unüber-

troffene, vollkommene, vollständige, kostbare Erleuchtung erlangen.

Bodhicitta ist die Essenz aller 84.000 Abteilungen der Lehren des Buddha. Bodhicitta allein ist ausreichend, uns zur Erleuchtung zu bringen, aber ohne Bodhicitta werden wir sie nie erlangen. Ansammeln von Weisheit, Verdienst und Reinigung; Visualisation, Gesang – jede Meditationspraxis, die von Bodhicitta durchdrungen ist, wird zum Weg des Bodhisattva. Ohne Bodhicitta resultieren dieselben Übungen nicht in der Buddhaschaft. Wir sollten immer und überall unseren Geist beobachten: Halten wir uns an Bodhicitta oder nicht?

Wann immer Atisha, der große Meister, sich an die Namen seiner Lehrer erinnerte, legte er die Hände in Verehrung an seinem Herzen zusammen. Wenn er aber den Namen des Guru (tib. Lama) hörte oder aussprach, der ihm die Bodhisattva-Gelübde übertragen hatte, legte er die Hände an seiner Stirn zusammen und weinte. Seine Schüler fragten: „Warum machst du einen derartigen Unterschied? Verfügten deine Gurus über unterschiedlich tiefe Ebenen von Verständnis?“ Atisha antwortete: „Wenn ich die Hände an meiner Stirn zusammenlege, dann nicht, weil dieser Guru ein tieferes Verständnis hatte, sondern einfach, weil ich einen Tropfen Bodhicitta in meinem Herzen habe, und den verdanke ich dem Guru, der mir die Bodhisattva-Gelübde erteilte.“

Die Praxis von Bodhicitta

Es ist wesentlich, Bodhicitta zu haben. Ohne es läuft jede Zeremonie oder Meditationspraxis am Ziel vorbei. Es gibt verschiedene Wege, Bodhicitta zu praktizieren. Der erste ist der des Gleichsetzens von einem selbst und anderen. Genau wie Sie Frieden und Glück wünschen, so wollen es auch alle anderen fühlenden Wesen. Da gibt es keinen Unterschied! Sagen Sie sich selbst: „Ich kann mich sehr glücklich schätzen, weil ich als Mensch wiedergeboren bin und die Möglichkeit habe, großen Lehrern zu begegnen. Andere fühlende Wesen jedoch haben diese Möglichkeit nicht, und obwohl sie sich ebenfalls Frieden und Glück wünschen, wissen sie nicht, wie sie dies bewerkstelligen sollen. Obwohl sie ihrem Elend entfliehen wollen, können sie es nicht. Es ist meine Verantwortung, zu ihrem Wohl Bodhicitta zu entwickeln." Dann sagen Sie sich weiter: „Wir sind alle gleich. Seit anfangloser Zeit bin auch ich in Samsara gefangen. Und warum? Wegen meiner Selbstsucht, die weder mir noch anderen jemals Nutzen gebracht hat. Darum will ich heute meine selbstsüchtige Haltung aufgeben."

Menschen schaden uns ausschließlich aus Unwissenheit. Uns zu rächen, wird uns nicht helfen. Denken wir also: „Wenn wir nach Frieden und Glück für uns selbst streben, sollten wir es nicht auch für andere tun? Wenn andere Frieden, Glück und Erfolg haben, sollten wir uns freuen und wünschen, dass diese guten Dinge in ihrem Leben andauern, sowohl kurz- als auch langfristig." Hass und Anhaftung sind die Wurzel allen Leidens. Wir können sie durch die Praxis des Gleichsetzens von uns selbst mit anderen beseitigen. Diese Praxis ist besonders wirksam gegen die Haltung, dass wir uns selbst mehr schätzen als andere.

Auf dieser Praxis baut die nächste auf: Das Austauschen von uns selbst und anderen. Wenn wir krank werden oder schwere Zeiten erleben, sollten wir, statt uns abzumühen und zu kämpfen, den Weg des Bodhisattvas üben und sagen: „Möge ich mit meinem kleinen Leiden stellvertretend das Leiden aller Wesen auf mich nehmen." Meditieren wir, dass ihr Leiden durch unsere eigene Erfahrung beseitigt wird. Wenn wir Glück und Frieden empfinden, sagen wir: „Mögen alle Wesen meine günstigen Umstände haben." So bemühen wir uns in der Übung, das Leiden nicht zu hassen und keine Anhaftung an das Glück zu entwickeln. Auf diese Weise werden wir schließlich frei von Abneigung und Anhaftung.

Die Bodhicitta-Praxis des Austauschens von einem selbst mit anderen ist der fehlerlose, letztendliche Pfad. Jeder, der diese Praxis auch nur einen Moment übt, reinigt damit über viele Tausende von Kalpas angesammeltes negatives Karma und sammelt zusätzlich riesige Mengen an Verdienst und Weisheit an. Das Austauschen von einem selbst mit anderen ist darüber hinaus eine besondere Methode, um den niederen Bereichen zu entgehen. In einem seiner früheren Leben wurde der Buddha in den Höllenbereichen geboren. Dort war er mit einem Gefährten zusammen, und beide mühten sich ab, einen schweren Karren zu ziehen. Aber da sie ihn auch gemeinsam nicht vom Fleck bewegen konnten, quälte sie der Höllenwächter und peitschte auf sie ein.

Er, der eines Tages Buddha Shakyamuni werden sollte, dachte: „Da wir zusammen den Karren nicht ziehen können, werden wir beide gequält. Da ich also sowieso leiden muss, sollte zumindest mein Partner ungestraft bleiben.“ Mit dieser Geistesstärke wandte sich der zukünftige Buddha an den Höllenwächter und sagte: „Gib den Anteil der Strafe meines Gefährten auch mir.“ Der wutentbrannte Höllenwächter drosch mit einem Hammer auf ihn ein und brüllte: „Nein! Dein Partner trifft hier auf die Folgen seines eigenen negativen Karma – daran kannst du nichts ändern!“ Der zukünftige Buddha starb ganz plötzlich an den Hammerschlägen und wurde, wegen seines großen Mitgefühls, im Götterbereich wiedergeboren. Sein Wunsch war eine der frühesten Regungen seines Bodhicitta gewesen, und von diesem Zeitpunkt an begann er zu praktizieren und zu lehren.

Um uns selbst und alle anderen Wesen zu schützen und weil Bodhicitta negatives Karma reinigt, üben wir uns darin, uns selbst mit den anderen auszutauschen. Es ist eine besondere Methode, um das Leiden zu heilen und um Dämonen und Maras zu befrieden. Wenn wir uns nicht darin üben können, Glück und Frieden den anderen zu geben und statt dessen ihr Leiden auf uns zu nehmen, werden wir niemals Buddhaschaft erlangen. Aber nicht nur das, selbst in unserem gegenwärtigen Leben werden wir kein Glück kennen lernen. Daher sollten wir die Bodhicitta-Praxis nutzen, um andere und uns selbst zu schützen. Sie ist ein ganz besonderes Heilmittel, wann immer wir Eifersucht und Neid spüren.

Die dritte Technik zur Praxis von Bodhicitta ist die Übung des „Tonglen“. „Tong“ ist das tibetische Wort für Geben und bedeutet hier das Befreien aller störenden Emotionen und Verblendungen sowie aller Anhaftung an selbstsüchtige und angenehme Gedanken. Es bedeutet auch, unsere guten Qualitäten wie Liebe und Mitgefühl zu geben. „Len“ bedeutet Erhalten und zwar das Erhalten aller heilsamen Qualitäten, einschließlich Bodhicitta. Es gibt viele unterschiedliche Methoden, wie man „Tonglen“ praktizieren kann.

Sitzen Sie bequem und visualisieren Sie ganz klar Ihre eigene liebe Mutter. Sagen Sie sich selbst: „Meine Mutter hat mir dieses kostbare Menschenleben gegeben, dank dessen ich jetzt den Dharma studieren und praktizieren kann. Seit anfangloser Zeit bis jetzt haben alle fühlenden Wesen, die ja irgendwann einmal meine eigene Mutter gewesen sind, mich geliebt und beschützt. Wie kann ich eine solche Güte nur vergelten? Meine jetzige Mutter wandelt mit allen fühlenden Wesen in den sechs Daseinsbereichen von Samsara umher und braucht Schutz. Wie eine Bärenmutter, die stehlen und töten würde, um ihre Jungen zu schützen, haben all diese fühlenden Wesen, als sie meine Mütter waren, negatives Karma angesammelt, um mich zu schützen; und aus diesem Grunde leiden sie jetzt.“ Dann meditieren Sie folgendermaßen: Atmen Sie aus und ein und denken Sie: „Zum Wohle aller gütigen Mütter will ich all ihre Sorgen und Nöte in mein Herz aufnehmen.“ Atmen Sie aus und ein und denken Sie: „Sie sind frei von Leid und freuen sich.“ Nun lassen Sie all ihre Leiden sich in die Leerheit auflösen und meditieren einige Augenblicke darüber.

In einer anderen Methode bietet man, ohne etwas dafür zu erwarten, jeden Aspekt von Körper, Sprache, Geist, Reichtum und Tugenden den anderen an. Meditieren Sie, dass die Lebewesen dies alles empfangen und sich freuen. Meditieren Sie, dass Ihr Körper sich in ein unerschöpfliches wunscherfüllendes Juwel verwandelt, um allen fühlenden Wesen, Ihren Müttern, alles zu geben, was sie benötigen und dass dadurch all ihre Gier, ihre Unwissenheit, ihr Hass, ihre Wut und ihr Stolz gereinigt werden. Sagen Sie: „Dies alles, mein Körper, mein Reichtum und mein Leben wird zu einem Medizinbaum, der alles Leiden heilt.“ Mutter Erde ist der unvoreingenommene Boden für alle fühlenden Wesen, gleichgültig wer sie sein mögen. Jeder erhält die gleichen Vorteile: Die Erde diskriminiert nicht, ohne Mutter Erde könnte niemand überleben. Genauso sollten auch wir auf der Grundlage der liebevollen Zuneigung und des Mitgefühls alle Wesen unvoreingenommen behandeln und niemanden diskriminieren. Wenn wir Dinge betrachten, seien sie schön oder hässlich, ist der Grund, warum wir Anhaftung oder Abneigung empfinden, darin zu suchen, dass wir gewöhnliche Menschen sind. Der Bodhisattva jedoch meditiert über alle Wesen als seine eigene Mutter und sagt: „Möge ich großes Mitgefühl für alle Wesen empfinden; möge die Empfindung von Zorn und Hass mich an ihrer Stelle quälen, und mögen sie frei davon sein." Das ist eine weitere Form des Tonglen, des Gebens und Empfangens.

Wir sollten aber auch das Loslassen von Zorn, Hass, Gier und Unwissenheit und das Empfangen von liebevoller Zuneigung, Mitgefühl und Bodhicitta üben. Als Ergebnis dieser Praxis wird unser Geist zunehmend klar und ruhig. Manchmal werden wir in unserer Praxis Licht oder Bilder sehen und Botschaften oder Träume erleben. Diese Dinge mögen uns erschrecken oder faszinieren; sie können Zeichen unseres Fortschritts sein, aber niemals wichtige oder absolute Ergebnisse. Entsprechend sollten wir auf solche Erfahrungen weder verängstigt noch beeindruckt reagieren.

Der Bodhisattva verwandelt Leiden und Aufruhr jeglicher Art in Erleuchtung. Meditieren Sie folgendermaßen: „Hier ist das Ergebnis dessen, was ich über viele Leben geschaffen habe. Für diejenigen, die den Dharma nicht kennen, verhindert das Leiden die Erfahrung von Frieden und Glück. Aber für die Anhänger des kostbaren Dharma gibt es einen besonderen Weg, Leiden zu transzendieren. Für mich, einen Praktizierenden, sind alle Sorgen tatsächlich ein Segen der Drei Juwelen, denn durch sie verfüge ich über die Mittel, Leiden in Erleuchtung zu verwandeln. Das Selbst in meinem Herzen, das Selbst, das von Sorgen und Unglück verletzt wird, das Selbst, das ich durch Selbstsucht zu schützen versuche – dieses Selbst ist mein wahrer Feind. Was immer es an Aufruhr und Sorgen in der Welt gibt, kommt von der Selbstsucht, warum also sollte ich diesen Dämon schätzen?"

Denken Sie daran, dass paradoxerweise das Selbst, nach dem wir dauernd greifen und an dem wir so hängen, überhaupt nicht existiert. Wie alles andere ist es vorübergehend, flüchtig, relativ. Es besitzt kein unabhängiges Wesen, keine inhärente Existenz. Meditieren Sie auf folgende Weise: „Früher glaubte ich, alles sei dauerhaft, aber das war eindeutig nicht richtig. Ich will dieses Denken jetzt loslassen. All ihr Erleuchteten, all ihr fühlenden

Wesen, bitte kommt und helft mir, meine Selbstsucht loszulassen.“

Wir halten unseren Körper für die Basis des Selbst und haften daher so sehr an ihm an, dass wir täuschen, stehlen, ja sogar töten, um ihn zu schützen. Alles Leiden in Samsara, ganz besonders die Wiedergeburten in den niederen Bereichen, werden von Selbstsucht und Unwissenheit verursacht. Über zahllose Leben haben all unsere Mühen uns nur Leiden eingebracht. Die Selbstsucht hat uns niemals aus Samsara herausgebracht; im Gegenteil, sie ist wie eine gewaltige Kette, die uns an Samsara fesselt. Die Selbstsucht loszulassen, die fühlenden Wesen als sich selbst zu erkennen, das ist die Essenz der Lehren des Buddha. Je mehr wir loslassen können, desto mehr Frieden und Glück werden wir erfahren, selbst wenn wir es überhaupt nicht erwarten. Wenn wir die Selbstsucht als den Feind erkennen, werden alles Leid und alle Sorgen auf unserem Weg zu unseren Verbündeten gegen Samsara. Dann können wir uns freuen, statt leiden zu müssen.

Auch bei denen, die Ihnen schaden oder Sie behindern, meditieren Sie, dass sie im Laufe vieler Leben alle Ihre Eltern gewesen sind und Ihnen aus Liebe und Mitgefühl sehr geholfen haben. Sehen Sie sie als Ihr eigenes Herz. Denken Sie sich: „Ich habe die Verantwortung, ihre Unwissenheit und ihre Verwirrung zu beseitigen, nicht ihnen noch mehr Leiden zu bescheren. Wenn sie mir Leid zufügen, schaffen sie nur negatives Karma, für das sie in Zukunft werden leiden müssen. Wenn ich Vergeltung übe, schade ich mir selbst und ihnen.“ Solange Sie das Selbst nicht loslassen können, werden Sie weder über Frieden noch über Glück verfügen. Jede Art von Leiden – vom Gequältwerden in den Höllen bis zum Krankwerden im Bereich der Menschen – ist eine Gelegenheit, sich in Geduld zu üben. Sagen Sie sich selbst: „Das ist eine Möglichkeit, mein negatives Karma zu reinigen. Möge ich das Leiden anderer auf mich nehmen können.“ Dann widmen Sie Ihren eigenen Frieden und Ihr Glück von ganzem Herzen den anderen.

Einst studierte ein großer Meister namens Dharmarakshita unter einem großen Gelehrten das System der Hörer. Obwohl er den Pfad des Mahayana bis dahin noch nicht studiert hatte, gehörte er zur Mahayana-Familie. Und obwohl er nicht über die Verwirklichung der Leerheit verfügte, hatte er doch großes Mitgefühl. Nun geschah es, dass nicht weit von seinem Studienort ein Mann sterbenskrank darniederlag. Sein Arzt sagte ihm: „Du kannst nur dann gesund werden, wenn du Fleisch isst, das von einem lebenden Menschen stammt. Ansonsten ist dir nicht mehr zu helfen." Diese Behandlung war so unerhört, dass der Patient keine Wahl hatte, als seine Krankheit weiter zu erdulden.

Meister Dharmarakshita hörte von dem Vorfall und erklärte sofort: „Ich werde diesem Mann Fleisch von meinem Körper geben." Und genau das tat er auch: Er schnitt sich ein großes Stück Fleisch aus dem Oberschenkel, gab es dem Patienten, der es aß und gesund wurde. Da aber Dharmarakshita die Natur der Leerheit noch nicht verwirklicht hatte, litt er fürchterliche Schmerzen, aber dank seines Mitgefühls bedauerte er seine Handlung nie. „Hat es dir geholfen?" fragte er den Patienten. Dieser antwortete: „Ja, aber ich fürchte, ich habe dir große Schmerzen bereitet." Dharmarakshita sagte einfach: „Wenn es dich gesund gemacht hat, bin ich froh, selbst wenn ich daran sterben müsste." Und er freute sich trotzt seines Schmerzes.

Dharmarakshita litt schreckliche Schmerzen; er schlief schlecht, und während eines kurzen und ruhelosen Schlummers hatte er einen seltsamen Traum: Ein strahlendes weißes Wesen erschien und sagte: „Als Praktizierender, der nach Erleuchtung strebt, hast du deine Sache gut gemacht." Dann blies das strahlende weiße Wesen auf seine Wunde und legte die Hand darauf. Als Meister Dharmarakshita am Morgen wach wurde, war er völlig geheilt. Und das Traumwesen, das auf die Wunde geblasen und seine Hand auf sie gelegt hatte, war niemand anders als die Emanation von Avalokiteshvara, dem Buddha grenzenlosen Mitgefühls, gewesen.

Dharmarakshita setzte später seine Studien und die Praxis der *Madhyamaka*-Lehren unter Nagarjuna fort und verwirklichte die Natur der Leerheit. All dies vertiefte seine Praxis des Mitgefühls. Er schätzte andere mehr als sich selbst und sammelte durch seine Praxis viel Verdienst und Weisheit an. Das ist die Art und Weise, wie auch wir praktizieren sollten.

Die großen Ansammlungen

Um die großen Ansammlungen erreichen zu können, brauchen wir zuerst einmal die richtige Einstellung: große Hingabe zu Buddha, Dharma und Sangha sowie zu den Gurus und Lehrern. Dann beten wir, dass alle fühlenden Wesen allen Leiden von Samsara entkommen und das ganze Glück der Buddhaschaft erlangen mögen. Danach rufen wir unübertreffliche Segnungen herbei, um große Weisheit und großes Verdienst anzusammeln, wir bringen Buddha, Dharma und Sangha und anderen Wesen – sogar bösen Geister – Opfergaben dar, um das Leiden aller Wesen zu lindern. Dann nehmen wir Zuflucht zu den Drei Juwelen, kultivieren Bodhicitta, bringen allen erleuchteten Wesen Mandala-Opfer dar und rezitieren das folgende Praxisgebet:

Von jetzt an, bis ich die Erleuchtung erlange,
verlasse ich mich auf euch.
Bitte verleiht mir die Weisheit, Samsara zu überwinden.

Wenn ich krank werden soll, lasst mich erkranken,
und ich will glücklich sein.
Möge diese Krankheit dann all mein negatives Karma
und die Krankheit aller fühlenden Wesen reinigen.

Wenn ich geheilt werden soll,
lasst all meine Krankheit und Verwirrung
geheilt werden, und ich will glücklich sein.
Mögen alle fühlenden Wesen geheilt werden
und voller Glück sein.

Wenn ich sterben soll, lasst mich sterben,
und ich will glücklich sein.
Mögen alle Verblendungen und die Ursachen für das Leiden
der Wesen verlöschen.

Wenn ich ein langes Leben haben soll,
lasst mich ein langes Leben haben,
und ich will glücklich sein.
Möge mein Leben sinnvoll sein und den fühlenden Wesen
dienen.

> Wenn mein Leben kurz sein soll, lasst es kurz sein,
> und ich will glücklich sein.
> Mögen ich und alle anderen frei sein von Anhaftung und Abneigung.

Um Ihren Geist zu üben, wiederholen Sie dies mehrmals, ohne Erwartung oder Furcht. Dies Gebet gehört zu den bekanntesten Versen, die viele große Bodhisattvas praktiziert und mit dem sie viele ausgezeichnete Ergebnisse erzielt haben. Dies ist eine besondere Methode, uns von Hoffnung und Furcht zu befreien, damit wir Leiden in den Pfad zur Erleuchtung verwandeln können.

Wir haben nun gesehen, wie wichtig Bodhicitta ist. Um die Bodhicitta-Praxis aber meistern zu können, müssen wir die Praxis der Sechs *Paramitas* (Vollkommenheiten) pflegen: Großzügigkeit, Ethik, Geduld, freudige Anstrengung, Meditation und Weisheit.

སྦྱིན་པ་

„Geben“

Im Allgemeinen bedeutet die Praxis der Großzügigkeit, dass wir unser Herz öffnen, um unser Glück mit allen zu teilen, indem wir Reichtum, Furchtlosigkeit und Dharma weitergeben. Durch Großzügigkeit entwickeln wir eine Geistesstärke, die sich an alle Wesen wendet. Wir können das erreichen, indem wir materielle Güter geben, viele Wunschgebete sprechen, Opfergaben darbringen und durch andere, weiter fortgeschrittene Praktiken. „Das Geben aus Großzügigkeit“, sagt Drikung Bhande, „gleicht einem Bauern, der Samen sät. Es erfüllt unsere Wünsche und Absichten ohne Verschwendung.“ Das Geben von Reichtum reinigt unsere Habgier, unseren Geiz und unsere Anhaftung und ist ein Weg, dem Bereich der Hungergeister zu entgehen. Diese Praxis hat verschiedene Ebenen, vom Darbringen eines Tropfen Wassers bis zum Opfern seines ganzen Körpers.

Der mitfühlende Buddha lehrte viele verschiedene Methoden zur Entwicklung von Wunschgebeten, einer Form spiritueller Großzügigkeit. Das Mantra „OM MANI PADME HUNG" ist so tiefgründig und machtvoll, dass wenn es nur auf Wasser gesprochen wird und das Wasser den Fluss erreicht, der Segen den Wesen im Wasser zugute kommt. Wer es hört, wird in höheren Bereichen wiedergeboren und irgendwann Samsara entfliehen.

Opfergaben darzubringen ist ein weiterer ganz besonderer Weg, um Lebewesen zu befreien. Wir können Weihrauch und Blumen darbringen oder für Geisterwesen Zucker verbrennen. Mit Gebeten, liebevoller Zuneigung und Mitgefühl widmen wir all dies den örtlichen Gottheiten und Hungergeistern, damit sie frei werden von Verblendung und sich mit dem Geist der Erleuchtung verbinden.

Dann gibt es die Methoden der Großzügigkeit, die besonders die Rolle der Laienpraktizierenden betonen, die, mit reiner Absicht, tun was sie können, um die Entsagenden zu unterstützen. Obwohl Mönche und Nonnen, die in Bergen, Klöstern und Höhlen leben, gelehrt werden, mit geringem Besitz zufrieden zu sein, bedürfen sie dennoch der Unterstützung durch Laienanhänger, um ihre Meditationspraxis weiterführen und vertiefen zu können.

Eine sehr fortgeschrittene Praxis der Großzügigkeit besteht darin, seinen eigenen Körper zu geben. Das können allerdings nur Buddhas und Bodhisattvas tun, die eine hohe Ebene spiritueller Verwirklichung erreicht haben, und daher muss diese Praxis hier nicht näher erklärt werden. In alten Zeiten lebte einmal ein König namens Darharata, der drei Söhne hatte. Eines Tages packten er und seine Familie ein Picknick ein und wanderten in den Wald. Während der König und seine Königin sich ausruhten und dann das Essen zubereiteten, erkundeten die drei Prinzen die weitere Umgebung. Dabei stießen sie auf eine Höhle, in der sie eine Tigerin mit vier neugeborenen Jungen fanden. Die Tigerin war vor Hunger dem Tode nahe. Der jüngste Prinz fragte seine Brüder: „Was fressen Tiger eigentlich?" Und der älteste Bruder erwiderte: „Sie fressen natürlich Fleisch." Woraufhin sie weitergingen.

Der junge Prinz aber empfand ein so starkes Mitgefühl, dass kein Platz für Zweifel und Furcht mehr blieb. „Seit zahllosen Leben", so dachte der kleine Prinz bei sich, „bin ich in Samsara geboren worden. Immer und immer wieder habe ich Geburt und Tod erlebt und dabei niemals etwas wirklich Nützliches geleistet!" Da entschloss er sich, seinen Körper der hungrigen Tigerin zu opfern. Er sagte seinen Brüdern, sie sollten nur schon weitergehen, er müsse noch einmal ein Stück zurück, weil er etwas liegengelassen habe. Statt dessen kehrte er zur Tigerin zurück, zog sich aus und legte sich vor ihr und ihren Jungen auf den Boden. Voll grenzenlosem Bodhicitta sagte er: „Möge diese Handlung alle fühlenden Wesen, einschließlich dieser Tigerin, von Verwirrung, Unwissenheit und vom Leiden befreien und mögen alle Erleuchtung erlangen. Ich bin zufrieden, meinen Körper für ihr Wohl hinzugeben, und wenn ich Erleuchtung erlange, möge ich ihnen auch die Weisheit geben können, sich von Samsara zu befreien." Die Tigerin und ihre Jungen verschlangen ihn. Natürlich wussten sie nicht, dass es sich um einen Prinzen handelte, der eines Tages als der Buddha wiedergeboren werden würde.

Diese fortgeschrittenen Praktiken dürfen nur von Bodhisattvas ausgeführt werden, die die achte, neunte oder zehnte Bodhisattva-Stufe erlangt haben. Obwohl wir gewöhnlichen Menschen zu derartigen Praktiken physisch nicht in der Lage sind, sollten wir dennoch im Geiste Praktiken üben, die diesen ähnlich sind. So gibt es zum Beispiel eine Praxis, die „Durchschneiden der Selbstsucht" oder „*Chöd*" genannt wird. In ihr laden wir Dämonen, lokale Gottheiten, Geister und alle Wesen, die sich nach dem Fleisch und dem Leben anderer sehnen, zu einem Festmahl ein. Indem wir die Verwirrung und Unwissenheit dieser Wesen erkennen, erzeugen wir ein Gefühl bedingungslosen Mitgefühls für sie. Dann visualisieren wir, dass wir diesen Wesen – von denen einige monströs sind, einige das Leben anderer zerstören – unseren eigenen Körper hingeben. Haben wir sie durch das Opfer unseres Körpers besänftigt, können wir ihnen Dharma-Unterweisungen geben. Chöd ist in der Tat eine sehr außergewöhnliche, äußerst geschickte Praxis, und indem wir uns in dieser Form der Großzügigkeit üben, sammeln wir besonders viel Weisheit und Verdienst an. Jigten Sumgön sagte: „Die Methode, die beiden Ansammlungen durch die innere Praxis des Chöd zu erfüllen, ist eine großartige Meditationspraxis." Ebenso können wir unseren Körper im Geiste auch den erleuchteten Wesen darbringen.

Denjenigen, die keine Schützer oder Freunde haben – und besonders denjenigen in Todesgefahr – können wir Furchtlosigkeit geben. Der Buddha hat gesagt, dass es im Sinne der konventionellen Tugend keine verdienstvollere Handlung gebe, als mit seinem eigenen Leben für ein anderes Lebewesen einzustehen. Andere zu schützen gehört also zur höchsten Form des Gebens, gleichgültig ob es sich dabei um wilde Tiere, Kranke oder diejenigen handelt, die von äußeren Umständen wie zum Beispiel Verbrechen oder Naturkatastrophen bedroht werden. Zusätzlich gewähren wir aber nicht nur materielle Hilfe wie medizinische Versorgung oder Unterkunft, sondern auch Furchtlosigkeit, Mitgefühl, moralische Unterstützung und vor allem Dharma-Lehren. In der heutigen Gesellschaft fühlen sich viele Menschen einsam und isoliert. Sie haben ein besonderes Bedürfnis nach dieser Art liebevoller Zuneigung und Mitgefühl. Die Praxis dieser Art von Großzügigkeit löst Depression und Gefühle von Einsamkeit auf und ist ein kostbares Geschenk.

Dharma-Lehren zu geben bedeutet, die eigene Weisheit mit jenen zu teilen, die unwissend und verwirrt sind und leiden. Beim Geben von Dharma-Lehren geht es darum, Ermächtigungen zu erteilen, Meditationsübungen zu erklären und darzulegen, was heilsam und was unheilsam ist, was Samsara und was Erleuchtung ist. Um tatsächlich wirksam zu sein, müssen die Lehren von Buddhas oder Bodhisattvas mit reiner Absicht gegeben werden und dürfen nicht aus eigenen Träumen oder persönlichen Erfahrungen zusammengebaut sein. Um andere lehren zu können, ist es zuerst einmal wichtig, sich selbst im Dharma zu gründen. Man sollte eifrig studieren, gut praktizieren und Verwirklichungen erfahren. Beim Lehren des Dharma geht es darum, die wahre Natur von Samsara und Erleuchtung zu zeigen, und das ist nicht einfach. Es ist nicht mit dem Erzählen von Geschichten oder Romanen vergleichbar.

ཚུལ་ཁྲིམས་

„Ethische Disziplin"

Ethische Disziplin bedeutet, alles Unheilsame – die Ursache des Leidens – zu meiden und statt dessen das Heilsame, das zu Glück und Erleuchtung führt, zu pflegen. Ethik gründet auf den Regeln: (a) Unheilsames zu meiden, (b) Heilsames anzusammeln und (c) allen fühlenden Wesen zu nutzen. Diese ethische Disziplin basiert auf den verschiedenen Ordinationsversprechen oder Gelübden der Zuflucht, der Laienanhänger, der Mönche und Nonnen, der Bodhisattvas und der Vajrayana-Ermächtigungen. Unseren Geist darin zu üben, den Dharma im Sinne dieser Gelübde zu praktizieren, bedeutet, die ethische Disziplin andauernd aufrechtzuerhalten. Es bedeutet also nicht, dass wir nur eine Stunde am Tag in Meditation sitzen oder gelegentlich einen ganzen Tag Meditation üben müssten. Es ist vielmehr eine Übung, 24 Stunden am Tag achtsam zu sein, und zwar unser ganzes Leben lang. Das Einhalten dieser Gelübde oder Versprechen ist in sich selbst Dharma-Praxis. Halten Sie also die Gelübde ein und leben Sie den heiligen Dharma jeden Augenblick mit Dankbarkeit, Achtung und der Verantwortung, Erleuchtung zu erlangen, um alle Wesen vom Leiden zu befreien.

Die ethische Disziplin des Meidens von Unheilsamem erfordert, dass man seinem Körper, seiner Sprache und seinem Geist nicht gestattet, Schaden zu verursachen .oder negatives Karma zu schaffen. Das führt uns zu einem Katalog der Übertretungen von Gelübden. Nach *Shantideva* gibt es achtzehn Hauptübertretungen von Gelübden. Diese sind:

1. Reichtümer der Drei Juwelen stehlen.
2. Andere veranlassen, die Dharma-Praxis oder ihren Glauben aufzugeben.
3. Einen Mönchsnovizen schlagen oder seiner Roben berauben.

4. Die fünf besonders schwerwiegenden unheilsamen Handlungen begehen.
5. Falsche Sichtweisen hegen.
6. Städte und Länder durch militärische Gewalt oder ähnliches zerstören.

Die ersten fünf betreffen hauptsächlich einen König oder Führer eines Landes. Die ersten vier und die sechste gelten für Minister. Auf diese Weise gezählt summiert sich die Gesamtsumme für Könige und Minister auf zehn. Mit Nummer 11 geht die Liste dann mit den Gelübdebrüchen für gewöhnliche Menschen weiter.

11. Fortgeschrittene Lehren der Leerheit benutzen, um Menschen mit unreifem Geist zu ängstigen (gemeint sind diejenigen, die nicht das große Mitgefühl haben und das Entstehen in Abhängigkeit nicht begreifen.)
12. Jemanden vom *Mahayana* abbringen, um ihn zum *Hinayana* zu führen. (Es ist vergleichsweise einfach, den Zustand eines Arhat zu erreichen, indem man dem Hinayana-Pfad folgt. Die Entwicklung von Bodhicitta ist eine Menge mehr Arbeit, doch ohne Bodhicitta ist vollständige Erleuchtung nicht möglich.)
13. Jemanden davon abhalten, die *Pratimoksha-Gelübde* zu nehmen (die in den Mönchs- und Nonnengelübden erklärt werden.)
14. Anderen einreden, der Hinayana-Pfad sei nicht wirksam. (Wir brauchen alle Lehren, es ist also ein Fehler, das Hinayana schlecht zu machen.)
15. Aus Arroganz, Eifersucht oder Neid sich selbst loben und andere herabsetzen.
16. Aus dem Begehren nach Ruhm oder Reichtum vorgeben, umfassende Leerheit verstanden zu haben.
17. Mönche fälschlich beschuldigen, damit sie bestraft werden; Bestechung anbieten.
18. Hindernisse für Praktizierende im Retreat schaffen. (Das beinhaltet die Versorgungsgüter der Praktizierenden an Nicht-Retreat-Teilnehmer zu verteilen und die Meditie-

renden so dazu zu bringen ihr Retreat aufgeben zu müssen. Obwohl das Studium wichtig ist – wir könnten nicht praktizieren, ohne studiert zu haben – liegt doch mehr Verdienst in der Unterstützung von Praktizierenden in einem Meditations-Retreat, als in der Unterstützung Studierender.)

Die letzten acht gelten ganz besonders für gewöhnliche Menschen.

Nach Asanga gibt es vier Übertretungen von Gelübden, die für Bodhisattvas gelten:

1. Zum Wohle von Gewinn und Ruhm sich selbst verherrlichen und andere beschimpfen.
2. Geiz: selbst wenn man reich ist, enthält man den Armen und Schutzlosen Güter und Dharma-Lehren vor.
3. Aus Zorn andere bestrafen und nicht auf ihre Entschuldigungen hören.
4. Den Mahayana-Pfad aufgeben und falsche Lehren verbreiten.

Wenn die letzten vier unter dem Einfluss von starkem Zorn, Hass oder anderen störenden Emotionen begangen werden, machen sie die Bodhisattva-Gelübde unwirksam – daher der Begriff „Hauptübertretungen". Wenn die Gelübde in einem solchen Fall nicht binnen vier Stunden erneuert werden, verliert man die Bodhisattva-Gelübde völlig. Wenn diese Brüche wiederholt und ohne Reue oder Bedenken für einen selbst und andere begangen werden, oder wenn man sich an diesen Handlungen erfreut, kommt es ebenfalls zu einer Hauptübertretungen. Man muss diese Fehler vor drei oder mehr Bodhisattvas bekennen und reinigen.

Wenn diese Dinge nur gelegentlich begangen werden und sie noch mit Bedenken für einen selbst und andere einhergehen, oder wenn andere einen bitten, damit aufzuhören und man stimmt zu, dann schädigt man zwar seine Gelübde, bricht sie aber nicht vollkommen. Dann muss man vor drei oder mehr Bodhisattvas bekennen und die Gelübde aufs neue nehmen.

Werden die Übertretungen nur selten begangen und man empfindet dabei viele Bedenken oder Verlegenheit und beendet diese Handlungen freiwillig, ohne gebeten worden zu sein, muss man vor einem oder mehr Bodhisattvas bekennen. Wenn kein Guru (tib. Lama) verfügbar ist, visualisiert man Buddhas und Bodhisattvas im Raume vor und über sich, bringt eine Opfergabe dar, spricht Gebete, bekennt und reinigt die Brüche und erneuert das Gelübde gemäß der Zeremonie zur Erteilung der Bodhisattva-Gelübde, um die Segnungen wieder zu erfahren.

Des weiteren gibt es 46 Neben-Übertretungen von Gelübden:

1. Nicht regelmäßig den Drei Juwelen Opfergaben darzubringen.
2. Sich selbst der Gier und Unzufriedenheit hingeben.
3. Ältere Praktizierende nicht respektieren.
4. Eine aufrichtige Frage nicht beantworten.
5. Eine aufrichtige Einladung nicht annehmen.
6. Die Opfergaben anderer wie Gold usw. nicht annehmen, wenn diese gemacht werden, um Verdienst anzusammeln. (Im Pratimoksha ist es Mönchen und Nonnen verboten, Gold und Silber zu berühren – die Idee dahinter ist, dass sie sich nicht bereichern sollen – aber trotzdem sollte man diese Opfergaben annehmen, um damit zum Beispiel Mönche und Nonnen zu ernähren und auszubilden. Wenn der Geist nicht gierig ist, kann eine Opfergabe, die mit erleuchtetem Geist gegeben wurde, auch für erleuchtete Aktivitäten verwendet werden.)
7. Denjenigen, die aufrichtig wünschen, Unterweisungen zu erhalten, keine Dharma-Belehrungen geben.
8. Auf diejenigen, die Gelübde und ethische Disziplin gebrochen haben, herunterblicken und sie meiden.
9. Sich nicht mit Studien zum Wohle der anderen befassen. (Ein spiritueller Meister braucht eine umfassende Ausbildung, um anderen zu helfen, Vertrauen und Hingabe zu entwickeln.)

10. Sich wie ein Hörer nicht genug Mühe zum Wohle der anderen geben.
11. Sich mit unheilsamen Handlungen befassen. (Eine Ausnahme ist jemand, der aus großem Mitgefühl zum besonderen Wohl anderer unheilsam handelt. Westliche Schüler könnten hier zum Beispiel an jemanden wie Robin Hood denken.)
12. Seinen Lebensunterhalt auf schädliche Weise verdienen (zum Beispiel als Metzger, Fischer oder in irgendeinem anderen Beruf, der Lebewesen Schaden zufügt.)
13. Anhaftung an gedankenlose, triviale Unterhaltung.
14. Sich entmutigen lassen (zu denken, dass es keine Möglichkeit gibt, Nirvana zu erlangen und sich so Samsara ergeben.)
15. Der Diffamierung anderer nicht widersprechen.
16. Nicht versuchen, die störenden Emotionen anderer aufzulösen.
17. Vergeltung üben. (Wenn jemand Sie ärgert, schlägt oder beschimpft, auf gleiche Weise antworten, indem Sie diejenigen hassen, die Sie hassen, diejenigen beschimpfen, die Ihre Fehler auflisten und so weiter.)
18. Diejenigen, die zornig auf Sie sind, meiden, ohne vorher zu versuchen, sie mit friedvollen Mitteln anzuleiten.
19. Die Entschuldigungen derjenigen, die Dharma praktizieren, nicht anhören oder akzeptieren.
20. Den Zorn akzeptieren, schätzen und sich zum Freund machen.
21. Sich mit Menschen verbinden, nur um des eigenen Ruhmes oder Reichtums willen.
22. Schlaf oder Faulheit nicht bekämpfen.
23. Durch eitles Geschwätz den Geist ablenken.
24. Sich nicht genug Mühe geben, den Geist in der Meditationspraxis zu stabilisieren.

25. Nicht beseitigen, was *Samadhi* verhindert. (Aufregung/ Betrübsein, schädigende Gedanken, Schlaf/Lethargie, Fanatismus, Zögern/Zweifel)
26. Anhaftung an den Geschmack meditativer Konzentration (das ist glückselige, klare Freiheit von Gedanken).
27. Aus mangelndem Respekt den Pfad der Hörer aufgeben.
28. Dem Pfad der Hörer folgen, um den des Bodhisattvas zu meiden.
29. Sich um weltliche Lehren bemühen, ohne sich auch um die Lehren des Buddha zu bemühen.
30. Obwohl man sich im Buddhismus Mühe gibt, noch größere Mühen in samsarische Unternehmungen investieren.
31. Das Große Fahrzeug schlecht machen.
32. Andere schlecht machen, um sich selbst zu erhöhen.
33. Aus Stolz, Faulheit usw. nicht nach dem kostbaren Dharma suchen.
34. Auf Lehrer herabblicken oder sie verspotten; den Worten, aber nicht dem Sinn der Lehren gehorchen.
35. Anderen nicht helfen, obwohl sie Hilfe brauchen.
36. Sich nicht um Kranke kümmern.
37. Sich keine Mühe geben, das Leiden der anderen zu beseitigen.
38. Diejenigen, die sich der Gedankenlosigkeit ergeben, nicht korrigieren.
39. Die Güte anderer nicht vergelten.
40. Die Trauer und das Leiden anderer nicht vertreiben.
41. Den Bedürftigen keine Almosen geben, obwohl man es sich leisten kann.
42. Anhänger nicht mit Gütern und Dharma-Lehren unterstützen.
43. Dem legitimem Rat oder den richtigen Methoden anderer widersprechen.

44. Nicht über die guten Qualitäten anderer sprechen.
45. Diejenigen, die einem falschen Pfad folgen, nicht korrigieren.
46. Diejenigen, die zähmbar sind, nicht durch Wunderkräfte oder Hellsichtigkeit zähmen. Wenn man keine Wunderkräfte besitzt, kann man immer noch Wunschgebete sprechen, dass die anderen von ihren falschen Handlungen ablassen mögen.

Das sind die 46 Nebenübertretungen. Einige – nicht alle – können zu Hauptübertretungen werden, wenn sie unter dem Einfluss starker störender Emotionen begangen werden. Wenn irgendwelche dieser 46 Irrtümer aus Respektlosigkeit oder Faulheit begangen werden, spricht man von einer Verletzung der Gelübde. Diese muss man vor sechs Bodhisattvas bekennen. Wenn sie aus Gedankenlosigkeit oder Vergesslichkeit begangen werden, spricht man von einer geringeren Verletzung der Gelübde, und diese sollten vor einem tatsächlichen Bodhisattva oder vor visualisierten Buddhas und Bodhisattvas bekannt werden. Ob es nun tatsächlich zu diesem Bruch der Gelübde kommt oder nicht, stets sollte man auf seinen Geist achten. Das heißt, dass man sein eigener Richter sein sollte. Sich aufrichtige Mühe zu geben, um des eigenen Wohles willen keine negativen Handlungen zu begehen, nennt man bindende ethische Disziplin.

Die ethische Disziplin zur Ansammlung von Verdienst: Um Verdienst anzusammeln, muss man sich Mühe geben, die zehn heilsamen Handlungen zu üben. Selbst die Rezitation eines einzigen Mantras sammelt Verdienst an, vergleichbar einem Tropfen Wasser, der im Ozean aufgeht. Andererseits können sich die unheilsamen Handlungen ebenfalls vermehren, vergleichbar einem kleinen Feuer, das außer Kontrolle geraten und das Gras eines ganzen Berges verbrennen kann. Seien Sie also immer und überall achtsam und bewusst. Meiden Sie Unheilsames, kultivieren Sie Heilsames. Seien Sie achtsam. Vergessen Sie es nicht. Um der Erleuchtung willen getan, wird selbst eine geringe Handlung zur Ursache der Befreiung. Die ethische Disziplin zur Ansammlung von Verdienst beinhaltet die Praxis der Sechs Vollkommenheiten, das Lesen von Dharma-Texten, die Kontemplation der verschiedenen Aspekte der Lehren, das aufrichtige Praktizieren und die

Entwicklung von Mitgefühl, liebevoller Zuneigung, Weisheit, geistiger Stabilität und Disziplin. All diese Handlungen reinigen unsere Verblendungen und sind in der Kategorie enthalten, die man auch die „ethische Disziplin der Ansammlung exzellenter Qualitäten“ nennt.

Die ethische Disziplin, um fühlenden Wesen zu nutzen: Diese Form ethischer Disziplin basiert auf der Freiheit von jeglicher Selbstsucht. Mit einem reinen, im Dharma verwurzelten Geist wendet man die vier Mittel an, um Schüler zu sammeln, nämlich: mit anderen diskutieren; gemäß dem Dharma und ihren Wünschen Zeit mit ihnen verbringen; geben, was gebraucht wird und im Einklang mit dem Dharma Unterweisungen erteilen. Damit sie den fühlenden Wesen wirklich nutzen können, sollten die eigenen Handlungen bei alldem stets im Einklang mit den Lehren stehen.

བཟོད་པ་

„Geduld“

Geduld hat nichts mit Passivität, Unterwürfigkeit, Faulheit oder Schwäche zu tun. Die Vervollkommnung von Geduld ist statt dessen die Stärkung von Mitgefühl und Weisheit. Geduld geht mit einem stabilen Geist einher, einem Geist, der, frei von Furcht, hart auf die Erleuchtung hinarbeitet. Wenn Dinge getan werden können, werden sie zur rechten Zeit und am rechten Ort getan. Wenn sie nicht vollbracht werden können, macht es keinen Sinn, zornig und ungeduldig zu werden. „Die Geduld gleicht einer Rüstung“, sagt Drikung Bhande, „der Zorn kann sie nicht durchdringen, und sie vermehrt alle tugendhaften Qualitäten.“

Die Praxis der Geduld fällt in drei große Kategorien: Geduld im Zusammenhang mit Menschen, Geduld im Zusammenhang mit Umständen und Geduld im Zusammenhang mit dem Dharma. Zorn und Hass sind so gewaltig, dass sie unsere innere Ruhe vollkommen zerstören können. Und nicht nur das, darüber hinaus zerstören sie auch alles Heilsame, das wir über Tausende von

Leben oder gar Äonen angesammelt haben (das wird im Bodhicharyavatara beschrieben). Alle über einen Zeitraum von Tausenden von Kalpas angesammelte Tugend kann in nur einem Augenblick des Hasses vernichtet werden. Es gibt nichts Übleres als Hass und keine größere innere Stärke als die Geduld. Solange es Zorn, Hass und negative Emotionen in unserem Geist gibt, finden wir keinen Frieden, keine Tugend und kein Glück. Ebenso wenig erleben wir Frieden in unserer Familie, unter unseren Freunden und in der Gesellschaft. Daher wollen wir uns jede nur erdenkliche Mühe geben, achtsam zu bleiben und es diesen negativen Emotionen nicht erlauben, in unserem Bewusstsein Wurzeln zu schlagen.

Es steht geschrieben, dass unsere Feinde die Spiegelungen unseres eigenen negativen Karmas sind. Daher hat Atisha uns gewarnt: „Wenn du hasst, wie kannst du Geduld üben?" Diejenigen, die uns schaden, uns behindern und uns beschuldigen oder blamieren, geben uns eine Gelegenheit, Geduld zu üben; dafür sollten wir dankbar sein. Durch diese Praxis bekommen wir die große Gelegenheit, unser negatives Karma und unsere Verschleierungen zu reinigen. Durch diese Praxis können wir Verdienst und Weisheit ansammeln und große geistige Kraft gewinnen. Daher sollten wir in unseren Feinden große Lehrer für Geduld erkennen.

Manchmal sagen wir: „Der und der ist ein sehr guter Lehrer, aber sehr aufbrausend und leicht zornig." Wie kann so jemand ein guter Lehrer sein? Durch Zorn zerstörte Tugend ergibt negatives Karma, das viel schlimmer ist als das von Gier und Anhaftung geschaffene. Diejenigen mit guter Dharma-Praxis sollten also sanft sein wie Baumwolle und süß wie Backwerk, gleichzeitig aber fest in ihrer Disziplin, mit klarem Geist und frei von Verwirrung.

Wenn wir den Dharma studieren und praktizieren, werden uns viele Härten begegnen. Die Kälte des Winters und die Hitze des Sommers machen die Dinge schwierig für die Praktizierenden. Wenn wir diesen Dingen ausgesetzt sind, müssen wir Geduld und Akzeptanz üben. Denn sonst werden wir, sobald uns im Schreinraum nur etwas kalt wird, es nicht ertragen können, nicht meditieren können und dann alles andere tun als zu meditieren. Was für schwache Praktizierende wir doch sind! Die Lebensgeschichten der großen Meister, wie die von Buddha, Milarepa und anderen zeigen uns, wie brillant sie mit den Härten der Dharma-Praxis umgegangen sind. Wenn es leicht oder angenehm wäre, könnte es jeder tun. Aber da wir uns hier in Samsara befinden, gibt es Dinge, die wir mit Stärke und Klarheit ertragen müssen. Welcher Schwierigkeit wir auch begegnen, wir sollten sie akzeptieren und sie als Meditationspraxis zur Erleuchtung nutzen. Wir müssen unüberwindbaren Mut und große Kraft durch die Praxis des Dharma entwickeln.

Der Buddha sagte, dass wir bereit sein müssen, durch ein Feld von Messern oder Feuer zu gehen, wenn wir den Dharma wählen. Das bedeutet nicht, dass wir unnötig leiden sollen; gemeint ist die Ebene von Verpflichtung, die wir eingehen müssen. Wir sollten darüber kontemplieren, dass wir eines Tages sterben müssen, und mit diesem Gedanken im Sinn sollten wir jede Situation akzeptieren, während wir uns auf den Dharma konzentrieren.

Jigten Sumgön verbrachte sieben Jahre im Retreat, und obwohl er die Reinkarnation des Buddha, von Nagarjuna und anderen großen Bodhisattvas war, war er doch mit großen Härten konfrontiert. Es mangelte ihm an Unterkunft, Kleidung und Nahrung, und doch widmete er sein ganzes Leben der Praxis. Nicht, dass er sich Kleidung, Nahrung und Unterkunft nicht hätte verschaffen können, wenn er gewollt hätte, das ist nicht der Punkt. Um Erleuchtung zu erlangen, muss der Geist voll auf den Dharma konzentriert sein.

Heutzutage mögen wir denken, dass ein guter Guru sowohl in Samsara als auch im Dharma bewandert sein müsse. Aber die beiden Fähigkeiten schließen sich gegenseitig aus. Können Wasser und Feuer gleichzeitig am selben Fleck existieren? Bis sie nicht in Praxis verwandelt sind, stehen samsarische Aktivitäten (die acht weltlichen Belange) im völligen Widerspruch zum Dharma. Nicht dass Milarepa keine Karriere im weltlichen Leben hätte machen können. Er wäre wohl sehr viel erfolgreicher gewesen als wir es sind. Der Punkt ist, dass Prestige und Reichtum für ihn keine erstrebenswerten Ziele waren. Darum widmete er einhundert Prozent seiner Zeit und Energie der Dharma-Praxis. Viele Jahre saß er in Meditation, häufig ohne Nahrung und Kleidung, das ging so weit, dass Menschen, die ihn sahen, erschreckt aufschrieen, weil sie ihn nicht für ein menschliches Wesen, sondern für einen Geist hielten. Milarepa praktizierte den Dharma mit einer derartig wilden und absoluten Entschlossenheit, dass er bis heute zu den inspirierendsten aller Praktizierenden gehört. Darum erinnern wir uns auch immer an den großen Lehrer Milarepa, wenn wir selbst Härten erdulden müssen. Er war so unwillig, seine Zeit oder Energie mit samsarischen Aktivitäten oder eitlem Geschwätz zu vergeuden. Aber er war sehr geduldig und ertrug große Härten, wenn es um die Dharma-Praxis ging.

Wenn wir den Dharma unter erschwerten Bedingungen praktizieren müssen, haben wir die besondere Möglichkeit, negatives Karma zu reinigen, Weisheit und Mitgefühl zu entwickeln und sowohl körperlich als auch mental stärker zu werden. Die entsprechenden Methoden finden sich in der Praxis der Geduld im Zusammenhang mit dem Leiden. Sie beinhalten unter anderem das Benutzen von Leid als eine Möglichkeit zur Reinigung.

Die dritte Praxis der Geduld bezieht sich auf Mahamudra, allesdurchdringende Leerheit, Nicht-Selbst, den *Illusionskörper* und die grenzenlosen exzellenten Qualitäten des Buddha. Werden sie missverstanden, können diese Ideen den Menschen Angst einjagen, wir müssen also darauf achten, dass das nicht geschieht. Erinnern wir uns, dass wir für viele Kalpas in den Höllenwelten wiedergeboren werden können, wenn wir eine missverstandene oder falsche Sichtweise entwickeln oder wenn wir die Lehren missbrauchen oder meiden. Falsche Sichtweisen sind daher letztlich schlimmer als die fünf besonders schwerwiegenden unheilsamen Handlungen.

Atisha sprach einst zu einer Gruppe von Mönchen, die sehr asketisch und rein lebten. Die Mönche genossen die Lehren sehr, aber als Atisha über Nicht-Selbst und die illusorische Natur der Phänomene sprach, bekam es einer der Mönche mit der Angst und bat Atisha aufzuhören. Atisha entgegnete: „Wenn man sich nicht in Bodhicitta geübt hat und daher keinen Fortschritt im Dharma mehr macht, reicht Disziplin allein nicht aus. Selbst zu Lebzeiten des Buddha ist es geschehen, dass einige Mönche, die ihn über Leerheit sprechen hörten, Blut erbrachen, starben und in den

Höllenbereichen wiedergeboren wurden.“ Wenn wir also die tiefgründigen Lehren von Mahamudra hören, sollten wir sie und die Lehrer von ganzem Herzen respektieren. Selbst wenn wir sie nicht verstehen, können wir einfach Wunschgebete sprechen, dass wir eines Tages in der Lage sein mögen, diese Lehre zu verstehen und eine Gelegenheit finden, sie zu praktizieren. Das ist der Weg, uns aus der Verwirrung zu befreien und die endgültige Befreiung zu erlangen. Dies fasst das Studium und die Lehre der Geduld zusammen.

བརྩོན་འགྲུས་

„Ausdauer“

Ausdauer wird manchmal auch „eifriges, freudiges Bemühen“ genannt und ist das Gegenmittel gegen die Faulheit weltlicher Freuden. Zuerst sollten wir uns die ausgezeichneten Qualitäten des Dharma vergegenwärtigen, des einzigen Pfades zur Befreiung vom Leiden und zur Erleuchtung. Dann sollten wir uns dafür entscheiden, das Studium und die Praxis des Dharma zu genießen, damit wir jeder sich uns entgegenstellenden Härte freudig begegnen können.

Ausdauer ist das Gegenmittel gegen Faulheit. Es gibt die Faulheit der Anhaftung an Genuss und Bequemlichkeit, die Faulheit der Schwäche und die Faulheit der Anhaftung an weltliche Aktivitäten. Genuss und Bequemlichkeit sind sehr populär, weil sie uns das Leben leicht machen. Morgens möchten wir gerne länger schlafen; wir möchten in die Sonne an den Strand gehen, oder in die Berge wegen der frischen Luft. Sind wir erst einmal dort, arbeiten wir nicht an unserer Dharma-Praxis. Auch ein Mangel an Selbstwertgefühl oder das Gefühl, wir seien körperlich oder geistig unfähig, macht uns faul und erzeugt Widerwillen gegenüber der Praxis. Unser ausschließliches Interesse an diesem Leben verschlingt all unsere Energien in dem Versuch, die Bedingungen für dieses eine Leben zu verbessern. Um diese Irrtümer zu überwinden, müssen wir Ausdauer entwickeln. In diese Praxis eingeschlossen sind die Ausdauer der Rüstung, die Ausdauer der Handlung und die Ausdauer der Nicht-Befriedigung. Diese, sagt Drikung Bhande: „gleichen einem von der Peitsche angetriebenen Pferd... die beste Methode, den heiligen Dharma zu vollenden."

Zuerst schauen wir uns die Ausdauer der Rüstung an. Sie impliziert die Haltung eines Kriegers, einer Kriegerin. Wenn Sie die Lebensgeschichten Buddhas, Milarepas und anderer großer Meister lesen und sehen, welche Opfer sie um des Dharmas willen gebracht haben, sagen Sie sich selbst: „Wenn ich es nicht besser kann, dann muss ich es zumindest genauso gut machen, wie diese großen Wesen, die solche Härten überlebten. Hier sitze ich nun, völlig überwältigt von störenden Emotionen, warum also sollte ich nicht noch härter arbeiten als sie? Ich habe das gleiche Potential, das sie hatten. Ich habe ein solches Glück, das kostbare Menschenleben zu besitzen, authentischen Gurus (tib. Lama) begegnet zu sein, die mich mit Lehren gesegnet haben. Da ich jetzt über die Möglichkeit verfüge, zu studieren und zu praktizieren, will ich das Opfer bringen und alle Härten akzeptieren, selbst wenn mein Leben auf dem Spiel stehen sollte. Ich muss Erleuchtung erlangen!" Mit einem mutigen Herzen voller Entschlossenheit gehen wir voran, gleichgültig, was es kosten mag. Das ist unsere Rüstung, und so können wir Fortschritte machen.

Zweitens wollen wir die Ausdauer der Handlung betrachten, die niemals aufhört, den Dharma zu üben, gleich einem Fluss, der niemals aufhört zu fließen. Wenn wir Dharma-Praktizierende werden wollen, aber denken, wir könnten es aufschieben bis irgendwann in der Zukunft, gibt es keine Möglichkeit, uns die Lehren je zu Herzen zu nehmen. Da hilft es, uns an die Vergänglichkeit jeden Augenblicks zu erinnern. Wir wissen nicht, wann der Tod kommt. Sobald die Sonne am Morgen aufgeht, bewegt sie sich, ohne auch nur einen Augenblick innezuhalten, auf ihren Untergang im Westen zu. Gleichermaßen nähern auch wir uns, vom Tage unserer Geburt an, unvermeidlich unserem Tod. Wir haben keine Zeit zu verschwenden.

Stellen Sie sich einen Feigling vor, der auf eine Schlange tritt. Denken Sie an jemanden, dessen Haare Feuer gefangen haben. Wie schnell sie reagieren! Wenn Faulheit oder Anhaftung uns ablenken, sollten wir ebenso geschwind reagieren, uns aufwecken und sagen: „Dem kostbaren Dharma widme ich mich mit Körper, Sprache und Geist, bis morgen um diese Zeit, bis der Tod kommt, bis ich Erleuchtung erlange!" Wenn wir erwarten, alle unsere Aktivitäten in diesem Leben zum Abschluss bringen zu können, werden wir enttäuscht. Wir können sie ebenso wenig zum Abschluss bringen, wie wir das Glitzern eines Flusses zum Aufhören bringen können. Bis das Wasser nicht vollkommen vertrocknet, wird auch das Glitzern nicht verlöschen. Wie Kinder spielen wir immer weiter, versunken in unsere Spiele. Wir müssen uns bewusst dazu entschließen, die sinnlosen Aktivitäten dieses Lebens aufzugeben, denn unsere Verwicklung wird sich nicht von selbst lösen. Vorbereitung ist wesentlich, wenn wir uns nicht entmutigen lassen wollen. Wenn wir jeden Tag, jede Woche, jeden Monat üben, werden wir nach einigen Jahren mit Sicherheit Fortschritte sehen.

Drittens schauen wir uns die Ausdauer der Nicht-Befriedigung an, was heißt, dass wir mit dem Bisschen, das wir schon erreicht haben, nicht zufrieden sein sollten. Angenommen, wir würden ein einwöchiges Retreat machen, auf dem wir Mantras rezitieren und dann berichten wir unseren Freunden: „Oh, ich habe so und so ein Retreat gemacht." Das ist nicht genug und bedeutet nicht, dass wir uns jetzt zur Ruhe setzen könnten. Eine Woche ist natürlich schon ein gewisses Opfer, aber es bringt uns nicht zur Erleuchtung. Wir sollten den Dharma praktizieren, wie ein ausgehungerter Hund sein Fressen verschlingt. Je mehr Achtsamkeit der Vergänglichkeit wir besitzen, desto größer ist unsere Energie, zu studieren und zu praktizieren. Selbst plötzliche Erkenntnisse sind nicht genug; wir sollten arbeiten, bis wir die Buddhaschaft erlangt haben. Die großen Meister haben sich niemals auf ihren Erfolgen ausgeruht. Solange sie lebten, widmeten sie ihr Leben dem Dharma. Ein Schiff mag seetüchtig sein, aber ohne es ausdauernd zu rudern, kann man den Ozean nicht überqueren. Genauso hängt es von unserer Ausdauer ab, ob wir Erleuchtung erlangen oder nicht. So intelligent wir auch sein mögen, ohne freudige Anstrengung und Tatkraft werden wir keine großen Ergebnisse erzielen oder gar den Ozean von Samsara überqueren. Wer immer große Ausdauer besitzt, ist ein großer Praktizierender. Wem immer es an Ausdauer mangelt, wird nichts erreichen.

Um das Ziel der Buddhaschaft zu erreichen, ist es also überaus wichtig, diese drei Arten der Ausdauer zu entwickeln.

བསམ་གཏན་

„Konzentration“

Meditative Konzentration, auch Samadhi genannt, bedeutet Stabilität und Klarheit des Geistes. Ohne Samadhi ist die Einsicht von Mahamudra nicht zu erlangen, selbst wenn wir uns hundert Leben um sie bemühen würden. Wir erhaschen vielleicht einen Schimmer der Verwirklichung, aber mit unserem von den störenden Emotionen behafteten Geist muss jede Klarheit kurzlebig bleiben. Kann der Himmel das Strahlen der Sonne wiedergeben, wenn er bewölkt ist? Verschleiert von Wolken, kann die Sonne sich nicht zeigen. Manchmal sehen wir kurz einen hellen Fleck, aber schon bald verdichten sich die Wolken wieder über dem kurzen Strahlen. So ist es auch mit unserem Geist: Solange er nicht von diskursiven Gedanken und störenden Emotionen gereinigt ist, können subtile Erkenntnisse nicht auftreten. „Meditatives Gleichgewicht“, sagt Drikung Bhande, „gleicht einem herrlichen Palast. In ihm kann man in Frieden und Freude verweilen und sich von Samsara erholen.“

Jigten Sumgön beschrieb, wie überaus schwer die Natur des Geistes zu erkennen ist. Manchmal erkennen wir sie kurz, aber wegen unseres Mangels an meditativer Konzentration taumeln wir schon bald wieder in diskursives Denken zurück und verlieren die erleuchtende Einsicht wieder. Wenn wir über die Hindernisse für die Entwicklung meditativer Konzentration nachdenken, entdecken wir die folgenden fünf: Unwissenheit (Verblendung), Begierde (Anhaftung), Zorn (Hass, Groll), Stolz und Eifersucht.

Es gibt viele Arten der Begierde: Anhaftung an eine Person oder einen Ort, an Habseligkeiten, Ansehen, Ruhm und Reichtum. Wenn wir dauernd an irgendeines dieser Dinge denken, schaffen wir Hindernisse für das ruhige Verweilen. Um dem entgegenzuwirken, sollten wir die Vergänglichkeit studieren, dass alles nur flüchtig existiert und dem Wandel unterworfen ist. So treffen wir zum Beispiel mit Eltern, Verwandten und Freunden zusammen, können aber nicht zusammen bleiben; unausweichlich wird der Tag kommen, an dem wir uns werden trennen müssen, ob wir wollen oder nicht. Starke Anhaftung ist vergeblich. Natürlich können wir die uns lieben Menschen respektieren, sie unterstützen und sie aufrichtig in heilsamem Sinn halten, aber emotionales Klammern wird weder ihnen noch uns zu endgültigem Frieden und Glück verhelfen.

Genauso wenig können wir diesen unseren Körper für immer bewahren. Wir können die beste Nahrung zu uns nehmen, die besten Kleider tragen und alles opfern, um diesen Körper schön und gesund zu erhalten, wenn aber der Herr des Todes kommt, werden wir ihn zurücklassen müssen. Was also macht es für einen Sinn, an diesem Körper anzuhaften? Sollten wir diesen Körper nicht lieber nutzen, um zur Erleuchtung zu gelangen? Der Körper besitzt keine Essenz, er ist bloß aus Fleisch, Knochen und Blut zusammengesetzt. Meditiere also sorgfältig über die folgenden Fragen: Gibt es irgendeine Essenz im Körper, an der wir uns festhalten könnten? Haben wir uns nicht seit vielen Leben getäuscht?

Wenn wir genauer hinschauen, entdecken wir, dass wir schon so viel für diesen essenzlosen Körper geopfert und sogar unsere heilsamen Aktivitäten vergessen haben. Um diesen Körper zu schützen, haben wir ein Karma geschaffen, das übel genug ist, uns in die Höllenwelten zu bringen. Nun wollen wir uns statt dessen einmal nach einer anderen Art und Weise umsehen, für diesen Körper zu sorgen: Nehmen Sie Speisen zu sich, die ihn nähren, tragen Sie Kleidung, die zeigt, dass Sie ihn respektieren, schätzen Sie ihn – aber tun Sie all dies ohne Anhaftung. Benutzen Sie ihn für den Dharma. So, wie Sie sich um Ihren Körper kümmern, sollten Sie auch für Ihren Geist sorgen. Wenn Sie Ihr Gesicht waschen, dann sollten Sie auch Ihren Geist mit der Essenz von Mitgefühl und Bodhicitta reinigen.

Natürlich arbeiten wir hart für unseren Lebensunterhalt, aber die Anhaftung an Reichtum wird uns keinen Nutzen bringen. Selbst wenn wir die ganze Welt besäßen, würden wir keine dauerhafte Befriedigung erfahren. Wir würden nur danach trachten, noch mehr Planeten zu erobern. Zum Zeitpunkt des Todes müssen wir dann alles zurücklassen. Daher sollten wir uns zufrieden geben und uns an dem freuen, was wir haben. Andernfalls werden wir zu Sklaven des Reichtums, statt ihn zu genießen. Was wäre daran gut? Reichtum soll uns doch Bequemlichkeit und Glück bringen, wenn wir nun aber unglücklich vor Begehren werden, was soll das Ganze dann? Zum Zeitpunkt des Todes gibt es nicht den geringsten Unterschied zwischen dem König, der auf einem goldenen Thron stirbt und dem Bettler, der auf der Strasse stirbt. Beide müssen alles zurücklassen. Meditieren Sie also über diese Dinge und üben Sie sich in Zufriedenheit und Wertschätzung. Wirklich wichtig ist es, hart zu arbeiten und einen Schatz an Heilsamem zu entwickeln. Dann stellen sich Ergebnisse ein, ohne dass wir sie überhaupt erwarten. Diese Praxis wird uns helfen, unseren Geist an den richtigen Ort zu bringen.

Wenn wir Hass, Groll oder Zorn empfinden, sollten wir uns in Bodhicitta, liebevoller Zuneigung und Mitgefühl für alle Wesen üben. Diese Praktiken wurden unter der Paramita der Geduld näher erläutert. Sie stabilisieren den Geist in einem heilsamen Zustand. Wenn wir ein Problem mit Neid haben, sollten wir uns in der Praxis des Gleichsetzens unserer selbst mit allen fühlenden Wesen üben. Neid und Eifersucht stören den Geist, lassen ihn in alle möglichen Richtungen hetzen. Groll – das Festhalten an Missgunst gegenüber jemandem oder der Wunsch, ein anderer möge Pech haben – schafft viel negatives Karma. Das Heilmittel finden wir in der Meditation: „So wie ich Frieden und Glück brauche und frei sein möchte von Leid, so auch die anderen. Freund oder Feind, wir sind alle gleich. Wir alle wünschen uns ein erfolgreiches Leben, frei von Hindernissen und Leid, was also ist der Unterschied zwischen ihnen und mir?" Auf diese Weise können wir Eifersucht und Groll gegenüber anderen aufgeben und unseren Geist entspannen, indem wir uns am Glück der anderen erfreuen.

Wenn wir Probleme mit Stolz haben, sollten wir die Praxis des Austauschens von uns selbst mit anderen üben. Wenn wir Erfolg haben, Reichtum, gute Qualitäten oder eine glückliche Familie, sollten wir uns an die Stelle der anderen versetzen und die anderen an unsere Stelle, wir sollten ihnen allen Frieden und alles Glück wünschen, über das wir selbst verfügen. Üben Sie und meditieren Sie über diese Dinge.

Wenn diskursive Gedanken unseren Geist daran hindern, zur Ruhe zu kommen, sollten wir uns an einem angemessenen Ort in der Sieben-Punkte-Haltung hinsetzen:

1. Beine und Füße ruhen in der Lotushaltung.
2. Der Rücken ist sehr gerade, aber nicht verspannt.
3. Die Schultern sind gedehnt oder werden ein wenig zurückgenommen.
4. Die Hände ruhen im Schoß, die Handflächen nach oben, die Rechte über der Linken, die Spitzen der Daumen berühren sich.
5. Der Nacken ist leicht nach vorne geneigt.
6. Der Blick der Augen ist über die Nasenspitze hinweg nach unten gerichtet.
7. Kiefer und Zunge werden ganz natürlich gelassen.

Die Körperhaltung ist wichtig. Das Windelement des Körpers und der Geist stehen in sehr enger Wechselbeziehung. Die Windenergie gleicht einem Pferd, dessen Reiter der Geist ist. Damit die Windenergie frei durch die Kanäle des Körpers fließen kann, ist die richtige Körperhaltung wesentlich. Dann atmen Sie durch die Nase aus und ein, entspannen Sie sich und lassen Sie alle Verspannungen los, während Sie zählen: aus-ein Eins, aus-ein Zwei, aus-ein Drei. Lassen Sie sich dabei nicht von anderen Gedanken ablenken, bleiben Sie einfach bei Ihrem Atem und zählen Sie. Wenn Sie bis 21 oder weiter zählen können, ohne von Gedanken abgelenkt zu werden, macht Ihre Meditationspraxis Fortschritte. Wenn andere Gedanken Sie von Ihrem Zählen ablenken, fangen Sie einfach wieder bei Eins an und schauen, wie weit Sie kommen.

Nachdem Sie eine gewisse Stabilität in der Meditation erlangt haben (Sie sind seit einiger Zeit in der Lage, bis 21 oder weiter zu zählen), beginnen Sie dem Atem zu folgen. Konzentrieren Sie sich auf die Ebene des Nabels, atmen Sie weiter durch die Nase aus und ein. Folgen Sie dem Atem mit dem Geist hinaus und hinein. Seien Sie sich des Atems bewusst, und wenn andere Gedanken entstehen, kehren Sie einfach wieder zum Atem zurück und bleiben bei ihm. Um etwa auftretender Lethargie entgegenzuwirken, richten Sie den Blick nach oben und stellen ihn scharf. Wenn diskursive Gedanken und ein aufgewühlter Geist Sie stören, senken Sie den Blick und stellen ihn „unscharf". Wenn Sie ein gutes Ergebnis erzielt haben, seien Sie sich einfach sanft des Atems an den Nasenlöchern gewahr. Dann gibt es keine Notwendigkeit mehr, dem Atem noch weiter zu folgen. Seien Sie sich einfach seiner bewusst. Wenn Gedanken zurückkehren, seien Sie einfach da, lösen Sie jede Spannung.

Meditieren Sie in dem Zustand, in dem es keine Objekte für die Aufmerksamkeit oder Konzentration gibt. Stabilisieren Sie sanft, ohne Gedanken. Selbst wenn Gedanken kommen und gehen, lenken sie Sie nicht mehr vom meditativen Zustand ab. Wenn Ihr Geist sich bewegt, bemerken Sie einfach: „Oh, mein Geist bewegt sich." Im Laufe der Zeit, wenn unser meditativer Zustand zur Reife kommt, werden wir in dem Fall bemerken: „Oh, diese Bewegung des Geistes ist anders." Machen Sie sich keine Sorgen, seien Sie einfach achtsam; bleiben Sie entspannt und Ihres Zustandes bewusst. „Ruhiges Verweilen", sagt Drikung Bhande, „gleicht einer Flamme, unbewegt vom Wind."

Das ist fortschreitende Meditationspraxis. Denken Sie daran: Wir können einen Wagen, der mit 100 Kilometern pro Stunde fährt, nicht unvermittelt anhalten, wir müssen die Bremsen sorgsam anwenden, bis er schließlich zum Stehen kommt. Genauso braucht es auch eine gewisse Zeit, unsere diskursiven Gedanken zu beruhigen. Meditieren Sie einfach geduldig wie beschrieben weiter. Dieser Prozess wird „Durchdringen der Natur des Geistes" genannt oder auch „Untersuchen und Stabilisieren des Geistes". Beim Untersuchen werden Sie nichts finden, meditieren Sie also über diesen Zustand, über sein nicht-geschaffenes Wesen, seine endgültige Natur.

Eine andere Technik ist die Meditation über das Zusammenkommen und Auseinandergehen von Versammlungen, Freunden und Verwandten. So kommen zum Beispiel zu irgendeiner Belehrung Tausende von Menschen für einen Augenblick zusammen, nur um sich im nächsten wieder zu trennen. Genauso ist es, wenn wir liebe Freunde treffen. Wir mögen uns wünschen, niemals wieder getrennt zu werden. Die Kraft der Vergänglichkeit bewirkt jedoch, dass wir uns irgendwann trennen müssen, selbst gegen unseren Willen. Sind wir darauf nicht vorbereitet, werden wir große Trauer empfinden. Denken Sie also: „Alles ist dem Wandel und der Trennung unterworfen. Vielleicht kann ich nicht lange bei diesen lieben Menschen bleiben, warum also die kostbare Zeit und Energie mit Streit oder Abneigung und Anhaftung verschwenden?" Entwickeln Sie Stärke, Klarheit und geistige Güte.

Wir können auch über die Ruinen alter Städte und Klöster meditieren. Menschen haben sie gebaut, erhalten und genutzt, aber jetzt können wir nur noch Unkraut, Vogelnester und verfallene Häuser sehen. Dasselbe wird in Zukunft mit unseren Häusern geschehen, meditieren Sie also darüber.

Weil es keinen definitiven oder endgültigen Zustand gibt, kann unser Feind zu unserem besten Freund werden und umgekehrt. Eltern und Geschwister streiten und entzweien sich häufig über kleine Geldbeträge oder einige harte Worte. All dies zeigt uns die Natur der Vergänglichkeit. Drikung Bhande erinnert uns daran:

> Wegen der Degeneration der Zeiten
> werden viele der Freunde, denen wir halfen,
> sich als Feinde gegen uns erheben.
>
> Provoziert von unseren Ratschlägen, Vertraulichkeiten und so weiter
> werden viele streitlustig und nachtragend.
> Viele werden unsere Hilfe für Schaden halten.

Meditieren Sie also darüber, dass alles illusionsgleich ist und sich von Augenblick zu Augenblick verändert. Meditieren Sie und lösen Sie alle Anhaftung und allen Groll, die wahren Quellen des Leidens. Da unser Feind zu unserem Freund werden kann und unser Freund zu unserem Feind, sollten wir alle Lebewesen gleich behandeln, mit liebevoller Zuneigung und Mitgefühl, den besonderen Ursachen des Glücks. Studium und Praxis des Dharma mögen schwierig und schmerzhaft sein, aber wenn wir die Härten freudig ertragen, wie der große Meister Milarepa, können auch wir Erleuchtung erlangen.

Das Leben in dieser Welt ist äußerst zerbrechlich. Die Ursachen des Todes sind viel weiter verbreitet als die Ursachen des Lebens. Speise und Trank, die vier Elemente (Erde, Wind, Feuer und Wasser), selbst die Medizin, wie auch die modernen Freuden – all das kann unseren Tod herbeiführen. Der Tod kann ein Kind im Mutterleib treffen, bei der Geburt, als Baby oder als Heranwachsenden. Wir alle befinden uns auf dem Wege des Todes. Drikung Bhande sagte:

> Vergänglichkeit und Tod gleichen den fallenden Schatten bei
> Sonnenuntergang am Einschnitt eines Bergpasses.
> Sie kommen ständig näher, halten nicht einen Augenblick inne.
> Nichts als der Dharma kann uns dann helfen.

Wir alle sollten also die Meditation über Vergänglichkeit und Tod üben. Wenn Sie arbeiten, essen, sitzen, meditieren oder von Ort zu Ort reisen, sagen Sie: „Dies könnte der Ort sein, an dem ich sterben werde." Wenn Sie schlafen gehen, sagen Sie: „Ich könnt am Morgen nicht mehr erwachen." Meditieren Sie jeden Augenblick über Vergänglichkeit und Tod, nicht um der Sache selbst willen, sondern als Motivation für das Studium und die Praxis des Dharma, und um alles in Dharma zu verwandeln. Auf diese Weise können wir voller Vertrauen und Zuversicht sterben.

Meditieren Sie, damit dieser Körper, dieser Haufen von Ursachen und Bedingungen, sich in den Körper einer Gottheit verwandelt. Wenn wir gehen, ist diese Bewegung vergänglich, gehen Sie also in Richtung Dharma. Wenn wir sitzen, ist der Platz, wo wir sitzen, ebenfalls vergänglich, also verwandeln Sie ihn in ein Reines Land, ein Buddha-Land. Wenn wir essen oder trinken, essen Sie, als wäre es die Speise des Samadhi. Rang und Hierarchie sind vergänglich, bleiben Sie also immer unauffällig. Worte sind vergänglich, also rezitieren Sie Mantras und Gebete. Hingabe und Entsagung sind vergänglich, verpflichten Sie sich also immer wieder aufs Neue. Dies sind einige Möglichkeiten, sich die Vergänglichkeit zu vergegenwärtigen und alle Phänomene in den Dharma zu verwandeln.

Der große Jetsün Milarepa sagte:

> Die Furcht vor dem Tode hat mich in die
> Einsamkeit der Berge getrieben.
> Dort habe ich wieder und wieder über die
> Ungewissheit der Todesstunde meditiert
> und so die Festung der unsterblichen,
> unveränderlichen Natur des Geistes erobert.
> Nun bin ich frei von der Furcht vor dem Tod.

Der Buddha selbst sagte:

> Wenn man sich immer wieder in Vergänglichkeit übt,
> ist das eine Opfergabe an den Buddha.
> Wenn man sich immer wieder in Vergänglichkeit übt,
> werden alle Buddhas Belehrungen geben.
> Wenn man sich immer wieder in Vergänglichkeit übt,
> werden alle Buddhas Prophezeiungen machen.
> Wenn man sich immer wieder in Vergänglichkeit übt,
> werden alle Buddhas Segen erteilen.

Die Praxis der Vergänglichkeit hilft uns, unsere Anhaftung an dieses Leben zu mindern, Nicht-Anhaftung an Samsara zu inspirieren und Hingabe, Ausdauer und große Weisheit zu entwickeln. Die Erfahrung der Vergänglichkeit hilft uns, die Ausdauer der Rüstung zu entwickeln, die ihrerseits wieder unserer Meditationspraxis Kraft verleiht.

Die Praxis der Vergänglichkeit ist das erste Tor zu Buddhas Lehren. Wenn wir wiederholt über den Tod meditieren und uns seiner bewusst bleiben, so heißt es, werden wir keinerlei Schwierigkeiten haben, Unheilsames aufzugeben und Heilsames zu entwickeln. Indem wir uns der liebevollen Zuneigung, des Mitgefühls und des Bodhicitta gewahr bleiben und über sie meditieren, werden wir ebenso wenig Probleme haben, den fühlenden Wesen zu nutzen. Und wenn wir über durchdringende Leerheit – die Bestehensweise aller Phänomene – meditieren, werden wir auch keine Probleme haben, die Verblendungen zu reinigen.

Akutes Gewahrsein der Vergänglichkeit wird uns von allen Sorgen im Zusammenhang mit diesem Leben befreien und uns großen

Frieden, Zufriedenheit und Freude bringen. Die Meditation über den Tod und sein Gewahrsein dient als Basis für unser Studium und unsere Praxis des Dharma und hilft uns, Achtsamkeit zu entwickeln. Ohne diese Art des Gewahrseins würden selbst Studium und Praxis wohl nur zu noch mehr Verwirrung und Leiden führen, gleichgültig, wie viel Mühe wir uns auch geben mögen.

Nun wollen wir das Studium und die Praxis des Leidens von Samsara betrachten. Mittlerweile verstehen wir ja, wie schwierig es ist, ein kostbares Menschenleben zu erlangen und wie vergänglich, wie überaus flüchtig und dem Verfall unterworfen dieses ist. Wenn die Wasserversorgung austrocknet, können wir nicht viel tun, egal wie durstig wir sind. Genauso bewegen wir uns jeden Augenblick unvermeidlich auf den Tod zu, und selbst, wenn wir noch nicht bereit sein sollten, wenn er kommt, können wir nichts daran ändern. Nach dem Tode werden wir wiedergeboren und müssen wieder ganz von vorn in Samsara beginnen.

Samsara gleicht der Scheibe eine Töpfers, die sich ständig im Kreise dreht, wieder und wieder. Wir sterben und werden wiedergeboren, sterben und werden wiedergeboren, vielleicht in verschiedene Arten von Leiden und unter veränderten Umständen, niemals jedoch ohne Leiden, ganz gleich, was wir tun. Eine in einem verschlossenen Topf gefangene Biene kann nicht entkommen, gleichgültig wie oft sie herumfliegt. So ist es auch in Samsara, gleichgültig, wo wir wiedergeboren werden, von den Höllenbereichen bis zu den Götterwelten, niemals sind wir frei vom Zustand der Verwirrung, dem dauernden Kreisen in Geburt und Tod, immer und immer wieder. Und während wir in Samsara weilen, erfahren wir einerseits die Ergebnisse früherer Handlungen und schaffen andererseits die Ursachen für zukünftige Umstände, und beides geschieht gleichzeitig. Das bedeutet, dass es keine Unterbrechung der Kontinuität von Leben zu Leben gibt, sondern dass es sich um eine ununterbrochene Kette von Ereignissen handelt.

Wir müssen erkennen, wo wir uns in dieser Kette gerade befinden. Wir können nicht ein einziges fühlendes Wesen aussondern, das nicht irgendwann einmal unsere Mutter gewesen ist.

Würden wir alle Körper, die wir in unseren Leben seit anfangloser Zeit bis jetzt bewohnt haben, sammeln, würden sie aufgetürmt höher reichen als der Berg Meru. Das Blut, das wir vergossen haben, die Tränen, die wir geweint haben, würden die ganze Erde bedecken. Aber wir sind uns dieser Dinge nicht bewusst; wir können sie nicht sehen. Wenn wir es könnten, würden wir Samsara und seinem sinnlosen Leiden auf der Stelle entsagen.

Jetzt sind wir spirituellen Meistern und den kostbaren Dharma-Lehren begegnet. Wenn wir jetzt nicht versuchen, diesem Kreislauf zu entkommen, werden wir für immer in Samsara bleiben. Wegen unserer heilsamen Handlungen werden wir vielleicht als König der Götter oder als ein machtvoller Führer unter den Menschen wiedergeboren. Dennoch wäre diese Art des Friedens und des Glücks nur wie ein Traum oder der illusorische Zustand im Bardo. Drikung Bhande warnt uns vor einem solchen Zustand: „Er wird dich täuschen und betrügen, wenn du es am nötigsten brauchst." Wir können ihm nicht trauen; wir können uns nicht auf ihn verlassen, denn er ist der Veränderung unterworfen und bringt uns daher nur noch mehr Leiden ein. Eines Tages werden wir uns in den drei niederen Bereichen wiederfinden und mehr leiden als je zuvor.

Um die Unwissenheit zu heilen und zu Klarheit zu kommen, um unseren Geist zu reinigen, der von störenden Emotionen verdunkelt ist und der nicht zwischen der Natur von Samsara und der Natur von Nirvana unterscheiden kann, bedarf es einiger Anstrengung. In diesem Zusammenhang ist eines der wichtigsten Dinge, die es zu verstehen gilt, das abhängige Entstehen. Dieses Thema besteht aus zwei Teilen: äußeres *abhängiges Entstehen* und inneres abhängiges Entstehen. Vom äußeren abhängigen Entstehen gibt es ebenfalls zwei Arten: (a) mit Ursache und (b) mit unterstützender Ursache.

Äußeres abhängiges Entstehen

A. mit Ursache: Aus dem Samen wird der Sämling und aus dem Sämling der Sprössling. Aus dem Sprössling kommt der Stängel und aus diesem die Knospe. Aus der Knospe kommt die Blüte und aus der Blüte entwickelt sich die Frucht, die wieder neue Samen enthält. Ohne Samen gibt es keinen Sämling und ohne Blüte keine Frucht. Wann immer es einen Samen gibt, entsteht ein Sämling. Wo eine Blüte ist, kommt eine Frucht. Aber der Same denkt nicht: „Ich will den Sämling erschaffen." Ein Sämling denkt nicht: „Ich erschaffe den Sprössling." Die Blüte denkt nicht: „Ich erschaffe die Frucht." Ebenso wenig denkt die Frucht: „Ich wurde von der Blüte geschaffen." Sind jedoch die notwendigen Ursachen und Bedingungen vorhanden, kommt eines nach dem anderen zum Vorschein, und so ist alles voneinander abhängig. Obwohl die Planeten unabhängig voneinander zu sein scheinen, üben sie nach dem Gesetz der Schwerkraft doch eine Kraft aufeinander aus. Somit sind sie verbunden und nicht unabhängig, wie es zuerst scheinen mag. Selbst eine einfache Tasse Tee zubereiten zu können, hängt von vielen Ursachen und Bedingungen ab, die um die halbe Welt verstreut entstanden sein mögen. Das nennt man äußeres abhängiges Entstehen. Gleichermaßen hängen alle erscheinenden Dinge – Bäume, Pflanzen, Gras – von dieser Art von Ursachen und Wirkungen ab.

B. mit unterstützender Ursache: Auch diese hängt von Umständen ab. Erde, Wasser, Feuer, Wind, Raum und Zeit – all diese Bedingungen müssen vorhanden sein, denn sonst können Same, Keim oder Spross nicht wachsen. Die Erde umhüllt den Samen, Wasser befeuchtet ihn, Feuer (als Wärme und Licht) reift ihn, Wind sammelt ihn, Raum gibt ihm Platz zum Wachsen, und Zeit verleiht die Dimension zur Veränderung. Ohne das Eine können die anderen nicht existieren; wir brauchen die Unterstützung all dieser Elemente, die individuell nicht funktionieren können (ohne die anderen kann das Eine nicht existieren). Das Element Erde denkt nicht: „Ich werde die Grundlage sein." Das Element Zeit denkt nicht: „Ich werde die Dinge sich verändern lassen." Doch ohne sie wird keine Frucht erscheinen.

Deshalb hängt alles, was geschieht oder erscheint von wechselseitig voneinander abhängigen Ursachen und Bedingungen ab. Nichts erscheint dank nur einer Bedingung oder nur einer Ursache oder ohne Ursache oder einer unvollständigen oder falschen Ursache. Erst das Zusammenwirken aller notwendigen Ursachen und Bedingungen bringt das Ergebnis hervor. Und auf die gleiche

Weise, wie die äußeren Phänomene wechselseitig voneinander abhängig sind, hängen auch unsere mentalen Aktivitäten – Freude, Glück, Leid – von Ursachen und Bedingungen ab.

Inneres abhängiges Entstehen

Der Buddha sagte, dass wenn „dieses" vorhanden ist, „jenes" erscheint. Durch das Vorhandensein einer Sache kommt die zweite zustande. Unwissenheit bringt geistige Bildekräfte hervor, und diese wiederum führen zu endloser Täuschung. Wenn es Geburt gibt, dann gibt es auch Alter und Tod. So dreht sich das Rad von Samsara ohne Unterlass. Dies sind die zwölf Glieder abhängigen Entstehens, die unser andauerndes Umherwandern in Samsara verursachen:

1. Unwissenheit[1]
2. Gestaltende Tat[2]
3. Bewusstsein[3]
4. Name und Form
5. Sechs Sinneskräfte[4]
6. Berührung[5]
7. Empfindung[6]
8. Verlangen
9. Ergreifen[7]
10. Werden[8]
11. Geburt

---

[1] die Basis aller Verwirrung
[2] Karma bewirkende geistige Bildekräfte
[3] alle gewohnheitsmäßigen Tendenzen
[4] und die entstehenden Sinnesobjekte
[5] Kontakt des Bewusstseins mit den Objekten
[6] freudige, leidvolle und neutrale Gefühle
[7] Greifen
[8] Existenz

12. Altern und Tod und mit diesen einhergehend: Leiden, wehklagende Trauer, gestörter Geist und so weiter aufgrund von Unwissenheit.

Die folgenden kurzen Kommentare erklären die zwölf Glieder abhängigen Entstehens weiter. Unwissenheit führt zu Gestaltender Tat. Sie ist unwissend gegenüber Vergangenheit und Zukunft, unwissend innen, unwissend außen, unwissend gegenüber Karma, unwissend gegenüber Ergebnissen und unwissend gegenüber dem Buddha, den Dharma-Lehren und den Sanghas. Unwissenheit ist Dunkelheit, die uns blind macht für die Natur der Phänomene und die diskursive Gedanken entstehen lässt. Die diskursiven Gedanken wiederum verstärken die Gestaltende Tat.

Es gibt drei Arten der Gestaltenden Tat: die Gestaltende Tat des Körpers, der Sprache und des Geistes. Das bedeutet, dass wir mit Körper, Sprache und Geist Karma schaffen. Da Gestaltende Taten Bewusstsein herbeiführen, schließt sich Karma an.

Es gibt sechs Arten von Bewusstsein: Bewusstsein des Sehens, des Hörens, des Riechens, des Schmeckens, des Tastens und des Denkens. Aus der Kontinuität des Bewusstseins ergibt sich die Form und sein Name. Sobald ein Kind im Schoß der Mutter empfangen wurde, bilden sich fünf *Skandhas*: das erste ist der Körper, und die weiteren sind Empfindung, Unterscheidung, Geistesfaktoren und Hauptbewusstsein.

Form bezieht sich auf die vier Elemente – Wasser, Erde, Luft und Feuer – sowie alle aus diesen vier Elementen gebildeten Dinge (Körper). Körper und Geist zusammen werden Name genannt. Durch die wechselseitige Abhängigkeit von Name und Form entstehen die Sinneskräfte.

Es gibt sechs Sinneskräfte: die Sinneskräfte der Augen, der Ohren, der Nase, der Zunge, des Körpers und des Bewusstseins. Durch diese sechs Sinneskräfte entsteht Berührung (Kontakt), von der es wiederum sechs Arten gibt: Berührung in Beziehung zu den Objekten, die vom Auge erfasst werden, vom Ohr, von der Nase, von der Zunge, vom Körper und vom Bewusstsein. Das Auge kommt mit Form in Kontakt, das Ohr mit Klang, die Nase mit Geruch, die Zunge mit Geschmack, der Körper mit physischer Berührung und das Bewusstsein erfasst die Phänomene.

Aus der Wechselbeziehung mit der Berührung entsteht Empfindung. Es gibt drei Arten von Empfindung: Freude/angenehm, Leiden/unangenehm und einen neutralen Zustand. Aufgrund der Empfindung entwickelt sich das Verlangen nach dem Bereich der Begierde, dem Bereich der Form und dem formlosen Bereich. Aus Verlangen ergibt sich die Sehnsucht, das, was wir als angenehm empfinden, näher an uns heranzuholen und es dauerhafter zu machen; das wiederum resultiert im Ergreifen. Anhaftung und Unwissenheit sind am schwierigsten zu reinigen. Zorn ist zwar schädlicher und destruktiver, aber leichter zu beseitigen.

Auch vom Ergreifen gibt es verschiedene Arten: das Greifen aus Gier, das Greifen nach der Sicht (verschiedener Philosophien oder Religionen), das Greifen nach ethischer Disziplin und das Greifen nach dem Selbst. Aus dem Ergreifen entsteht Werden oder Existenz: Die Existenz im Bereich der Begierde, im Bereich der Form und im formlosen Bereich. Die Existenz selbst ist eine Ursache für Karma. Da wir so viele körperliche, verbale und gedankliche Handlungen ausführen, können wir schon im Rahmen weniger Sekunden grenzenloses Karma schaffen, das in Wiedergeburten resultiert.

Geburt ist unser Erscheinen in dieser Welt, und sobald wir erscheinen, beginnen wir auch schon zu altern. Jeden Augenblick werden wir älter und älter, und schließlich beginnen uns die Haare auszufallen, unser Gesicht wird faltig und unser Körper schrumpft ein und krümmt sich. Mit dem Altern einher gehen Tod, Verfall und die Wanderung in ein anderes Stadium – das Ende des Lebens, der Wärme und des Atems. (Altern und Tod zählen als ein Aspekt des inneren abhängigen Entstehens.)

Geburt, Altern und Tod, sämtlich unangenehme Erfahrungen, sind also keine unabhängigen Geschehnisse. Wenn wir das erst einmal erkannt haben, können wir Unwissenheit und Ergreifen beseitigen. Wenn wir die Illusion beseitigen, dass ein gegebenes Phänomen ein solides Ding ist, schaffen wir nicht länger Gestaltende Taten. Ohne Gestaltende Taten gibt es keine Kontinuität des Bewusstseins oder Geburt mehr und ohne Geburt gibt es weder Altern noch Tod. Dies sind die Glieder des abhängigen Entstehens von beiden, sowohl von Samsara als auch von Nirvana. Das abhängige Entstehen von Samsara beginnt mit Unwissenheit und führt zu Geburt und Tod. Wenn man die Unwissenheit beseitigt, kehrt man das abhängige Entstehen von Samsara um. Man beendet die Gestaltenden Taten, wird frei von Samsara und hat Nirvana erreicht, das Aufhören des Leidens.

Wir alle leiden unnötig. Aber indem wir Samsara als das erkennen, was es ist, können wir auf Tugend gegründete Ruhe finden, und dann, indem wir die vier Stufen des Samadhi entwickeln, können wir fortschreiten in die vier Stufen des Formbereichs und den Zustand innerer Versenkung. Wenn wir noch weiter fortschreiten, finden wir die vier formlosen Stufen: unendlicher Raum, unendliches Bewusstsein, überhaupt nichts und weder Bewusstsein noch Nicht-Bewusstsein. Mit der Unterstützung meditativer Konzentration bekommen wir die beste Gelegenheit, unsere Verschleierungen zu verringern und sie irgendwann ganz und gar zu entwurzeln.

Der beste Ort, um Samadhi oder meditative Konzentration zu entwickeln, ist die Einsamkeit, frei von diskursiven Gedanken und weit entfernt von der Geschäftigkeit dieses Lebens und anderer Menschen. Wenn wir uns also an einen einsamen Ort zurückziehen, und die richtige Motivation haben und richtige Methoden anwenden, können wir große Qualitäten erlangen.

Es gibt drei unterschiedliche Arten von Samadhi: das Samadhi der großen Glückseligkeit im gegenwärtigen Augenblick, das Samadhi des Fortschritts in ausgezeichneten Qualitäten und das Samadhi, das allen fühlenden Wesen nutzt. Das erste Samadhi wird durch Meditationspraxis erlangt, die zu Glückseligkeit, Klarheit und Freiheit von konzeptuellen Gedanken führt, und es enthält mehr Glück, als man je mit irgendeiner Art samsarischer Erfahrung erreichen könnte. Aber das ist nur der Anfang. Man steckt immer noch fest, bis man die Natur des Nicht-Selbst und die absolute Grenzenlosigkeit alles Existierenden erkennt. Mit dieser Einsicht kann man die Glückseligkeit von Samadhi, unendliches Mitgefühl und Weisheit erreichen. Mit diesen großen Qualitäten wiederum kann man unzähligen fühlenden Wesen nutzen und, durch das

Verstehen des Geistes der anderen, kann man ohne irgendwelche Schwierigkeiten Unterweisungen geben.

ཤེས་རབ་

„Transzendente Weisheit“

Dank der meditativen Konzentration wird der eigene Geist so scharf und kristallklar, dass er ohne Fehler die wahre Natur aller Phänomene erkennen kann. Das ist die Weisheit. Ohne sie können die ersten fünf Paramitas oder Vollkommenheiten uns nicht aus Samsara befreien. Es ist diese Weisheit, die alle Verblendung durchschneidet. Drikung Bhande sagt: „Sie ist wie ein klarsichtiges Auge, die Lampe auf dem Pfad zur Befreiung.“ Es gibt drei verschiedene Arten von Weisheit: die Weisheit des Verstehens aller relativen Phänomene, die Weisheit der endgültigen Bedeutung und die Weisheit, die die Nicht-Dualität der ersten beiden erkennt.

Zuerst müssen wir den relativen Zustand der Phänomene – von den Höllenwelten bis zu den Götterbereichen – und ihre wechselseitige Abhängigkeit verstehen. Zu diesem Zweck studieren wir Sprache, die Künste, Heilkunst, Logik und die verschiedene Dharma-Lehren: das Fahrzeug der Hörer, das Fahrzeug der Alleinverwirklicher, das Fahrzeug der Bodhisattvas und das Vajrayana. Diese Studien fallen unter den Begriff relativ. Alle diese Studien, die etwas untersuchen, konzeptualisieren und ausdrücken, werden relatives Weisheitsgewahrsein genannt. Da der Geist keine Grenzen hat, nimmt auch das, was wir studieren können kein Ende, bis wir den Zustand der Allwissenheit erreichen.

Nehmen wir nur einmal die Wissenschaft des Heilens von Körper und Geist. Es gibt grob gesagt 404 verschiedene Arten von Krankheiten, die aus von uns selbst geschaffenen Ursachen, aus unterschiedlichen Bedingungen und unterstützenden Ursachen entstehen. Was die geistigen Krankheiten angeht, haben wir die fünf störenden Emotionen – Unwissenheit, Hass, Begierde, Eifersucht und Stolz –, die unsere Geist aufwühlen und viele Krankheiten verursachen. Aus diesen Ursachen entstehen im Zusammenwirken mit weiteren Bedingungen die geistigen und körperlichen Krankheiten. Um sie zu heilen, gibt es Heilverfahren, Meditationsübungen und andere Methoden, die uns zu verstehen helfen, wie man heilen und was man üben kann.

Als nächstes betrachten wir die Wissenschaft der Künste. Da gibt es die bildenden Künste – Zeichnen, Malerei, Bildhauerei, Schreiben und die stimmliche Kunst wie Gesang. Darüber hinaus gibt es noch geistige Künste, einschließlich verschiedener Geisteszustände, etwa in meditativen Versenkungen. Wir haben die Wissenschaft der Logik und der Argumentation mit ihren unterschiedlichen Arten der Untersuchung der Natur der Dinge, ihres Zustandekommens und ihrer Ergebnisse und Ursachen, wobei sowohl die offensichtlichen als auch die eher verborgenen oder subtilen Ursachen erforscht werden. Die Kunst der Sprache beinhaltet die Kenntnis fremder Sprachen, Geschick im Übersetzen und das Verständnis nicht nur menschlicher Sprachen sondern auch des Ausdrucks von Tieren, Vögeln und Insekten sowie sogar der Klänge von Felsen, Flüssen und Bäumen. Um all das zu begreifen, brauchen wir viel Weisheit, aber ohne die Lehren des Buddha bleibt diese Art von Weisheit immer nur relativ. Ohne Dharma können auch die besten Gelehrten und Experten niemals aus Samsara entkommen.

Schließlich gibt es noch die absolute oder endgültige Weisheit. In diesem Zusammenhang hinterfragen wir alle Samsara und Nirvana bildenden Elemente, alle Manifestationen, Formen und Erfahrungen, ob sie wirklich real sind oder nicht. Was immer wir nach außen projizieren, erscheint dann wie ein Traum in unserem Bewusstsein. Illusion oder Traumgleichheit ist jedoch nichts Negatives. Es bedeutet nur, dass die Phänomene von vielen Ursachen und Bedingungen abhängig sind. Alle Phänomene sind flüchtig, zuerst erscheinen sie, und dann lösen sie sich wieder auf, wie Wolken am Himmel. Wir können Wolken am Himmel sehen, bald aber haben sie sich wieder aufgelöst. Wir können eine Blase im Wasser sehen, und plötzlich hat sie sich aufgelöst. Alle wahrnehmbaren Phänomene existieren auf diese Weise – zuerst erscheinen sie, und dann verschwinden sie wieder wie ein Schatten, wie unsere Reflexion in einem Spiegel. Die Untersuchung der Phänomene, die ohne Essenz sind, hilft uns, unsere Verwirrung zu zerstreuen. Lob, das uns schmeichelt oder harte Worte, die uns zornig machen, haben nicht mehr Substanz als ein Echo. Alle Erscheinungen der äußeren Phänomene oder des inneren Geistes sind Illusionen, weil sie aus einer Kombination von Ursachen und Bedingungen entstehen.

Illusion ist ein umfangreiches Thema. Wenn wir erkennen können, dass alles eine Illusion ist, können wir unseren Geist aus den Fesseln von Anhaftung und Abneigung lösen. Dies nennt man die Praxis des Illusionskörpers, eine Praxis, die im nächsten Kapitel näher erläutert wird. Schauen Sie in den Geist. Wo kommt er her, wo geht er hin? Wo hält er sich auf? Er hat weder Außen noch Innen oder Dazwischen, wo ließe sich also ein Selbst finden? Drikung Bhande sagt: „Er ist jenseits von Farbe, Form, Gestalt und Merkmalen. Es gibt keinen Suchenden und kein Objekt für eine Suche.“ Meditieren Sie auf diese Weise. Stabilisieren Sie den Geist. Erinnern Sie sich an die Vergänglichkeit. Beobachten Sie Ihren Geist. Wenn Begierde oder Zorn erscheinen, dann greifen Sie nicht nach den Emotionen oder füttern sie, sondern versuchen herauszufinden, woher sie kommen. Aus welchem Teil des Körpers, von welchem Ort?

Um Weisheit zu erlangen, suchen wir dann das Selbst, das Ich. Zuerst meditieren wir, folgen dem Atem oder benutzen eine der anderen Techniken, die in der Vervollkommnung von Samadhi (Konzentration) beschrieben wurden. Wir entspannen unseren Körper und unseren Geist und versuchen herauszufinden, ob das Selbst in unserem Körper, in unseren Namen oder in unserem Geist zu finden ist. Der Körper setzt sich aus vielen Elementen zusammen: Haut, Fleisch, Knochen, Blut und Gefäßen. Wenn wir die Haut entfernen könnten, darauf das Fleisch und schließlich alle Organe und Knochen, würden wir wohl all diese Teile finden, nicht jedoch eine unabhängige Entität, die „der Körper“ ist. Wie kann also in der Vielzahl der Teile ein solides Selbst existieren? Wir sind aus vier Elementen zusammengesetzt: Erde, das sind die Knochen, Schwere und Festigkeit; Wasser, das sind Blut und Lymphe; Feuer, das ist die Körperwärme; und Wind, das ist der

Atem. Untersuchen wir diese Elemente eines nach dem anderen, finden wir keinen unabhängigen Körper. Da die vier Elemente kein Selbst besitzen, wie kann der aus ihnen zusammengesetzte Körper ein unabhängiges Selbst besitzen?

Dann untersuchen wir die Entität des Namens, der nur sehr provisorischen Charakter hat. Wir werden nicht mit einem Namen geboren sondern bekommen ihn, und so ist er der Veränderung unterworfen. Wir sind nicht unser Name, genauso wenig wie wir unser Körper sind. Warum aber hängen wir dann so an unserem Namen, der doch substanzlos ist? Da unser Name selbst nicht unabhängig existiert, kann er auch nicht als Beweis der Existenz des Selbst dienen.

Wenn wir den Geist untersuchen, finden wir ihn letztlich weder außerhalb des Körpers noch innerhalb oder dazwischen. Wir können nicht einmal sagen, wie er aussieht. Selbst die Buddhas haben den Geist nicht gesehen. Da der Geist selbst nicht existiert, wie kann das Selbst existieren? Es gibt kein unabhängiges, dauerhaftes Selbst. Es ist nur ein Etikett, eine begriffliche Vorstellung. An einem Selbst zu haften, das es nicht gibt und alles zu opfern, um es ihm recht zu machen, ist vollkommen sinnlos. Wir verschwenden so viel Energie und Zeit, ohne dass es uns irgendwohin bringt, außer in unerwünschte Zwangslagen und Leiden.

Aber all dies bedeutet nicht, dass Nihilismus die Antwort wäre[1]. Alles ist wechselseitig voneinander abhängig existent, und deswegen haben wir die Möglichkeit und die Macht, Frieden, Glück und Freude für uns selbst und für alle fühlenden Wesen zu schaffen. Unser einziges Ziel sollte es sein, Verwirrung und die Ursachen des Leidens zu beseitigen und unendliche Weisheit und grenzenloses Mitgefühl zu entwickeln, die wahren Quellen von dauerhaftem Frieden und Harmonie.

---

[1] Denn die Dinge sind auch nicht nicht-existent. (Anm. d. Übers.)

Die Fische

སྒྱུ་ལུས་

„Illusionskörper"

KAPITEL 7: DER DHARMA DES ILLUSIONSKÖRPERS

Studium und Praxis der Weisheit der Nicht-Dualität

Die Praxis des Illusionskörpers ist eine Lehre aus den Mündlichen Unterweisungen über die *Sechs Yogas des Naropa* von Drikungpa Dharmakirti. Diese Praxis ist die Methode, das glückselige Scheitel-Chakra während der Stunden des Wachseins als Mittel zu nehmen, um die Verdunkelungen des Geistes zu reinigen und um Stolz und Eifersucht auf dem Pfad zu nutzen.

> Äußere Erscheinungen sind nichts als Illusion.
> Innere Erscheinungen sind unbeschreibbar.
> Die Tag und Nacht auftauchenden Erfahrungen sind der *Nirmanakaya.*
> Das ist die Unterweisung über den Illusionskörper.
> Bist du frei von Anhaftung, Übersetzer?

(Aus Naropas Vajra-Gesang der Sechs Yogas)

Diese Praxis ist in drei Themenbereiche unterteilt: die Vorbereitungen, die Hauptpraxis und der Abschluss.

I. Die Vorbereitungen

A. Bodhicitta: Kultivieren Sie Bodhicitta, indem Sie das Samadhi der Illusion zum Wohle aller fühlenden Wesen üben.

B. Inständige Bitte an den Guru (tib. Lama): Visualisieren Sie den Guru in der Form von Vajradhara auf dem Scheitel Ihres Kopfes. Erbitten Sie seine Hilfe für den Erfolg in der Praxis des Illusionskörpers. Dann lösen Sie die Visualisation in sich auf.

II. Die Hauptpraxis

Die Hauptpraxis besteht aus zwei Teilen, der Praxis des unreinen Illusionskörpers und der Praxis des reinen Illusionskörpers.

A. Der unreine Illusionskörper. Die Praxis des unreinen Illusionskörpers hat zwei Teile: ohne Stütze und mit Stütze.

1. <u>Ohne Stütze</u>: Kontemplieren Sie über die Illusionsnatur aller Phänomene mit Hilfe der folgenden acht Beispiele:

a. Magische Vorstellung und b. Träume: Alles ist von seiner Natur her nicht selbstexistent; alle Erscheinungen sind nichts als eine Illusion, vergleichbar dem Trick eines Magiers oder einem Traum. Mit seinem mächtigen Zauberstab kann ein Magier die Illusion eines Pferdes oder eines Elefanten heraufbeschwören. In einem Traum scheinen die Dinge real, aber wenn man aufwacht, existieren sie nicht. Gleichermaßen existieren alle Dharmas – Phänomene – nicht im absoluten Sinn. In unserer Verblendung greifen wir jedoch nach ihnen, als wären sie wahrhaftig existent.

c. Echos und d. Spiegelungen: Durch eine Kombination von Ursachen und Bedingungen kommen Echos und Spiegelungen zustande. Wenn man zum Beispiel in einer großen Höhle (Bedingung) einen Ton von sich gibt (Ursache), kommt ein Echo zurück. Wenn man in einen Spiegel schaut, sieht man eine sehr deutliche Spiegelung. Das Echo und die Spiegelung haben also keine *inhärente* (innewohnende) *Existenz*, sondern kommen aufgrund verschiedener Ursachen und Bedingungen zustande; das Gleiche gilt für alle Erscheinungen in Samsara.

e. Tau und f. Blase: Alle Dinge sind vergänglich und in andauernder Bewegung, so wie Tau oder eine Blase im Wasser. Im Sommer findet sich früh am Morgen Tau auf den Blättern, aber sobald die Sonne aufgeht, verdunstet er schnell. Blasen im Wasser entstehen in einem Augenblick, und im nächsten vergehen sie schon wieder. Gleichermaßen sind alle erscheinenden Phänomene vergänglich und verändern sich von Augenblick zu Augenblick.

f. Luftspiegelung und g. Regenbogen: Luftspiegelungen und Regenbogen erscheinen zwar, existieren aber nicht wirklich. Manchmal scheinen wir in den Weiten der Wüste einen Fluss wahrzunehmen, aber in Wirklichkeit existiert er nicht. Wenn ein Regenbogen am Himmel erscheint, sieht man viele strahlende Farben, aber in Wirklichkeit existieren sie nicht. Gleichermaßen existieren alle erscheinenden Phänomene, obwohl wir sie sehen, nicht wirklich.

Wenn wir diese Praxis üben, sollten wir uns nicht mit einem bloß intellektuellen Verständnis zufrieden geben, sondern uns von der greifenden Anhaftung an alle Dinge befreien und sie tatsächlich als Illusionen sehen. Dies muss erfahren werden.

2. Mit Stütze: Die Praxis mit Stütze hat drei Teile: Den Körper als Spiegelung kontemplieren, die Stimme als Echo kontemplieren und den Geist als Wolke kontemplieren.

a. Den Körper als Spiegelung kontemplieren: Betrachten Sie die Erscheinung Ihres Körpers in einem sehr klaren Spiegel. Loben Sie ihn manchmal, und manchmal zeigen Sie ihm Verachtung; tragen Sie einmal gute Kleider, ein andermal Lumpen. Machen Sie alle möglichen Veränderungen. Das Spiegelbild ist immer so, wie Sie gerade sind. Es hat weder Gefühle von Glück oder Trauer, noch von Schönheit oder Hässlichkeit. Das Spiegelbild ist nichts als das Nebeneinander von Ursache und Bedingung: Sie selbst und der Spiegel. Nur eines von beiden würde nicht ausreichen. So imitiert das Spiegelbild Sie lediglich, es hat keine guten oder schlechten Gefühle. Vom Scheitel bis zur Sohle, außen, innen oder dazwischen – es existiert kein „Ich“. Nur weil wir uns an ein

„Ich" als etwas Dauerhaftes klammern, erfahren wir Glück und Leid. Doch hatten alles Glück, alle Trauer, jedwede Gefühle, die wir in der Vergangenheit erfahren haben, keine wahrhafte Existenz. Wäre es anders, müssten sie auch in diesem Augenblick noch existieren, und wenn ich gestern traurig gewesen bin, müsste ich es heute auch noch sein. Aber das ist nicht der Fall. Üben Sie sich auf diese Weise in der Illusion.

b. Die Stimme als Echo kontemplieren: Gehen Sie zu einem großen Felsen und schreien Sie; der Klang wird als Echo zurückgeworfen. Was immer Sie sagen, kommt als Echo zu Ihnen zurück. Das Echo hat jedoch kein „Ich", das auf das Gesagte reagiert. Gleichermaßen sind Ihre Stimme und die anderer bloß Klang, ohne jede Substanz. Üben Sie die Kontemplation des leeren Klangs als Illusion.

c. Den Geist als Wolke kontemplieren: Wolken von unterschiedlicher Farbe und Form erscheinen am Himmel. Manchmal ist der Himmel angefüllt mit Wolken, manchmal gibt es überhaupt keine. Manchmal erscheinen Wolken aus einem leeren Himmel, manchmal lösen sie sich in den leeren Himmel auf. So kommen sie in unterschiedlichen Arten und Weisen vor. Aber sie sind nur vergängliche Erscheinungen. Wenn die Wolke verschwindet, hinterlässt sie keine Spur, keine Basis, keine Wurzel. Gleichermaßen erscheinen im Geist verschiedene positive und negative störende emotionale Gedanken. Aber sobald ein anderer erscheint, verschwindet der vorhergegangene, ohne eine Spur oder Wurzel zu hinterlassen. So erscheinen also auch die störenden emotionalen Gedanken als Nicht-Existenz. Kontemplieren Sie auf diese Weise über den Geist als Illusion.

B. Der reine Illusionskörper. Die Praxis des reinen Illusionskörpers hat wiederum zwei Teile: ohne Stütze und mit Stütze.

1. <u>Ohne Stütze:</u> Visualisieren Sie sich selbst als den Deva (tib. Yidam), ganz klar in allen Details. Dann üben Sie die Praxis des Illusionskörpers mit Hilfe der zwölf Beispiele für Illusion:

a. Da nur als Erscheinung existent, gleicht die Gegenwart der verschiedenen Körperteile einer Phantomperson oder einem Hologramm.

b. Der eine Mond am Himmel spiegelt sich in unzähligen Wasserflächen auf der Erde.

c. Fleisch und Knochen sind nicht substanziell, sondern wie ein Schatten.

d. Alles verändert sich in einem Augenblick, wie eine Luftspiegelung.

e. Alles ist eine Projektion des Geistes, wie ein Traum.

f. Erscheinungen hängen von Ursachen und Bedingungen ab, wie ein Echo.

g. Alles erscheint, aber ist nicht vorhanden, wie die Stadt der *Gandharvas*.

h. Viele können aus Einem entstehen, wie Wolken und Halluzinationen.

i. Alles ist von klarer Farbe, aber transparent, wie ein Regenbogen.

j. Alles ist schnell und vergänglich, wie ein Blitzschlag.

k. Alles entsteht in einem Augenblick, wie eine Blase im Wasser.

l. Alles erscheint, ist aber leer von Selbst-Natur, wie die Reflexion in einem Spiegel.

Verankern Sie diese Praxis sicher in Ihrem Geist.

2. Mit Stütze: Gestatten Sie dem Deva (tib. Yidam), in einem Spiegel vor Ihnen zu erscheinen. Analysieren und kontemplieren Sie das Abbild mit den oben genannten zwölf Beispielen für Illusion.

III. Abschluss Einführung in die Übung des Illusionskörpers und der Nutzen der Praxis

A. Verwirklichung im Gegensatz zu intellektuellem Verstehen.

Alle subjektiven und objektiven Aspekte der Phänomene sind seit anfangloser Zeit von ihrer Natur her nicht-existent. Alle Lehren sagen, dass Erscheinung, Klang, Geistesklarheit und Gewahrsein leer sind wie eine magische Schau. Dies nur zu wissen, führt nur zu einem intellektuellen Verständnis. Es führt nicht zu vollkommener Verwirklichung. Aber wenn man sich – wie hier beschrieben – übt, wird man tatsächlich alle Phänomene als Illusion erfahren. (Die Praxis des geheimen Illusionskörpers kann hier nicht gegeben werden.)

B. Nutzen der Praxis des Illusionskörpers zum Zeitpunkt des Todes:

1. Für den überlegenen Praktizierenden: Für den überlegenen Praktizierenden der Praxis des Illusionskörpers lösen sich beim Herannahen des Todes die Skandhas, *Dhatus* und *Ayatanas* seines Körpers in die lichte Leere auf. Er wird den Dharmakaya erlangen und aus diesem Zustand im illusorischen Körper der Gottheit erscheinen; in diesem Augenblick erlangt er den vereinigten *Sambhogakaya.*

2. Für den durchschnittlichen Praktizierenden: Für den durchschnittlichen Praktizierenden der Praxis des Illusionskörpers, der den Illusionskörper im Leben erfahren hat, lösen sich im Tode die zwanzig groben Komponenten, die vier subtilen Elemente und die drei Arten äußerst subtilen Geistes in die klare Leere auf, und er erlangt den Dharmakaya. Aus diesem Zustand erscheint augenblicklich der Illusionskörper der Gottheit, und der Sambhogakaya mit den fünf Qualitäten wird augenblicklich erlangt.

3. Für den geringeren Praktizierenden: Selbst der geringere Praktizierende wird den Tod bewusst erleben und kann sich zu dieser Zeit in die lichte Leere des Todes auflösen. Danach wird die Bewegung von Prana und Geist zwar die Erscheinung des Bardo-Zustands hervorrufen, aber der Praktizierende wird in der Gestalt des Deva (tib. Yidam) erscheinen, ohne den Täuschungen des Bardo zu verfallen. Augenblicklich werden die Dakas und Dakinis ihn oder sie mit himmlischer Musik in das Buddha-Land geleiten. Daran gibt es nicht den geringsten Zweifel.

Die Blume

Abschluss: Die Verwandlung von Leiden und die Praktiken des Vajrayana

Alle hier vorgestellten Praktiken sind sehr wichtig und sollten Schritt für Schritt geübt werden, damit man Vertrauen in den kostbaren Dharma entwickeln kann. Wenn unser Vertrauen in den Dharma wächst, gewinnen wir den unerschütterlichen Mut, uns harter Arbeit zu unterziehen und unser Leben einer sich dauernd vertiefenden Praxis zum Wohle aller Wesen zu widmen. An diesem Punkt angelangt ist es sehr wirksam, die Meditationen des Vajrayana oder Tantra zu studieren und zu praktizieren. Im Tantra oder Vajrayana erhält man die Gelegenheit, alle Verblendungen zu beseitigen und die vollendete Natur des Geistes zu enthüllen. Durch die Praxis der Stufen von Entwicklung und Vollendung können wir den vollkommen erleuchteten Zustand verwirklichen. Die entsprechenden Lehren gehen aber weit über den Rahmen des vorliegenden Buches hinaus. Detailliertere Beschreibungen des Tantra sind aber in vielen ausgezeichneten Büchern zu finden.

Es folgen zwei sehr einfache Meditationsübungen des Bodhisattva Avalokiteshvara und der *Grünen Tara*. Beide sind ganz besonders für ihr grenzenloses Mitgefühl und ihre unaufhörlichen Aktivitäten zur Befreiung aller Wesen von Verblendung und Leid bekannt. Die Leserinnen und Leser, die noch keine tantrische Ermächtigung für diese Praktiken erhalten haben, können die Gottheit der jeweiligen Praxis einfach über dem Scheitel ihres Kopfes visualisieren (statt sich selbst in der Gestalt der Gottheit zu visualisieren). Dann führen sie die Praxis wie beschrieben fort, und zum Abschluss empfangen sie den Segen, ohne sich selbst als die Gottheit zu visualisieren.

Anhang I: Reinigungspraxis

Wir können allen ungünstigen Umständen auch auf eine positive Weise gegenübertreten anstatt sie negativ zu sehen. Damit uns das gelingt, müssen wir zuerst den Erleuchtungsgeist, Bodhicitta, entwickeln, indem wir immer wieder bekräftigen: „Ich tue diese Dinge, um vollkommene Erleuchtung zum Wohle aller Lebewesen zu entwickeln." Trotzdem hat jeder Verdunkelungen und negatives Karma. Diese körperlichen und geistigen Hindernisse und störenden Emotionen müssen wir reinigen. Zu diesem Zweck kann die folgende Meditationspraxis sehr wirksam sein.

1. Setzen Sie sich zuerst an einem angenehmen Ort nieder und entspannen Sie sich körperlich und geistig.
2. Atmen Sie tief durch die Nase ein, und stoßen Sie all Ihre Verspannungen mit dem Ausatmen aus. Wiederholen Sie dies dreimal.
3. Nehmen Sie die Sieben-Punkte-Meditationshaltung ein, wie sie in Kapitel sechs vorgestellt wurde.
4. Entspannen Sie den Geist für eine Weile, indem Sie Ihre Aufmerksamkeit auf den Atem richten. Das hilft, den Geist auszurichten und Frieden und Klarheit zu finden.

Nachdem Sie diese Schritte durchgeführt haben, kann die folgende einfache und kurze Reinigungspraxis sehr wirksam ausgeführt werden.

> Zuerst visualisieren Sie ein weißes OM an Ihrer Stirn, ein rotes AH an Ihrer Kehle und ein blaues HUNG auf Höhe des Herzens. Dann rezitieren Sie das Mantra OM AH HUNG.
>
> Während die erste *Mala* rezitiert wird, geht vom OM an der Stirn weißes Feuer aus und verbrennt alle körperlichen Hindernisse. Alle Krankheiten, alles negative Karma und alle anderen Hindernisse des Körpers werden vom weißen Feuer des OM verzehrt, und der gewöhnliche Körper wird in den Weisheitskörper verwandelt.

ཨོཾ

Während der Rezitation der zweiten Mala geht vom roten AH an der Kehle rotes Feuer aus und verbrennt alle Verblendungen und alles negative Karma, die durch die Rede entstanden sind. Dadurch wird das Sprachvermögen in die Weisheitssprache verwandelt.

ཨཱཿ

Während der dritten Mala geht vom blauen HUNG am Herzen ein blaues Feuer aus, das den ganzen Körper einhüllt. Alles negative Karma und alle Verblendungen des Geistes werden verzehrt und verbrannt, und der gewöhnliche Geist wird in den Weisheitsgeist verwandelt.

ཧཱུྃ

Bei der weiteren Rezitation schließlich strahlt von allen drei Silben (OM AH HUNG) gleichzeitig entsprechend farbiges Feuer (weiß, rot, blau) aus. Die Lichtstrahlen durchdringen alle sechs Daseinsbereiche im ganzen Universum. Das dreifarbige Weisheitsfeuer verwandelt die äußere Welt in ein Reines Land und reinigt das Leiden der fühlenden Wesen sowie seine Ursachen von Grund auf. Alle Wesen sind nun frei vom Leiden und erfahren großes Glück und grenzenlosen Frieden.

Die ersten drei Rezitationen erfüllen den eigenen Nutzen. Die vierte Rezitation erfüllt den Nutzen aller anderen Wesen.

Nach der Mantra-Rezitation lassen Sie den Geist ohne Untersuchung oder Unterscheidung einfach ruhen:

> Das weiße OM löst sich in das rote AH auf.
> Das rote AH löst sich in das blaue HUNG auf.
> Schließlich löst sich das blaue HUNG von unten nach oben ins Nichts auf.

Darauf entspannen Sie sich in Gewahrsein. Erhaschen Sie einen Schimmer der Natur des Geistes und meditieren Sie in diesem Zustand.

Schließen Sie mit einem einfachen Widmungsgebet ab:

Möge ich dank dieses Verdienstes schnell den vollkommen erleuchteten Zustand erreichen und alle fühlenden Wesen ebenfalls in diesen Zustand führen.

Avalokiteshvara

ANHANG II

Über Avalokiteshvara

Avalokiteshvara ist der Herzenssohn von *Buddha Amitabha.* Er hat vor Buddha Amitabha das Versprechen abgelegt, allen fühlenden Wesen bis zum Ende von Samsara zu nutzen. Seine Hauptemanation weilt in Potala, dem Buddha-Land von Avalokiteshvara. Buddha Shakyamuni wies ihn an, durch seine Aktivitäten vielen fühlenden Wesen in Tibet zu nutzen, wo der Buddha nicht hingekommen war. In Tibet manifestierte er sich als der Affen-Bodhisattva, durch den die Menschen in Tibet entstanden. Im siebten Jahrhundert manifestierte er sich als König Songtsen Gampo und später als viele weitere Dharma-Könige. Er manifestierte sich in der Form vieler spiritueller Meister, wie etwa Drom Tönpa und so weiter. Auf diese Weise errichtete er die vollständige Form des Buddhismus in Tibet und nutzte zahllosen fühlenden Wesen. In einem Sutra heißt es:

Den Namen und die Qualitäten Avalokiteshvaras mit Vertrauen zu hören, wird zur Ursache für die Reinigung selbst der fünf besonders schwerwiegenden unheilsamen Handlungen, und den Namen zu hören wird zur Ursache einer Verbindung für eine Wiedergeburt in Sukhavati, dem Buddha-Land von Buddha Amitabha. Das *Sechs-Silben-Mantra* nur einmal zu hören, lässt eine Verbindung entstehen, die zu einer Geburt in den höheren Daseinsbereichen reift. Auch wenn man das Mantra mit Hingabe in Felsen oder Steine graviert, oder wenn man solche Mani-Steine auch nur sieht, erlangt man die Stufe der Nicht-Wiederkehr und wird zu einem Führer, der vielen nutzt. Selbst die Rezitation des Mantra am Ohr von sterbenden Tieren stellt für sie eine Verbindung zur Geburt in Sukhavati her. Das Mantra hat eine unermesslich nutzbringende Wirkung.

Die Praxis des Avalokiteshvara

1. Zufluchtnahme und Erzeugung der altruistischen Motivation.

Rezitieren Sie dreimal:

> Voller Vertrauen nehme ich Zuflucht zum Buddha, dem Lehrer, zum Dharma, der Lehre und zur Sangha, dem exzellenten Orden. Von jetzt an will ich die reine Motivation entwickeln, alle fühlenden Wesen, die alle meine Mütter waren, in den Zustand der vollkommenen Erleuchtung zu führen.

Dann sprechen Sie das Folgende:

> OM SWABHAWA SCHUDDHA SARWA DHARMA SWABHAWA SCHUDDHO HANG

> (Die Eigennatur aller Phänomene ist rein. Halte diese Natur aufrecht.)

2. Visualisierung

> Aus der allesdurchdringenden Leerheit erscheint eine Lotusblüte mit einer Mondscheibe als Sitz. Auf diesem Thron sitze ich in der Gestalt von Avalokiteshvara in der Lotushaltung. Mein Körper ist von weißer Farbe, und ich habe vier Arme. Meine beiden oberen Hände sind am Herzen zusammengelegt und halten einen wunscherfüllenden Edelstein. Meine untere rechte Hand hält eine Mala aus Kristall und meine untere linke Hand eine Lotusblume. Als Avalokiteshvara bin ich in die heiligen seidenen Roben gekleidet und trage die kostbare fünfteilige Krone und anderen Schmuck. Dies ist die Sambhogakaya-Form, der vollständige Freudenkörper, der alle verheißungsvollen Zeichen eines Buddha trägt.

3. Meditationspraxis während der Mantra-Rezitation.

Rezitieren Sie einmal:

In meinem Herzen befindet sich eine Mondscheibe mit einem aufrecht stehenden weißen HRIH im Zentrum, umgeben von den Silben des Mantras OM MANI PADME HUNG, die sich im Uhrzeigersinn drehen. Licht strahlt vom Mantra aus und bringt den Buddhas und Bodhisattvas in den Buddha-Ländern Opfergaben dar. Ihr Segen von Mitgefühl und Weisheit kehrt von den Buddha-Ländern in der Form von Licht zurück, das mit mir verschmilzt. Alle Verdunkelungen meines Körpers, meiner Sprache und meines Geistes sind gereinigt. Ich bin ganz und gar rein und werde zur Verkörperung der Weisheit und des Mitgefühls aller Buddhas.

Wieder strahlt mitfühlendes Licht aus dem Mantra in meinem Herzen. Es durchdringt das gesamte Universum und verwandelt es in ein Reines Land. Sobald dieses Licht alle fühlenden Wesen der sechs Daseinsbereiche berührt, werden all ihre Leiden und ihre Unwissenheit beseitigt, und sie werden alle in Avalokiteshvara, den Großen Mitfühlenden, verwandelt. Alle fühlenden Wesen sprechen dann das Mantra gemeinsam.

Rezitieren Sie das Mantra so oft Sie möchten:

OM MANI PADME HUNG

4. Abschlussphase. Rezitieren Sie einmal:

Alle äußeren und inneren Phänomene lösen sich in Licht auf, das mit mir verschmilzt. Dann löse auch ich mich in Licht auf, das sich in die allesdurchdringende Offenheit auflöst. Lasse den Geist in seinem natürlichen Zustand einige Zeit ruhen –
Dann erscheine ich wieder als Avalokiteshvara.

5. Widmungsgebet. Rezitieren Sie einmal:

Möge ich durch dieses Verdienst
schnell den Zustand von Avalokiteshvara erlangen,
und mögen alle fühlenden Wesen, ohne jede Ausnahme,
ebenfalls den erhabenen Zustand von Avalokiteshvara erlangen.

> Kostbares Streben nach Erleuchtung zum Wohle aller Lebewesen -
> möge es entstehen, wo es noch nicht entstanden ist;
> möge es nicht abnehmen, wo es schon entstanden ist;
> möge es immer weiter anwachsen.

Obwohl damit das Ende der Meditationspraxis erreicht ist, sollten wir die Achtsamkeit und die Erfahrung der Praxis in unsere täglichen Aktivitäten weitertragen.

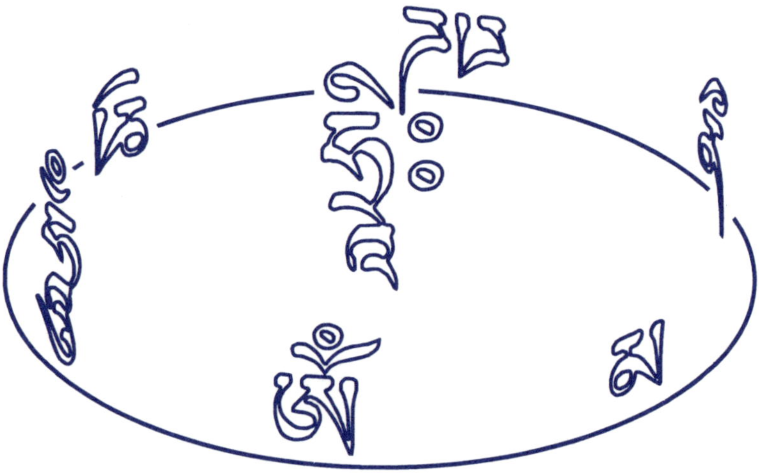

ཨོཾ་མ་ཎི་པདྨེ་ཧཱུཾ།

OM MA NI PADME HUNG

ANHANG III: KURZE ERKLÄRUNG DES MANTRA OM MANI PADME HUNG

Das Mantra beginnt mit der Silbe OM. Diese umfasst die Silben OM AH HUNG, die für den Weisheitskörper, die Weisheitssprache und den Weisheitsgeist aller erleuchteten Wesen stehen. MANI bedeutet „Juwel" und bezeichnet die grenzenlose Qualität des Mitgefühls. PADME heißt „Lotus" und bezeichnet die unendliche Qualität ursprünglicher Weisheit. HUNG ist ein Wort der Anrufung. Zusammen rufen die Silben des Mantra also Avalokiteshvara bei seinem Beinamen „Juwelen-Lotus" an. Indem man auf diese Weise den Namen Avalokiteshvaras anruft, bittet man: „Mögen ich und alle fühlenden Wesen alle deine Qualitäten von Mitgefühl und Weisheit erhalten und verwirklichen, und mögen wir von Verblendung und Leiden befreit werden."

Vereinfachte Erklärung des Nutzens der Rezitation

Weißes OM

- repräsentiert die Vollkommenheit der Großzügigkeit
- verschließt das Tor zur Geburt in einem Götterbereich und vertreibt das Leiden des Herausfallens aus diesem Zustand
- verwirklicht die überragenden Errungenschaften (im Praktizierenden)
- reinigt die Verdunkelung des Stolzes
- verursacht das Erlangen des Weisheitskörpers von Avalokiteshvara

Grünes MA

- repräsentiert die Vollkommenheit der Geduld

- verschließt das Tor zur Geburt als Halbgott und vertreibt das Leiden des Kampfes
- verwirklicht die allgemeinen Errungenschaften
- reinigt die Verdunkelung der Eifersucht
- verursacht das Erlangen der Weisheitssprache von Avalokiteshvara

Gelbes NI

- repräsentiert die Vollkommenheit der ethischen Disziplin
- verschließt das Tor zur Geburt als Mensch und vertreibt die Leiden von Geburt, Alter, Krankheit und Tod
- verwirklicht die Fähigkeit, Krankheit und durch Dämonen hervorgerufene Hindernisse zu befrieden
- reinigt die Verdunkelung der Begierde
- verursacht das Erlangen des Weisheitsgeistes von Avalokiteshvara

Blaues PAD

- repräsentiert die Vollkommenheit der meditativen Konzentration
- verschließt das Tor zur Geburt als Tier und vertreibt das Leiden der Dumpfheit
- verwirklicht das Ansammeln von Gefolge und Reichtum
- reinigt die Verdunkelung der Unwissenheit
- verursacht das Erlangen der Weisheitsaktivitäten von Avalokiteshvara

Rotes ME

- repräsentiert die Vollkommenheit der Ausdauer

- verschließt das Tor zur Geburt als Hungergeist und vertreibt das Leiden von Hunger und Durst
- verwirklicht das Erlangen von Langlebigkeit und Wohlstand
- reinigt die Verdunkelung von Knauserigkeit und Geiz
- verursacht das Erlangen der Weisheitsqualitäten von Avalokiteshvara

Dunkelblaues HUNG

- repräsentiert die Vollkommenheit des Weisheitsgewahrseins
- verschließt das Tor zur Geburt als Höllenwesen und vertreibt das Leiden von Hitze und Kälte
- verwirklicht die Beseitigung von Schaden, der durch Feinde und Widersacher hervorgerufen wurde
- reinigt die Verdunkelung von Hass
- verursacht das Erlangen der Fähigkeit, alle überragenden Aktivitäten von Avalokiteshvara zu manifestieren

Grüne Tara

ANHANG IV

Über die Grüne Tara

So wie Avalokiteshvara die Emanation des Mitgefühls von Buddha Amitabha ist, so ist Tara die Emanation seiner Weisheit. Avalokiteshvara entwickelte den unerschütterlichen Mut, bis zum Erlöschen von Samsara allen Wesen zu nutzen. Über zahllose Weltzeitalter nutzte er den fühlenden Wesen, indem er sie zum Zustand der Befreiung führte, aber die Gesamtzahl fühlender Wesen nahm trotzdem niemals ab. Eines Tages überwältigte ihn die Erschöpfung, und Tränen stiegen in seine Augen. Weil er so überwältigt vom Leiden der fühlenden Wesen war, wurden die beiden Tränen zu Tara und Bhrikuti. Tara sprach zu ihm: „Ich will alle schützen, die vom Leiden des Samsara überwältigt werden. Hab keine Angst, ich werde sie schützen." Seitdem arbeitet sie zusammen mit Avalokiteshvara zum Wohle der Wesen.

Buddha *Vairocana* schrieb die Einundzwanzig Verse des Lobpreises an Tara und gab viele Tara-Unterweisungen. Tara hat zahllose Manifestationen mit unterschiedlicher Anzahl von Gesichtern und Armen. *Acharya* Ashvagosha sagte: „Der Körper von Tara manifestiert sich in einer Vielzahl von Formen, so wie bei *Brahma*, *Vishnu* und *Shiva*, grimmige Formen, friedvolle Formen, Uma Deva und so weiter; Mamaki, Tara, Pantari, Buddha Lotsani und so weiter, immer in Abhängigkeit von der Verständnisebene der fühlenden Wesen. Sie ist die Basis der Manifestationen aller weiblichen Gottheiten. In Indien manifestierte sie sich als Mayadevi, die Mutter des Buddha, als *Gelongma Palmo* und als Mandarawa und so weiter. In Tibet als Dakini *Yeshe Tsogyal*, *Machig Labdrön*, *Achi Chökyi Dölma* und viele der Äbtissinnen des Drikung Terdom Nonnenklosters. Nur ihren Namen mit Hingabe zu hören, befreit einen von den acht oder sechzehn Ängsten. Ihre Meditation zu üben und ihr Mantra zu rezitieren, vertreibt alle

Hindernisse, und man wird in Sukhavati, dem Reinen Land von Buddha Amitabha, wiedergeboren.

Die Praxis der Grünen Tara

1. Zufluchtnahme und Entwicklung von Bodhicitta. Rezitieren Sie dreimal:

> Zur Versammlung der *Bhagavati*-Gottheiten, der Verkörperung der drei Juwelen, nehmen ich (und alle) Zuflucht, bis die Erleuchtung erreicht ist. Mit der Absicht, alle Wesen von den Ängsten des Samsara zu befreien, entwickle ich die zwei Arten von Bodhicitta.

Dann rezitiere Folgendes:

> OM SCHUNJATA DSCHANA BADSRA SWABHAWA ATMA KO HANG

> (Allumfassende, unzerstörbare Weisheit-Leerheit ist meine Natur.)

2. Visualisierung

> Alle Phänomene des Ergreifens und Festhaltens werden zur Leerheit. Aus dieser Leerheit manifestiert sich ein riesiges Schutz-Mandala. Im Zentrum befinden sich ein Lotus und eine Mondscheibe. Darauf steht ein grünes TAM, die Natur des eigenen Geistes. Licht strahlt aus und reinigt die Verschleierungen aller fühlenden Wesen. Anschließend bringt es allen Buddhas Opfergaben dar und kehrt zurück. Ich werde zum Körper der Bhagavati (Tara), mit einem Gesicht und zwei Armen in der Mudra des Gebens, eine Utpala-Blume haltend, mit zwei Beinen in der halben Lotushaltung, mit einer anmutigen jugendlichen Gestalt, von blau-grüner Farbe, seidene Gewänder und Juwelenschmuck tragend. Mit den Haupt- und Nebenmerkmalen erscheint sie strahlend in der Sambhogakaya-Form. Von den drei Silben an den drei Stellen geht Licht in alle Rich-

tungen aus. Das Licht der Weisheit und des Mitgefühls aller Buddhas verschmilzt mit mir. Ich werde zur Verkörperung der Sugatas (Buddhas) der Drei Zeiten.

3. Opfergaben und Lobpreis: Rezitieren Sie achtmal und setzen Sie bei jedem Mal eine neue Opfergabe ein.

OM ARJATARE SAPARIWARA

...ARGHAM... / ...PADJAM... / ...PUSCHPAM... /
...DHUPAM... / ...ALOKAM... / ...GHANDHE... /
...NEWIDJAM... / ...SCHAPTA...

PRATITSA SWAHA

(Die Opfergaben: Argham ist Wasser für das Gesicht, Padjam ist Wasser für die Füße, Puschpam sind Blumen, Dhupam ist Weihrauch, Alokam ist Licht, Ghandhe ist parfümiertes Wasser, Newidjam sind Speisen und Schapta ist rituelle Musik.)

Rezitieren Sie einmal:

Die Könige der Götter und Halbgötter huldigen Deinen Lotusfüßen. Du befreist von allen ungünstigen Bedingungen. Ich preise und verbeuge mich vor der Mutter Tara.

4. Meditationspraxis während der Mantra-Rezitation
Rezitieren Sie einmal:

Im Herzen befindet sich eine Mondscheibe, darauf steht die Silbe TAM, von grüner Farbe, umgeben vom Mantra-Kranz. Wolken von Opferungen werden an die Buddhas gemacht, und der Segen der Untrennbarkeit von Erscheinung und Leerheit verschmilzt mit mir. Wieder strahlt grenzenloses Licht vom Mantra aus. Alle äußeren Phänomene werden zu Sukhavati (tib. Dewachen) und alle inneren (die Wesen) zum Körper der Tara. Alle rezitieren das geheime Mantra.

Rezitieren Sie das Mantra so oft Sie möchten:

OM TARE TUTTARE TURE SWAHA

5. Abschluss – Rezitieren Sie einmal:

Alle äußeren und inneren Phänomene lösen sich in Licht auf und verschmelzen mit mir. Ich werde zum ungeschaffenen Dharmadhatu, frei von Objekten. Das ist das letztliche klare Licht, der Dharmakaya, der große Segen. Der gewöhnliche Geist und alle Manifestationen sind Mahamudra.

(So verweilt der Geist in seinem natürlichen Zustand.)

6. Widmungsgebet – Rezitieren Sie einmal:

Durch dieses Tugendhafte und alles, was ich in Samsara und Nirvana angesammelt habe und durch die angeborene Natur mögen alle fühlenden Mutterwesen, zahllos wie der unendliche Raum, frei von Ablehnung und Anhaftung, den Zustand der großen Weisheit, der frei von den fünf Giften ist, erreichen. Mögen sie ohne Hindernisse den Körper der Bhagavati vollenden.

Durch das Heilsame, das ich und alle Wesen in Samsara und Nirvana angesammelt haben, und durch die angeborene Wurzel des Heilsamen - möge ich mit allen fühlenden Wesen schnell die unübertroffene, vollkommene, vollständige, kostbare Erleuchtung erlangen.

SARVA MANGALAM

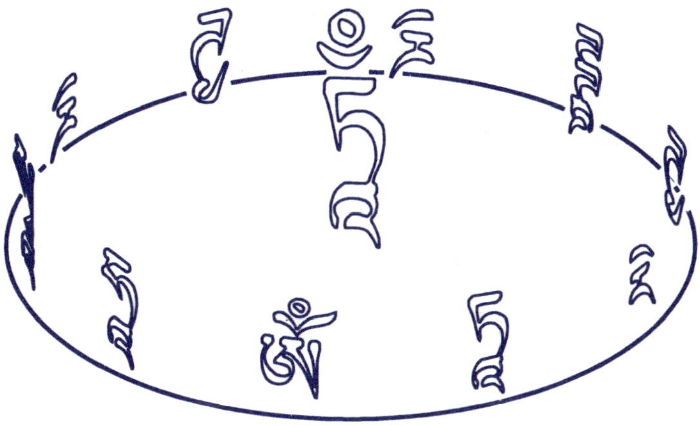

ཨོཾ་ཏཱ་རེ་ཏུཏྟཱ་རེ་ཏུ་རེ་སྭཱ་ཧཱ།

OM TA RE TUTTA RE TU RE SWA HA

DANKSAGUNGEN

Alles entsteht in wechselseitiger Abhängigkeit, so auch dieses Buch. Die Mitarbeit vieler Menschen, genannter und ungenannter, gipfelte schließlich im Erscheinen dieses Buches. Von diesem Verständnis getragen, gilt mein unbeschreiblicher Dank vor allem den folgenden Personen: Belle Waring, die im Laufe vieler Jahre mehrere Stunden täglich die Texte transkribiert hat – ohne ihre harte Arbeit und ihr Engagement wäre dieses Buch niemals in Druck gegangen. Lama Tenzin Chophel, dessen Unterstützung während dieser Zeit wesentlich war. Rick Finney und Dr. Richard Meadows, beides langjährige Freunde von mir und aufrichtig engagierte Praktizierende. Darüber hinaus gilt mein Dank Delia Emmerich, die in vielerlei Hinsicht geholfen hat, dieses Buch zusammenzustellen und Lea Roland, die in harter Arbeit letzte Korrekturen vorgenommen und sie in den Computer eingegeben hat. Ich möchte meine herzliche Wertschätzung für Kathy Dyhr, die den Satz vorgenommen hat und für Yvonne Lym, die viel Zeit geopfert und den Druck des Buches organisiert hat, zum Ausdruck bringen. Schließlich bin ich allen Mitgliedern der Dharma-Zentren in der ganzen Welt für ihre kontinuierliche Unterstützung und Ermutigung zu tiefstem Dank verpflichtet. Möge das Verdienst ihrer kollektiven Bemühungen von allen geteilt werden, und ich hoffe aufrichtig, dass Viele von den in diesem Buch dargestellten Lehren und Praktiken profitieren werden.

Khenchen Könchog Gyaltsen
Tibetan Meditation Center
Frederick, Maryland
Februar 1997

GLOSSAR

Anmerkungen zum Glossar

Das Glossar wurde für die deutsche Übersetzung neu erstellt. Die Erklärungen gehen teilweise über die Wortbedeutungen im Text hinaus und geben allgemeine Erläuterungen der Begriffe. Die im Glossar aufgeführten Worte sind beim ersten Auftreten *kursiv* gesetzt.

Die Umschrift der Sanskritworte folgt der international üblichen Schreibweise. Die Umschrift der tibetischen Worte wurde hier aus Gründen der Übersichtlichkeit und der einführenden Eigenschaft des Buches nicht streng nach einem System durchgeführt. Es wurde versucht, in deutscher Schreibweise der tibetischen Aussprache der Worte gerecht zu werden. Wir hoffen, dadurch einen einfacheren Einstieg zur Verwendung der Worte zu ermöglichen.

Für die Aussprache der Konsonanten in den Sanskritwörtern gelten folgende vereinfachte Ausspracheregeln:

Es wird

- **c** wie **tsch**
- **j** wie **dsch**
- **sh** wie **sch**
- **s** wie **ss**
- **v** wie **w**

gesprochen.

Abhängiges Entstehen → Pratitya-samutpada

Acharya: Skrt., „Lehrer“, Titel für einen ausgebildeten Lehrer.

Achi Chökyi Dölma: tib., eine Schützerin der Lehre, eine Ausstrahlung von *Vajrayogini*. Sie spielt in der *Drikung Kagyü* Tradition eine besondere Rolle. Der Gründer der Linie, Kyobpa *Jigten Sumgön*, gilt als Nachkomme von Achi Chökyi Dölma.

Acht Glück verheißende Zeichen: Acht Kostbarkeiten: (1) Kostbarer Schirm, (2) Goldene Fische, (3) Kostbare Vase, (4) Lotusblume, (5) weißes Muschelhorn, (6) Endlosknoten, (7) Fahne, Siegesbanner, (8) Goldenes Rad.

Acht weltliche Belange oder acht weltliche Dharmas: Diese enthalten vier, an die wir Anhaftung haben (Gewinn, Glück, Ehre und Lob) und vier, denen wir entgehen wollen (Verlust, Leid, Schande und Tadel).

Achtfache Opferung:. Diese Darbringung beinhaltet: (1) Wasser zum Trinken, (2) Wasser zum Waschen der Füße, (3) Blumen, (4) Räucherwerk, (5) Lichter, (6) duftendes Wasser, (7) Speisen, (8) Klänge.

Alaya-Bewusstsein → Alayavijnana

Alayavijnana: Skrt., Alaya-Bewusstsein; das Allem zugrunde liegende Bewusstsein, das die Grundlage für die karmischen Samen bildet.

Alleinverwirklicher → Pratyeka-Buddha

Ambrosia → Amrita

Amrita: Skrt. (tib. Dütsi), Nektar der Unsterblichkeit, manchmal übersetzt als Ambrosia (gr.-lat.: Speise der Götter in der griech. Sage).

Ananda: Skrt., ein Vetter von *Buddha Shakyamuni*, der lange Zeit sein engster Begleiter war.

Arhat: Skrt., „Feindzerstörer“, auch „Heiliger“, jemand, der bei sich die (inneren) Feinde der *Kleshas* beseitigt hat, die auf die Unwissenheit zurückzuführen sind.

Arya: Skrt., „In den Strom Eingetretener“, der Erhabene, der Edle. Ein Heiliger, d.h. jemand, der mindestens den dritten der fünf Pfade (Pfad des Sehens) erlangt hat.

Asanga: Skrt., Wegbereiter der Cittamatra. Er studierte insbesondere die Prajnaparamita-Sutra (Sutra über die Vollkommenheit der Weisheit), die die Erkenntnis der letztlichen Realität enthält. Verfasser zahlreicher Schriften zu Themen des Yogacara und Systematisierung des Bodhisattva-Weges.

Ashvagosha: Skrt., ein zum Buddhismus bekennender Brahmane, der zu den bedeutendsten Kunstdichtern Indiens gehört.

Atisha: Skrt., auch Dipamkara Sri Jnana (982-1054), Guru aus Bengalen. Sein bekanntestes Werk ist das Bodhipathapradipa. Meditationsmeister und *Pandit* an der buddhistischen Universität von Vikramashila in Indien. Er wurde wiederholt nach Tibet eingeladen, um zur Festigung der Lehre beizutragen und gründete die Kadampa-Schule.

Avalokiteshvara: Skrt. (tib. Chenresig), der Bodhisattva des Großen Mitgefühls. Das ihm zugeordnete Sechs-Silben-Mantra (Skrt. OM MANI PADME HUNG, tib. OM MANI PEME HUNG) wurde als erstes Mantra in Tibet eingeführt und ist dort bis heute am weitesten verbreitet.

Ayatana: Skrt., „Bereiche“, speziell die zwölf Sinnesbereiche. Dies sind die fünf Sinnesorgane Auge, Ohr, Nase, Zunge, Körper und die ihnen entsprechenden Objekte Form, Ton, Geruch, Geschmack und Körperempfindungen, sowie als sechstes der denkende Geist und seine Objekte, die Phänomene. Die achtzehn *Elemente* beinhalten zusätzlich die sechs diesen entsprechenden Bewusstseins-Elemente. Manchmal versteht man unter Ayatana auch nur die Objekte der Sinnesorgane.

Bardo: tib., „Zwischenzustand“. Allgemein werden damit verschiedene Bewusstseinszustände (z.B. Traum, Versenkung,

Wiedergeburt) bezeichnet. Insbesondere ist dies der Zwischenzustand nach Beendigung des Lebens, bevor man wieder in einen neuen Körper eintritt.

Bardo Thödöl: tib., „Befreiung durch Hören im Zwischenzustand", auch als Tibetisches Totenbuch bekannt. Ein Schatztext (tib. Terma), der die verschiedenen Stadien des Sterbeprozesses und des Zwischenzustandes beschreibt und Anweisungen zur Befreiung durch Hören enthält.

Bhagavati: Skrt., Anrede/Bezeichnung einer weiblichen Heiligen (Gottheit).

Bhikshu, Bhikshuni: Skrt., tib. Gelong, Gelongma. Ein voll ordinierter Mönch, bzw. eine voll ordinierte Nonne (vgl. Pratimoksha-Gelübde).

Bhrikuti: Skrt., eine Form der Tara (tib. Dölma).

Bhumi: Skrt., eine Stufe des Fortschreitens auf dem Bodhisattva-Pfad.

Bindu: Skrt., (tib. Thigle), „Tropfen" in den inneren Energiekanälen.

Bodhgaya: Skrt., Ort in Nordindien, im heutigen Bihar, an dem Buddha Shakyamuni die Erleuchtung erlangte, wichtiger buddhistischer Pilgerort.

Bodhi: Skrt., „Erwachen", das Erleben der Wahren Wirklichkeit aller Phänomene. Nachdem Buddha Shakyamuni die Vollkommene Erleuchtung erlangt hatte, erklärte er den Weg, der zur Erleuchtung führt.

Bodhicharyavatara: Skrt., „Eintritt in den Weg zur Erleuchtung", eines der herausragenden Werke des *Madhyamaka*, das von Shantideva (8.Jh.) verfasst wurde und bis heute als wichtiger Lehrtext im Tibetischen Buddhismus verwendet wird.

Bodhicitta: Skrt., (tib. Jangchub Sem) „Erleuchtungsgeist", das Streben nach Erleuchtung zum Wohle aller Wesen; die jedem Wesen innewohnende Erleuchtungsfähigkeit.

Bodhisattva: Skrt. (tib. Jangchub Sempa), „Erleuchtungswesen", die den Erleuchtungsgeist (Bodhicitta) entwickelt haben, d.h. sie haben die geistige Einstellung entwickelt, die Erleuchtung zum Wohle aller Wesen zu erlangen; auch Söhne des Buddha genannt.

Bodhisattva-Gelübde: Diese beinhalten das Versprechen eines Praktizierenden auf dem Wege zum Bodhisattva, die Erleuchtung zu erreichen, um alle Wesen dadurch zur Befreiung führen zu können. Sie gehören zur Entwicklung des Erleuchtungsgeistes (Skrt. Bodhicitta) und werden im *Mahayana* von Ordinierten und Laienanhängern abgelegt.

Bodhisattva-Stufen: die zehn Stufen auf dem Pfad eines Bodhisattva: (1) die Freudige, (2) die Stufe der Reinheit, (3) die Strahlende, (4) die Flammende, (5) die schwer Erreichbare, (6) die Offenkundige, (7) die Weitreichende, (8) die Unerschütterliche, (9) die von vollkommener Gesinnung, (10) Wolke der Lehre.

Bön: tib., vorbuddhistische religiöse Tradition in Tibet. Im 11. Jh. tritt die Bön-Schule als eine eigenständige Schulrichtung auf. Die noch heute existierende Schule teilt bestimmte Lehren mit den Nyingmapa.

Brahma: Skrt., Im Hinduismus der Schöpfergott, die Weltseele, der universelle Geist, im Buddhismus der König der Götter, der sich im Bereich der Form aufhält.

Buddha: Skrt. (tib. Sang-gye), „der Erwachte". Ein Mensch, der die zur Befreiung aus dem Kreislauf des Existenzen (Samsara) führende vollkommene Erleuchtung verwirklicht und die vollkommene Befreiung (Nirvana) erreicht hat. Auf der Ebene der Buddhaschaft sind die Beendigungen von allen Hindernissen und die Verwirklichungen aller Tugenden erreicht.

Buddha Amitabha: (tib. Öpame), der Herr des grenzenlosen Lichtes, Weisheit der unterscheidenden Klarheit. Die Wahrnehmung des unterscheidenden, urteilenden Verstandes wird durch innere Umwandlung zum schauenden Bewusstsein der Meditation.

Buddha Shakyamuni: Skrt., „der Weise aus dem Geschlecht der Shakyas", Beiname von Siddhartha Gautama, dem historischen

Buddha (ca. 620 -543 v. Chr.), dem Begründer der buddhistischen Lehre. Der historische Buddha ist einer der 1.000 Buddhas, die in diesem Glücklichen Zeitalter erscheinen. Seine Lehren (Dharma) sind bis heute erhalten geblieben.

Buddha-Länder: Die Buddha-Länder bezeichnen besondere Bewusstseinszustände, wobei außer dem eigenen Karma die Hilfe des entsprechenden Buddha eine Rolle spielt, um in einem Reinen Land wiedergeboren zu werden. Den verschiedenen Buddhas entsprechend gibt es unendlich viele Reine Länder.

Buddha-Natur → Tathagatagarbha

Buddhaschaft: Ausdruck für die Verwirklichung der Vollkommenen Erleuchtung, die einen Buddha auszeichnet. Auf der Ebene der Buddhaschaft sind die Beendigungen von allen Hindernissen und die Verwirklichungen aller Tugenden erreicht.

Chakra: Skrt. (tib. Khorlo), „Rad, Kreis", Bezeichnung für die Zentren subtiler oder feinstofflicher Energie im Energiekörper des Menschen.

Chakrasamvara: Skrt. (tib. Khorlo Demchog), Meditations-Gottheit (Skrt. *Istadevata*) der höchsten Tantraklasse (Anuttarayogatantra), die wichtigste Meditations-Gottheit der Kagyü-Linie.

Chenresig → Avalokiteshvara

Chöd: tib., „abschneiden, abtrennen". Eine Methode des Tibetischen Buddhismus, die dazu dient, Verdienst anzusammeln und die die symbolische Abtrennung des fälschlichen Glaubens an ein 'Selbst' oder 'Ich' beinhaltet, indem man sich vorstellt, seinen eigenen Körper als Opfergabe darzubringen.

Cittamatra: Skrt., „Nur-Geist", auch Yogacara (Ausübende des Yoga) oder Vijnanavada (Vertreter von Erkenntnis). Ein System des Mahayana, das von Asanga und Vasubhandu entwickelt wurde. Es bezieht sich auf das 3. Drehen des Rades der Lehre.

Dakas und Dakinis: Skrt. (tib. Pawo und Khadro), erleuchtete Wesen (männlich und weiblich) in der Praxis des Vajrayana, die sich auf der Ebene der Höchsten Wirklichkeit befinden.

Deva: Skrt., Kurzform von *Istadevata* (tib. Yidam), „fester Geist". Eine erleuchtete Wesenheit (Meditations-Gottheit) im System des *Vajrayana*: yi: Bewusstsein, dam: Schutz. Devas sind Manifestationen des *Sambhogakaya* und werden bei meditativen Übungen an Hand einer Sadhana visualisiert, nachdem man entsprechende Übertragungen und Erklärungen erhalten hat. Da die Funktionen des Deva sehr komplex sind, unterscheiden sich die Erklärungen zu den Anordnungen in den Texten.
Deva ist auch eine Bezeichnung für Wesen in göttlichen Bereichen, die sich noch im Daseinskreislauf (Samsara) befinden.

Dewachen: → Sukhavati

Dharma: Skrt. (tib. Chö), „tragen, halten". Das Wort 'Dharma' hat verschiedene Bedeutungen: (a) Allgemein kann jedes Phänomen als Dharma bezeichnet werden. (b) Im Besonderen versteht man unter Dharma die Lehren des Buddha (Dharma-Juwel). Diese beinhalten die Drei Körbe der Lehre (Tripitaka).

Dharmadhatu: Skrt., der „Bereich der Erscheinungen", der „Dharma-Raum", in dem alle Erscheinungen entstehen, bestehen und vergehen.

Dharmakaya: Skrt., der „Weisheitskörper/Wahrheitskörper" eines Buddha (vgl. Kaya). Im Mahayana wird das allwissende Bewusstsein eines Buddha Dharmakaya genannt.

Dharmakirti: Skrt., „Dessen Ruhm der Dharma ist", südindischer Mönch und maßgeblicher Logiker und Erkenntistheoretiker des späten Mahayana-Buddhismus, der Mitte des 7. Jh. lebte. In Tibet zählt Dharmakirti neben *Nagarjuna*, Aryadeva, *Asanga*, Vasubandhu und Dignaga zu den „Sechs Zierden der Lehre".

Dharmapala: Skrt., „Schützer der Lehre" des Buddha, oft zornvoll erscheinende Meditationsgottheiten. Zum Schutz der Lehre und der Institutionen gegen feindliche Kräfte wird im Vajrayana eine Gruppe von Gottheiten durch die Durchführung einer *Sadhana* angerufen.

Dharmaschützer → Dharmapala

Dharmata: Skrt., letztliche Realität, letztendlicher, reiner Zustand; essenzieller Zustand, das Wesen aller Daseinselemente.

Dhatu: Skrt., „Region, Bereich, Element". Dieser Begriff dient als Bezeichnung für die Vier Elemente (Erde, Feuer, Wasser, Wind), die Sechs Elemente (Vier Elemente plus Raum und Bewusstsein) oder die 18 Elemente (*Ayatana*). Je nach Zusammenhang sind damit auch die Drei Welten oder Drei Bereiche gemeint (*Triloka*).

Drei Bereiche / Drei Welten → Triloka

Drei Juwelen → Triratna

Drei Schriftabteilungen → Tripitaka

Drei Silben: weißes OM, rotes AH, blaues HUNG.

Drei Wurzeln: Die zusätzlichen Objekte der Zuflucht im *Vajrayana*: (1) Guru, die Wurzel des Segens, (2) Deva, die Wurzel aller Fähigkeiten, (3) Dakini, die Wurzel für die Buddha-Aktivität.

Drei Yanas → Yana

Drikung Bhande Dharamradza: (1704-1754) war eine Reinkarnation des großen Drikung Dharmakirti (1595-1659), dem ersten Drikung Kyabgön Chungtsang Rinpoche.

Drikung-Kagyü: tib., Eine Traditionslinie des tibetischen Buddhismus. Sie wurde durch *Kyobpa Jigten Sumgön* gegründet. Die jetzigen Oberhäupter sind Drikung Kyabgön Chetsang Rinpoche und Drikung Kyabgön Chungtsang Rinpoche.

Dzogchen: tib., „die Große Vollendung", ursprüngliche Bewusstheit, frei von konzeptuellen Vorstellungen. Das Erkennen der Natur des Geistes.

Elemente: Vier Elemente: Erde, Feuer, Wasser, Luft. Fünf Elemente: vier Elemente plus Raum.

Erleuchtung → Bodhi

Fünf besonders schwerwiegende unheilsame Handlungen: (1) Töten der Mutter, (2) Töten des Vaters, (3) Töten eines Arhat,

(4) Verletzen eines Buddha, (5) Säen von Zwietracht innerhalb der Sangha.

Fünf Gelübde → Laiengelübde

Gampopa: (1079-1153), Schüler von *Milarepa* und Lehrer von Phagmo Drupa und des ersten Karmapa. Er verbindet die drei Großen Linien (von *Nagarjuna*, *Asanga* und Tilopa). Ein Hauptwerk von Gampopa ist „Der Juwelenschmuck der Befreiung".

Gandharva: Skrt., im Buddhismus manchmal als Bezeichnung für das (Geist-) Wesen im Zwischenzustand (nach dem Tod der vorherigen Existenz bis zur Wiederverkörperung in einer neuen Existenz), manchmal halbgöttliche Wesen, die als himmlische Musikanten den Himmelsraum füllen.

Gantha: Skrt., Ritualglocke, symbolisiert Weisheit, Einsicht, weibliches Prinzip.

Geistesfaktoren: Mit Geistesfaktoren (geistige Bildekräfte) bezeichnet man eine Erkenntnis, die Besonderheiten eines Objektes erfasst und in Begleitung eines Haupt-Geistes auftritt. Dies sind z.B. Empfindung, Wille, Unterscheidung, Aufmerksamkeit usw. bis hin zu Begierde, Hass, Stolz. Sie zählen zu den fünf → Skandhas (der Person).

Gelong, Gelongma → Bhikshu, Bhikshuni

Gelongma Palmo: tib., buddhistische Nonne in Tibet, Begründerin des Fastenrituals des 1000-armigen Avalokiteshvara.

Gelübde: Regeln für buddhistische Laien oder Ordinierte, die in unterschiedlichen Stufen angenommen werden können: Pratimoksha-Gelübde, Bodhisattva-Gelübde, Vajrayana-Gelübde.

Großes Fahrzeug → Mahayana

Grüne Tara → Tara

Guru: Skrt. (tib. Lama), Geistiger Lehrer. Im Besonderen versteht man darunter den spirituellen Meister, der den Weg kennt, den Sinn und Zweck des Lebens erklärt und den Weg zur Selbstverwirklichung, aber auch seine Gefahren und Hindernisse zeigt. Der

Höchste Lehrer ist Buddha Shakyamuni, der historische Buddha, der Begründer der buddhistischen Lehre (Dharma).

Hinayana: Skrt., „kleines Fahrzeug“, manchmal auch als Theravada bezeichnet (vgl. *Yanas*).

Hinayana-Gelübde: das Enthalten von negativen Handlungen von Körper, Sprache und Geist.

Hörer → Shravaka

Illusionskörper → Mayakaya

Indischer Buddhismus: Die ursprünglichen Lehren wurden von Buddha Shakyamuni in Nord-Indien verbreitet. Von den älteren Schulen hat bis in die Gegenwart der Theravada überlebt. Später entstanden das Mahayana und das Vajrayana, die sich neben den älteren Schulen in Indien und anderen Ländern verbreiteten.

Indra: Skrt., (auch Sakra), König der 33 Götter im Bereich der Begierde (vgl. *Drei Bereiche*).

Inhärente Existenz: Glaube an die Wesenhaftigkeit eines Objektes, d.h. dass ein gewöhnliches Objekt (und man Selbst) aus sich heraus besteht. Durch diese falsche Auffassung (Unwissenheit) werden die Wesen Opfer der Geistesgifte und verstricken sich im Kreislauf des Leidens durch Taten, die sie auf Grund ihrer verfälschten Wahrnehmung und Geisteshaltung ausführen. (vgl. Leerheit)

Istadevata: kurz: → Deva

Jigten Sumgön → Kyobpa Jigten Sumgön Ratnashri

Kalpa: Skrt., „Weltperiode, Weltenzyklus“, Bezeichnung für einen unermesslich großen Zeitraum, der die Grundlage der buddhistischen Zeitrechnung darstellt. Ein Kalpa wird in vier Abschnitte eingeteilt: (1) Weltentstehung, (2) Bestehen der Welt, (3) Weltuntergang, (4) Periode des Chaos.

Karma: Skrt., „Tat, Handlung“, das Gesetz von Ursache und Wirkung. Dies sind Handlungen von Körper, Sprache oder Geist, die die Ursache für zukünftige Wirkungen erzeugen. Die Meditation über Karma ist ein Mittel gegen die Unkenntnis der Zusammenhänge von Ursache und Wirkung.

Kashyapa: Skrt., (1) gehörte mit Shariputra und Maudgalyayana zu den Hauptschülern von Buddha Shakyamuni, (2) Buddha Kashyapa: ein vor Buddha Shakyamuni erschienener Buddha.

Kaya: Skrt., „Buddha-Körper". Wenn die Buddhaschaft erlangt wird, manifestieren sich gleichzeitig die Vier Buddha-Körper (Vier Kayas):
- zwei Arten von Wahrheitskörpern (Dharmakaya): (1) Weisheits-Dharmakaya (Jnanakaya): die Allwissenheit des Buddha, und (2) natürlicher Dharmakaya (Svabhavikakaya): die letztliche Natur des Geistes
- zwei Arten von Formkörpern (Rupakaya): (3) Körper des vollkommenen Erfreuens (Sambhogakaya): z.B. der Körper eines Bodhisattva und (4) Ausstrahlungskörper (Nirmanakaya): z.B. Buddha Shakyamuni.

Bei der Einteilung in Drei Kayas werden die zwei Wahrheitskörper zusammengefasst.

Khenchen: tib., „Großer" Khenpo, vgl. Khenpo.

Khenpo: tib., der Hauptlehrer oder die spirituelle Autorität in einem Kloster. Obwohl das Wort häufig mit 'Abt' übersetzt wird, ist der Khenpo im Allgemeinen nicht der Verwalter des Klosters. Der Titel wird auch an besonders gelehrte spirituelle Lehrer verliehen.

Klesha: Skrt., die aus der Ergreifung eines „Selbst" resultierenden widerstreitende (störende) Gefühle oder fesselnde Leidenschaften wie Begierde, Hass und Unwissenheit.

Kusha: Skrt., ein Gras, das als Meditationsunterlage dient, aber auch bei Ritualen benutzt wird.

Kyobpa Jigten Sumgön Ratnashri: (1143-1227), Begründer der Drikung-Kagyü-Linie, Schüler von Phagmodrupa.

Laien-Gelübde: Die fünf Regeln für Laien (Skrt. Upasaka): (1) nicht zu töten, (2) nicht zu stehlen, (3) kein sexuelles Fehlverhalten zu praktizieren, (4) nicht zu lügen und (5) keine Drogen oder Alkohol zu genießen.

Lama → Guru

Leerheit → Shunyata

Machig Labdrön: tib., berühmte tibetische Mystikerin (1055-1149), Schülerin von Phadampa Sanggye, Repräsentantin der Lehre des *Chöd*.

Madhyamaka: Skrt., Lehrsystem des Mahayana, dessen Lehrsätze auf dem Drehen des 2. Rades der Lehre beruhen (Prajnaparamita-Sutras). Es gibt die Unterteilung in: Svatantrika-Madhyamika und Prasangika-Madhyamika. Ein Madhyamika ist ein Anhänger dieses Lehrsystems.

Mahamudra: Skrt., das „Große Siegel" der Wirklichkeit. Eine der höchsten Lehren des Vajrayana, die in Tibet besonders in der Kagyü-Schule überliefert wurde. Die Praxis und das Erkennen von Mahamudra ist die Essenz aller Dharmas. Sie ist das Erkennen der höchsten Wirklichkeit, die Verwirklichung der Natur des Geistes. Es ist ein Zustand der Vollkommenheit, der frei von allen dualistischen Konzepten ist. Diese Einsicht ist nicht verschieden von der Erkenntnis der Prajnaparamita (vollkommenen Weisheit) und der höchsten Erkenntnis aller Buddhas.

Mahayana: Skrt., „Großes Fahrzeug", auch Paramitayana; der Pfad der Bodhisattvas. Neben dem Hinayana die zweite der beiden großen Schulrichtungen des Buddhismus. Hinayana und Mahayana unterscheiden sich in der Betonung verschiedener Aspekte der Lehre. Während im Hinayana die eigene Befreiung angestrebt wird, ist es das Ziel des Mahayana, die Erleuchtung zu erlangen, um zum Wohle aller Wesen wirken zu können. Das Ideal des Mahayana wird im Bodhisattva verkörpert, der besonders großes Mitgefühl besitzt.

Maitreya: Skrt., (tib. Jampa), der Bodhisattva der Liebe, der kommende Buddha. Er wurde von Buddha Shakyamuni als nächster Buddha vorausgesagt und verweilt derzeit im Tushita-Himmel.

Mala: Skrt., „Kranz, Rose", Gebetskette mit 108 bzw. 111 Perlen, die bei der Rezitation von Mantras, Dharanis und Buddha-Namen zum Zählen der Wiederholungen verwendet wird.

Mandala: Skrt., „Kreis, Bogen, Abschnitt". Symbolische Darstellung des Bereiches einer Gottheit in zwei- oder dreidimensionaler Form. Die bildliche Darstellung in Form von Thangkas (Rollbilder) wird hauptsächlich als Meditationshilfe verwendet. Bei besonderen Ermächtigungen werden Mandalas aus gefärbtem Sand angefertigt, der anschließend in einen Fluss gestreut wird.

Mandala-Opferung: Das Opfern des Mandala ist ein Teil der Vorbereitenden Übungen (tib. Ngöndro) und symbolisiert die Opferung des ganzen Universums.

Mandarawa: Skrt., Gefährtin von *Padmasambhava.*

Manjushri: Skrt. (tib. Jampäl Yang), „Der Edle und Sanfte", der Bodhisattva der Weisheit und des Wissens. Er trägt in der rechten Hand das Schwert der Weisheit, mit dem er die Unwissenheit zerschneidet. In der linken Hand hält er ein Buch, die Prajnaparamita-Sutra, welches die Vollkommenheit der Weisheit symbolisiert.

Mantra: Skrt., „Schutz des Geistes", besondere Silben oder Worte, die den verschiedenen Emanationen der Buddhas zugeordnet sind. Sie wirken aufgrund der Kraft des Klanges. In der Meditation wird die Wiederholung von Mantras in vielen buddhistischen Schulen geübt, spielt aber im Vajrayana eine besondere Rolle. Die Rezitation des Mantra wird in Verbindung mit genau erklärten Visualisationen und bestimmten Körperhaltungen (Mudra) an Hand von Sadhanas durchgeführt.

Mara: Skrt., „Zerstörer", die Verkörperung negativer Energien, die innere und äußere Hindernisse auf der relativen Ebene hervorrufen. Sie symbolisieren die den Menschen überwältigenden Leidenschaften sowie alles, was das Entstehen heilsamer Wurzeln und den Fortschritt auf dem Weg zur Erleuchtung verhindert.

Mayakaya: Skrt., „Illusionskörper", feine, körperlose Form, die durch die Praxis der Vollendungsstufe des höchsten Yogatantra erzeugt wird.

Meditation: (Skrt. Bhavana, tib. Gom), „Sich-vertraut-machen, gewöhnen“ an heilsame Geisteszustände. Meditationen sind religiöse Übungen, die oft sehr verschieden sind, aber das gleiche Ziel haben: das Bewusstsein in einen Zustand zu versetzen, in dem es zu einer Erfahrung des „Erwachens“, der „Befreiung“ oder „Erleuchtung“ kommen kann. Die beharrliche Übung der Meditation führt zur der Erkenntnis der Wirklichkeit. Wird diese Erfahrung auf dem Weg der fortgesetzten geistigen Schulung vertieft, wird damit schließlich der Zustand erreicht, der als Vollkommene Erleuchtung (Buddhaschaft) bezeichnet wird.

Meditation der Geistigen Ruhe → Shamatha

Milarepa: tib., „Der das Baumwollgewand trägt“, großer tibetischer Yogi, der die Buddhaschaft in einem einzigen Leben erlangte. Seine Biographie mit den darin enthaltenen spirituellen Liedern ist bis heute eine der großen Inspirationsquellen des Tibetischen Buddhismus.

Mo: tib., eine Zukunftsdeutung, die manchmal in tibetischen Traditionen praktiziert wird.

Naga: Skrt., Hüter der Wunscherfüllenden Juwelen. Schlangenähnliche Wesen, die im Wasser leben. Sie hörten die Lehren des Buddha und beschützten sie in ihrem Reich, bis sie diese an Nagarjuna übergaben.

Nagarjuna: Skrt., (ca. 100 n. Chr.), großer buddhistischer Gelehrter. Er kommentierte hauptsächlich die *Sutras* des Mittleren Rades der Lehre über die Vollkommenheit der Weisheit (Prajnaparamita) und setzte damit die Lehre des Madyamaka, des Mittleren Weges, in Gang.

Naropa: Skrt., (1016-1100), einer der bekanntesten indischen Mahasiddhas und bedeutender Überlieferungsträger der Mahamudra-Lehren. Die *Sechs Yogas von Naropa* gelangten über seinen Schüler Marpa nach Tibet und sind bis heute in der Kagyü-Tradition erhalten.

Nihilismus: eine Theorie, in der erklärt wird, dass nichts wirklich existiert, nichts geschieht und nichts mitgeteilt werden kann.

Nirmanakaya: Skrt., „Ausstrahlungskörper, Erscheinungskörper“, der irdische Körper, in dem die Buddhas den Menschen erscheinen, um ihren Entschluss zu erfüllen, alle Wesen zur Befreiung zu führen. Das Weisheitsbewusstsein des Buddha nimmt in Formen Gestalt an, die für das gewöhnliche Auge sichtbar sind, wenn das nötige Karma vorhanden ist.

Nirvana: Skrt., „Verlöschen, Beenden“, Zustand der Befreiung aus Samsara, Stufe des Aufhörens des Leidens. Im frühen Buddhismus wird es als das Ausscheiden aus dem Kreislauf der Wiedergeburten und Eingehen in eine andere Existenzweise verstanden. Im Mahayana wird Nirvana als die Erfahrung des Einsseins mit dem Absoluten aufgefasst. Diese Erfahrung wird als grenzenlose Einheit mit allen Erscheinungen erlebt.

Padmasambhava: Skrt. (tib. Pema Jungnä), „der aus dem Lotus Geborene“, von Tibetern auch als Guru Rinpoche bezeichnet, der wesentlich dazu beitrug, die Lehren des Buddha in Tibet einzuführen. Er lebte zur Zeit des tibetischen Königs Trisong Detsen und gründete im 8. Jh. die Nyingmapa-Linie.

Pandit: Skrt., (tib. Lotsava): Übersetzer buddhistischer Schriften

Paramita: Skrt. Das Wort „paramita“ leitet sich von „param“, jenseits der Küste, und „ita“, die Ankunft nach der Überquerung des Ozeans von Samsara, ab. „Das, was das andere Ufer erreicht hat“, das Transzendente, allgemein als „Vollkommenheiten“ übersetzt. vgl. *Sechs Paramitas*

Pitaka: Skrt., „Korb“ → Tripitaka: „Drei Körbe“ der Lehre.

Prana: Skrt. (tib. Lung), „Energie-Wind“, Energieströme in den inneren Energiekanälen, die alle psychophysischen Funktionen steuern und dem entsprechenden Bewusstsein als Grundlage dienen.

Pratimoksha-Gelübde: Skrt., Gelübde zur individuellen Befreiung. Hierbei handelt es sich um verschiedene einzuhaltende Regeln, die das körperliche, sprachliche und geistige Verhalten so kontrollieren sollen, dass es der Erlangung der individuellen (prati) Befreiung (moksha) dienlich ist. Die sieben Formen der individuellen Befreiung sind: (1) Laienanhänger (Upasaka), (2)

Laienanhängerin (Upasika), (3) Novize (Shramanera), (4) Novizin (Shramanerika), (5) Nonnenkandidatin (Siksamana), (6) Mönche (Bhikshu), (7) Nonne (Bhikshuni).

Pratitya-samutpada: Skrt., „Abhängiges Entstehen", Entstehen in Abhängigkeit. Die Zwölf Glieder des abhängigen Entstehens sind: (1) Unwissenheit, (2) Gestaltende Tat, (3) Bewusstsein, (4) Name und Form, (5) Sechs Sinneskräfte, (6) Berührung, (7) Empfindung, (8) Verlangen, (9) Ergreifen, (10) Werden, (11) Geburt, (12) Altern und Tod.
Um die Ursachen zu erklären, wird die Reihenfolge umgekehrt: Das Leiden dieses Lebens entsteht dadurch, dass man in diese Existenz geboren wurde, die die vorhergehenden Faktoren zur Ursache haben bis hin zum Bewusstsein, das bestimmte karmische Anlagen trägt, die durch Handlungen entstanden sind, die von Unwissenheit motiviert sind. So kommt man auf die eigentliche Ursache, die in der Unwissenheit liegt. Durch die Beendigung der Unwissenheit erreicht man die Befreiung aus dem Kreislauf des Leidens (Skrt. Samsara) und erlangt den Zustand der Befreiung (Skrt. Nirvana).

Pratyeka-Buddha: Skrt., „Alleinverwirklicher". Jemand, der seine eigene Erleuchtung anstrebt, ohne sich in diesem Leben auf einen Lehrer zu stützen.

Pretas: Skrt. (tib. Yidag), „Ausgeschiedene", sog. Hungrige Geister, eine der drei unteren Existenzweisen. Geiz, Neid und Eifersucht können eine Wiedergeburt als Preta zur Folge haben.

Rad der Lehre: Nach der Darstellung des Mahayana hat der Buddha seine Belehrungen in drei Hauptabschnitten gegeben, den Drei Rädern der Lehre: (1) Das Erste besteht aus den Drei Körben der Lehre und in ihm werden die Vier Edlen Wahrheiten erklärt. (2) Das Zweite besteht im Wesentlichen aus den Sutras oder Lehrreden über die Vollkommenheit der Weisheit (Prajnaparamita-Sutras). (3) Das Dritte besteht aus den Lehren über die wesenhafte Einheit von Erscheinung und Leerheit. Es besteht hauptsächlich aus dem „Sutra der Enträtselung der Gedanken des Buddha" (Samdinimurchana-Sutra). Dass der Buddha nichts Widersprüchliches gelehrt hat, wird im dritten Rad der Lehre dargelegt.

Rinpoche: tib., „Kostbarer", ein Titel, der inkarnierten Meistern und ausgezeichneten spirituellen Lehrern vorbehalten bleibt. Das Wort wird als Ausdruck in der Anrede wie auch als letztes Element im Namen verwendet.

Sadhana: Skrt., „zum Ziel gelangen, Mittel zur Vollendung". Im Vajrayana ist dies eine Bezeichnung für eine bestimmte Art von Ritualtexten und die darin aufgeführten Meditationsübungen. Sie enthält Gebete und Anweisungen zur Meditation, die im Zusammenhang mit einer bestimmten Meditationsgottheit rezitiert werden. Beispiele für Sadhanas sind in den Meditationen im Anhang des Buches enthalten.

Samadhi: Skrt., „Fixieren, Festmachen". Die „Sammlung des Geistes" auf ein Objekt, die aus der Beruhigung der Geistestätigkeit hervorgeht. Sie ist ein nicht-dualistischer Bewusstseinszustand, die Erfahrung der Einheit von Subjekt und Objekt, die eine Vorraussetzung für das Entwickeln der verschiedenen Stufen der Meditation (Dhyana: Skrt., „Meditation, Vertiefung") ist. (vgl. Shamatha).

Samaya: Skrt. (tib. Damtsig), Versammlung, Versprechen zwischen Guru und Schüler. Verbindungen, die durch Ermächtigungen des Vajrayana entstehen und durch das Einhalten von Regeln (Vajrayana-Gelübde) aufrechterhalten werden.

Sambhogakaya: Skrt., „Körper des vollkommenen Erfreuens". Einer der Vier *Kayas*.

Samsara: Skrt. (tib. Khorwa), „Wanderung", der Kreislauf der Existenzen; eine Folge von Wiedergeburten, die ein Wesen immer wieder erlebt, solange es nicht die Befreiung erlangt hat. Das Gefangensein im Samsara wird durch die Drei Gifte (Begierde, Hass, Unwissenheit) bedingt. Die Art der Wiedergeburt in einem der Sechs Bereiche hängt mit dem Karma der Wesen zusammen.

Sangha: Skrt. (tib. Gedün), „Menge, Schar", die geistige Gemeinschaft. Diese umfasst jene, die uns motivieren, Erleuchtung zu erlangen und die selbst die Motivation haben, die Befreiung zu erlangen. Das Sangha-Juwel ist das dritte Zufluchtsobjekt.

Sarwa Mangalam: Skrt., der Wunsch, dass diese Handlung den Wesen zum Nutzen sein möge.

Sechs Bereiche: die sechs Bereiche des Daseinskreislaufes → Samsara.

Sechs Paramitas: Skrt., die höchsten Tugenden, die ein Bodhisattva auf seiner Laufbahn vervollkommnet: (1) Dana-Paramita (Freigebigkeit), (2) Shila-Paramita (Ethik), (3) Shanti-Paramita (Geduld), (4) Virya-Paramita (Freudige Anstrengung), (5) Dhyana-Paramita (Meditation, Konzentration), (6) Prajna-Paramita (Weisheit). vgl. *Paramita*

Sechs Yogas von Naropa: eine Gruppe von Lehren des Vajrayana, die neben der Mahamudra-Lehre die wichtigsten Übungen der Kagyü-Schule sind: (1) Innere Hitze (tib. Tumo), (2) Klares Licht (tib. Ösel), (3) Traum-Yoga (tib. Milam), (4) Illusionskörper (tib. Gyulü), (5) Zwischenzustand (tib. Bardo), (6) Bewusstseinsübertragung (tib. Phowa).

Sechs-Silben-Mantra: Das Mantra des Bodhisattva Avalokiteshvara. Die sechs Silben des Mantras OM MANI PADME HUNG „Oh du Juwel im Lotus" haben eine sehr umfangreiche Bedeutung. Nach den Erklärungen der Texte können Beziehungen der sechs Silben zu verschiedenen Gruppen wie den Sechs Bereichen des Samsara, den sechs Vollkommenheiten (Paramita) usw. hergestellt werden.

Shakyamuni → Buddha Shakyamuni

Shamatha: Skrt. (tib. Shine), „Ruhiges Verweilen, Geistige Ruhe", Übungen zur Befriedung des Geistes von Ablenkungen, so dass er bei dem Objekt der Betrachtung verweilen kann. Um den nicht-dualistischen Bewusstseinszustand (vgl. Samadhi) zu erreichen, wird der Geist durch Ruhiges Verweilen zur Ruhe gebracht und durch die Entwicklung der Besonderen Einsicht (Vipashyana, tib. Lagthong) zur Erkenntnis der Wirklichkeit geführt. Die Vereinigung von Geistiger Ruhe und Besonderer Einsicht in der *Meditation* führt so zur unmittelbaren Wahrnehmung der Natur des Geistes und zur Entwicklung der Tugenden und Qualitäten auf den weiteren Stufen der Meditation.

Shantideva: Skrt., Vertreter der Madhyamaka-Schule des Mahayana. Er wirkte im 7./8. Jh. an der Klosteruniversität Nalanda. Verfasser der Shikshamuchchaya (Sammlung der Regeln) und der *Bodhicaryavatara.*

Shiva: Skrt., „der Gütige", neben Brahma und Vishnu die dritte Gottheit des Hinduismus, der die Auflösung und Zerstörung symbolisiert.

Shravaka: Skrt., „Hörer" (des Sutrayana), jemand, der seine eigene Erleuchtung anstrebt und nach den Lehren des Theravada (Hinayana-Schule, die in südasiatischen Ländern verbreitet ist) hört und studiert.

Shunyata: Skrt., „Leerheit", ein zentraler Begriff des Buddhismus. Ein korrektes Verständnis der Leerheit besteht darin, die beiden Gesetzmäßigkeiten der Leerheit und des abhängigen Entstehens miteinander in Verbindung zu bringen und gleichzeitig an einem Phänomen erkennen zu können. Das Phänomen ist abhängig existent und gleichzeitig leer von inhärenter Existenz. Ein falsches Verständnis der Leerheit führt zu den Extremen des Nihilismus und Eternalismus.

Skandhas: Skrt., „Gruppe, Anhäufung", auch Aggregation. Jede Aggregation ist eine Anhäufung oder Ansammlung von vielen Teilen. In Bezug auf die Person werden Fünf Skandhas erklärt: (1) Form, (2) Empfindung, (3) Unterscheidung, (4) Geistesfaktoren, (5) Hauptbewußtsein.

Stufen und Pfade: Jedes der Drei Fahrzeuge (vgl. *Yana*) besteht aus 5 Pfaden:

1. Pfad der Ansammlung
2. Pfad der Vorbereitung
3. Pfad des Sehens
4. Pfad der Meditation
5. Pfad der Vollkommenheit (des Nicht-mehr-Lernens)

Diese beinhalten verschiedene Stufen der Erkenntnis und Verwirklichung entsprechend den Übungen auf den Pfaden.

Stupa: Skrt. (tib. Chörten), ein Gebäude von spezieller Bauart zur Verehrung erleuchteter Wesen, die den Weisheitsgeist des Buddha repräsentieren.

Sugata: Skrt., „der wirklich Gegangene; der zu dem segensreichen Ort (Shunyata) gegangene". Jemand, der durch Vervollkommnung der Weisheit und des Mitgefühls die Buddhaschaft erlangt hat. Hier: Ein Beiname des Buddha.

Sukhavati: Skrt. (tib. Dewachen), „Das Glückvolle", das reine Buddha-Land von Buddha Amitabha, der dies durch sein Verdienst und seine besonderen Wunschgebete geschaffen hat; das westliche Paradies, eines der bedeutendsten *Buddha-Länder* des Mahayana. Durch die Meditationspraxis von Buddha Amitabha, die Rezitation seines Namens und seines Mantra, kann man dort nach diesem Leben wiedergeboren werden.

Sutra: Skrt., „Leitfaden", die Lehrreden des Buddha. Die Sutras sind im 2. Korb der buddhistischen Lehre (vgl. Drei Körbe der Lehre) zusammengefasst, dem so genannten „Korb der Lehrreden" (Skrt. Sutrapitaka). Die Sutras sollen direkt auf den Buddha zurückgehen und sind in Pali, Sanskrit sowie in chinesischen und tibetischen Übersetzungen erhalten.

Tantra: Skrt., (tib. Gyü), „Zusammenhang, Kontinuität, Faden", die Kontinuität des unbefleckten, ursprünglichen Geistes. Im Tibetischen Buddhismus als Bezeichnung für verschiedene Arten von Texten (medizinischen Tantras usw.), in erster Linie jedoch Oberbegriff für die Grundwerke des Vajrayana und die von diesen beschriebenen Meditationssysteme, die in verschiedene Tantra-Klassen unterteilt sind.

Tara: Skrt. (tib. Dölma), „die Barmherzige, die Retterin", die uns hilft, zum anderen Ufer zu gelangen, die uns vor Furcht und Angst beschützt und unsere Wünsche erfüllt. Sie gilt als Schutzpatronin Tibets und entspricht dem weiblichen Aspekt von Avalokiteshvara. Tara ist eine weibliche Gottheit in (21) verschiedenen Manifestationen, die zum Schutz vor Krankheiten usw. angerufen wird.

Tathagatagarbha: Skrt., „den Vollendeten in sich enthaltend". Die Grundlage zum Erlangen der Erleuchtung, von Tathata (Soheit): die Buddha-Natur, die jedem Wesen innewohnt.

Tibetischer Buddhismus: eine nicht nur in Tibet, sondern auch in angrenzenden Himalaya-Ländern praktizierte Form des Mahayana-Buddhismus. Die Grundlagen wurden im 8. Jh., zur Zeit von König Trisong Detsen, in Tibet eingeführt. Die indischen Texte wurden ins Tibetische übersetzt und durch zahlreiche tibetische Kommentare erweitert. Es entwickelten sich verschiedene Schulen, wovon die Vier großen Schulen (Nyingmapa, Kagyüpa, Sakyapa und Gelugpa) die bekanntesten sind.

Tibetisches Totenbuch → Bardo Thödöl

Torma: tib., „Opferkuchen", rituelles Opfer im Vajrayana.

Triloka: Skrt., Drei Bereiche, drei Welten: 1. der Bereich der Begierde oder der Sinnesfreuden (Kamadhatu), 2. der Bereich der Form oder der Begierdelosigkeit (Rupadhatu) und 3. der Bereich der Formlosigkeit (Arupadhatu).

Tripitaka: Skrt., „Drei Körbe der Lehre", sie gehören zum 1. Rad der Lehre und enthalten die Drei Schriftabteilungen: (1) Vinayapitaka, Skrt., die Schriftabteilung der Disziplin zur Schulung der Ethik, (2) Sutrapitaka, Skrt., die Schriftabteilung der Lehrreden zur Schulung der Meditation, (3) Abhidharmapitaka, Skrt., die Schriftabteilung des Höheren Wissens zur Schulung der Weisheit.

Triratna: Skrt., „Drei Juwelen", die Drei Kostbarkeiten, die Drei Objekte der Zuflucht: (1) Buddha, der Lehrer, (2) Dharma, die Lehre, (3) Sangha, die Geistige Gemeinschaft.

Tushita: Skrt., „die Stillzufriedenen", ein von Göttern bewohnter Bereich, in dem der zukünftige Buddha (Maitreya) weilt, bis er im Bereich der Menschen erscheint.

Upasaka/Upasika: männlicher/weibliche Laie, der/die eines oder mehrere der fünf Laien-Gelübde einhält.

Vairocana: Skrt. (tib. Nampar Nangdsä), „der Sonnengleiche, der Strahlende", Verkörperung des universalen Gesetzes, einer der Fünf Dhyani-Buddhas. Er wird dem Zentrum und dem Element Raum zugeordnet. Sein Attribut ist das Chakra (Rad), seine Farbe ist weiß. Er symbolisiert die Dharmadhatu-Weisheit (gegen Unwissenheit). Sein Throntier ist der Löwe und sein Symbol ist das Gesetzesrad.

Vajra: Skrt. (tib. Dorje), „Diamant", Diamantzepter; Symbol des Höchsten Bewusstseins und der Methode; männliches Prinzip. Vajra und Gantha (Glocke, Weisheit, Einsicht, weibliches Prinzip) symbolisieren die Verschmelzung von Weisheit und Methode.

Vajradhara: Skrt. (tib. Dorje Chang), der ursprüngliche Zustand des Geistes (Buddha-Natur), der in der Form des Sambhogakaya dargestellt wird. Er symbolisiert den absoluten Zustand der Buddhaschaft, den alles-durchdringende Weisheits-Körper.

Vajrapani: Skrt. (tib. Chagna Dorje), einer der acht Bodhisattvas, beseitigt die Hindernisse im Gesamtbewusstsein.

Vajrayana: Skrt. (tib. Dorje Thegpa), „Diamant-Fahrzeug", Synonym für das Geheime Fahrzeug, auch Mantrayana oder Tantrayana genannt. Diese Schulrichtung des Buddhismus entwickelte sich aus den Lehren des Mahayana und gelangte mit diesen von Indien und Zentralasien nach Tibet, China und Japan.

Vajrayana-Gelübde → Samaya

Vajrayogini: Skrt. (tib. Dorje Naljorma), bedeutende Dakini des Vajrayana, weiblicher Meditationsaspekt im tibetischen Buddhismus.

Vier Edle Wahrheiten: (1) Dies sind die wahren Leiden. Sie sind zu durchschauen. (2) Dies sind die wahren Ursprünge des Leidens, nämlich die leidverursachenden Emotionen. Sie sind aufzugeben. (3) Dies sind die wahren Beendigungen des Leids. Sie müssen erlangt werden. (4) Dies sind die wahren Pfade zur Beendigung des Leids. Diese müssen geübt werden.

Vier Kayas –> Kaya

Vishnu: Skrt., „Der Wirkende“, eine der Hauptgottheiten des Hinduismus, der Hüter des Dharma.

Yama: Skrt., ursprünglich Totengott des Hinduismus, der im Buddhismus Herrscher der Höllen und Totenrichter ist. Im tibetischen Buddhismus wird er zum Dharma-Schützer und hat eine besondere Bedeutung im Bardo Thödöl, dem tibetischen Totenbuch.

Yana: Skrt., „Fahrzeug“, mit dem der Übende den Weg zur Erleuchtung zurücklegt. Im Allgemeinen unterscheidet man drei Yanas:

1. *Shravaka*-Yana: das Fahrzeug der Shravaka-Arhats (Hörer)
2. *Pratyeka-Buddha*-Yana: das Fahrzeug der Pratyeka-Buddhas (Alleinverwirklicher)
3. *Bodhisattva*-Yana: das Fahrzeug der Bodhisattvas (Erleuchtungs-Wesen)

Das *Vajrayana* enthält die verschiedenen Kategorien der äußeren und inneren *Tantras* (Grundwerke des Vajrayana und seiner Meditationssysteme) und wird dem Bodhisattva-Yana zugerechnet oder in weitere Fahrzeuge unterteilt.

Yeshe Tsogyal: tib., eine Dakini, die zur Zeit von *Padmasambhava* eine körperliche Existenz annahm und seine Begleiterin wurde. Sie schrieb zahlreiche Lehren nieder, die als Schatztexte (tib. Terma) versteckt wurden, um zu späteren Zeiten, wenn die Zeit zu ihrem Verständnis herangereift ist, gefunden zu werden. Dazu gehört u.a. auch das Tibetische Totenbuch.

Yidam: tib., → Deva

Yogin, Yogini: Skrt. (tib. Naljorpa männl.; Naljorma, weibl.), Praktizierende/r des Yoga. Nal: das Echte, das Wahre; Yor: sich mit etwas verbinden. Ein/e Yogi/ni ist jemand, der/die sich mit dem Echtem, dem Wahren, der eigentlichen Wirklichkeit verbinden möchte.

Zuflucht: Eintritt in den buddhistischen Pfad. Man nimmt Zuflucht zu den Drei Juwelen Buddha, Dharma und Sangha (vgl. Triratna).

KONTAKTADRESSEN

Informationen über buddhistische Einrichtungen und Zentren in Deutschland können Sie unter folgender Adresse erhalten:

Deutsche Buddhistische Union (DBU)

Geschäftsstelle: Amalienstr. 71
80799 München
Tel.: 089/280 104
Fax: 089/281 053
Email: dbu@dharma.de

Dachverband buddhistischer Gemeinschaften aller Traditionen in Deutschland. Herausgeberin der Zeitschrift BUDDHISMUS AKTUELL.

Drikung Sherab Migched Ling

Zentrum für tibetischen Buddhismus e.V.
Oppenhoffallee 23
52066 Aachen
Tel.: 0241/5153654
Fax: 0241/5153655
Email: dsml@drikung.de
Internet: www.drikung.de/aachen